国家出版基金项目
NATIONAL PUBLICATION FOUNDATION

新技术法学研究丛书

丛书主编：张保生 郑飞

从平台治理到治理平台

平台自我规制的风险与问责分析

肖梦黎 —— 著

中国政法大学出版社

2023 · 北京

图书在版编目（ＣＩＰ）数据

从平台治理到治理平台：平台自我规制的风险与问责分析/肖梦黎著. —北京：中国政法大学
出版社，2023.8
ISBN 978-7-5764-0811-9

Ⅰ.①从…　Ⅱ.①肖…　Ⅲ.①互联网络－科学技术管理法规－研究－中国
Ⅳ.①D922.174

中国国家版本馆CIP数据核字(2023)第021749号

书　名	从平台治理到治理平台：平台自我规制的风险与问责分析
	CONG PINGTAI ZHILI DAO ZHILI PINGTAI
	PINGTAI ZIWOGUIZHI DE FENGXIAN YU WENZE FENXI
出版者	中国政法大学出版社
地　址	北京市海淀区西土城路 25 号
邮　箱	bianjishi07public@163.com
网　址	http://www.cuplpress.com (网络实名：中国政法大学出版社)
电　话	010-58908466(第七编辑部) 010-58908334(邮购部)
承　印	固安华明印业有限公司
开　本	720mm×960mm　1/16
印　张	18.75
字　数	250 千字
版　次	2023 年 8 月第 1 版
印　次	2023 年 8 月第 1 次印刷
定　价	85.00 元

总　序

21世纪以来，科技迅猛发展，人类社会进入了新技术"大爆发"的时代。互联网、大数据、人工智能、区块链、元宇宙等数字技术为我们展现了一个全新的虚拟世界；基因工程、脑机接口、克隆技术等生物技术正在重塑我们的生物机体；火箭、航天器、星链等空天技术助力我们探索更宽阔的宇宙空间。这些新技术极大地拓展了人类的活动空间和认知领域，丰富了我们的物质世界和精神世界，不断地改变着人类社会生活的面貌。正如罗素所言，通过科学了解和掌握事物，可以战胜对于未知事物的恐惧。

然而，科学技术本身是一柄"双刃剑"。诺伯特·维纳在《控制论》序言中说，科学技术的发展具有为善和作恶的巨大可能性。斯蒂芬·霍金则警告，技术"大爆炸"会带来一个充满未知风险的时代。的确，数字技术使信息数量和传播速度呈指数级增长，在给人类生产和生活带来信息革命的同时，也催生出诸如隐私泄露、网络犯罪、新闻造假等问题。克隆技术、基因编辑等生物技术在助力人类攻克不治之症、提高生活质量的同时，也带来了诸如病毒传播、基因突变的风险，并给社会伦理带来巨大挑战。

奥马尔·布拉德利说："如果我们继续在不够明智和审慎的情况下发展技术，我们的佣人可能最终成为我们的刽子手。"在享受新技术带来的便利和机遇的同时，提高风险防范和应对能力是题中应有之义。我们需要完善立法来保护隐私和知识产权，需要通过技术伦理审查确保新技术的研发和应用符合人类价值观和道德规范。尤为重要的是，当新技术被积极地应用于司法领域时，我们更要保持清醒的头脑，不要为其表面的科学性和查明事实真相方面的精确性所诱，陷入工具崇拜的泥潭，而要坚持相关性与可靠性相结合的科学证据采信标准，坚守法治思维和司法文明的理念，严守司法的底线，不能让新技术成为践踏人权的手段和工具。

　　不驰于空想，不骛于虚声。在这样一个机遇与挑战并存的时代，我们应以开放的胸襟和创新的精神迎接新技术带来的机遇，也需要以法治理念和公序良俗应对新技术带来的挑战。弗里德里奇·哈耶克曾反思道："我们这一代人的巨大不幸是，自然科学令人称奇的进步所导致的人类对支配的兴趣，并没有让人们认识到这一点，即人不过是一个更大过程的一部分，也没有让人类认识到，在不对这个过程进行支配，也不必服从他人命令的情形下，每一个人都可以为着共同的福祉做出贡献。"因此，在新技术"大爆发"的新时代，我们需要明确新技术的应用价值、应用风险和风险规制方式。本丛书的宗旨就在于从微观、中观和宏观角度"究新技术法理，铸未来法基石"。阿尔伯特·爱因斯坦说过："人类精神必须置于技术之上。"只有良法善治，新技术才能真正被用于为人类谋福祉。

张伟生

2023 年 12 月

序 言

　　我记得是在 2011 年 9 月，接到了来自一个本科生的邮件，表达了报考我的硕士研究生的志愿。因为她在高中就出过一本散文集，计划研究的课题也很有学术趣味，给我留下深刻的良好印象，我立即回复表示欢迎，并提供了阅读文献的清单和治学建议。这个学生就是肖梦黎，她从 2012 年 9 月开始正式跟我硕博连读。梦黎颇有才华和活动能力，研究进展非常顺利，也不太让导师费心。仿佛在不经意间，她就完成了结婚、生娃、发文、获得博士学位、就职等一系列规定动作，宛若演奏节奏感很强的踩点音乐。她从进入博士生阶段起，就转而深入考察和分析那些正在崛起的互联网平台企业以及相关的治理和法律问题，先后发表了若干篇颇见功底的论文。现在，她将这些研究成果整合成一本专著出版，希望我撰写一篇序言，当然是要欣然命笔的。

　　本书的问题意识非常清晰，就是从风险社会和问责机制的角度来阐述网络大平台的自我规制和外部监控。作者采取法社会学的方法，从不同角度进行透视，指出平台兼有企业和市场双重属性，并形成了某种三位一体的治理创新机制——柔性的信用评价、隐性的交易撤销、刚性的处罚权力。这种通过平台进行的治理本质在于自我规制，但却伴随着系统故障、数据安全、利益垄断等风险。为此，需要加强平台与用户以及政府之间的风险沟通，也需要来自外部的强制性举措来防范平台失察和自治滥用等风险转化成现实的危害。在这里，公众参与和责任追究是两个关键性的操作杠杆。仅就问责而言，通过责任的类型化来确立更合理的规制框架具有重要的意义。

众所周知，在互联网 2.0 阶段，中国起初采取了鼓励数字化沟通和互动以及创新、创业的法律政策，行政权和司法权都乐见大数据不断积累并产生经济价值，从而迅速形成了以腾讯、阿里巴巴、抖音、百度、携程等为代表的网络平台巨头。正如本书作者指出的那样，出于现实需要和正当化考虑，平台不仅能广泛行使自治权，甚至还能代替政府对平台上的交易活动进行监管，享有广泛而强大的算法权力。但是，从 2018 年起，这些平台的市场支配地位的影响以及个人信息安全问题开始受到广泛关注，法律政策也开始调整，试图限制平台巨头们的市场行为。2020 年，中国政府对某些大型网络平台采取了断然的反垄断举措。

在阅读书稿和回顾"互联网+"的发展过程之际，我的脑海突然浮现了一个主权利维坦（Sovereign Leviathan）和一群平台怪兽们（Platform Behemoths）互相博弈的意象。正如弗兰西斯·福山指出的那样，中国从秦代开始就形成了具有很强执行力的国家。20 世纪的社会革命，又造成了一个空前巨无霸的主权利维坦。在改革开放时代，市场机制不断运作，导致个人自由逐渐扩大，也导致科技企业特别是网络平台的迅速抬头，形成了评分社会和算法助推的权力。然而进入数字化时代后，这个主权利维坦摇身一变，通过赛博空间演化成一个算法利维坦（Algorithm Leviathan），对企业的算法助推和个人之间的网络合作进行监控。

从 2022 年末开始，ChatGPT 风靡全球，并给个人以及平台企业赋能。据不完全统计，到 2023 年 5 月，中国科技企业和网络平台推出了 79 个各种类型的人工智能大模型，其中 34 个是通用类大模型。这意味着主权利维坦除平台怪兽之外，还面临来自几十个功能强大的大模型怪兽（Large Model Behemoths）的挑战。另一方面，区块链技术的应用使互联网 3.0 在中国迅速普及，在游戏元宇宙、社交元宇宙以及工业元宇宙中，每个人俨然都变成了主权者，社区规则成为虚拟空间秩序的基础。这意味着主权利维坦还面临来自十四亿主权个人（Sovereign Individuals）的挑战。

　　鉴于上述五边形的合力不断塑造和重构的大变局，中国政府的对策是通过统一的基座模型来收编和整合几十个大模型怪兽以及平台怪兽，通过主权区块链来防范主权个人们之间点对点互动失控的风险。其结果，势必造成一个规模巨大、法力无边的算法利维坦。就像米歇尔·福柯所预感的那样，这种算法利维坦其实也就是一种全景敞视装置。在这里，亿万个探头形成视线的陷阱，造就大卫·莱昂所描绘的那种监视社会以及监视文化。这种算法利维坦无所不在、功能强大，只有通过人工智能系统内嵌的公正程序以及不同人工智能系统之间的分权制衡才能防止它的滥用。当然，还需要本书所强调的公众参与或者民主化人工智能（Democratic AI）来进行以同意为前提的规制以及柔性规制。

　　在本书的引言中，作者一开始就追问平台是什么、平台能做什么、平台改变了什么等尖锐的问题，并进行了深入而全面的考察和回答。在这条思路的延长线上还可以说，在进入大模型和生成式人工智能时代之后，平台治理以及治理平台都会进一步引起各种本质性变化，改变社会秩序的形状。特别是在主权利维坦、算法利维坦、平台怪兽、大模型怪兽以及个人主权意识之间互动的复杂关系中，现代法治的程序正义原则以及风险社会的沟通和问责机制也将被重新定义并发挥更加重要的作用。我认为，这正是关于打分社会、数字国家、算法助推以及平台治理的法社会学研究的价值之所在。已经担任华东理工大学法律社会学研究中心副主任的梦黎，或许正在考虑和布置数字化转型中理论和实证分析的新课题，期待她今后陆续推出更多更好的论著。

　　是为序。

季卫东
2023 年端午时节

引　言

　　面对平台这种新的组织形式，我们有很多问题想问，有很多问题还没有答案。当展开这一系列问题的画卷，首先想知道：

　　（1）平台到底是什么？平台企业兼具企业与市场的双重属性，因此难以匹配现有的规制模式。平台具有用网络效应吸引交易量、以高效的搜索匹配能力降低交易成本等特点，用户退出单一平台并不像离开美国去俄罗斯那么简单。平台的核心交易要素是数据而非商品，数据不是石油，其价值以大规模汇聚为基本前提。平台企业对数据的使用并非简单赚取差价，而是希望通过数据生产与算法预测提升决策效率，最终产生超额收益。

　　（2）平台能做什么？平台做得好吗？平台并不是恶兽，天然需要通过自我约束、自我治理来吸引两边的用户。看起来合规优秀、有企业责任感的大型平台才能真正屹立鳌头。平台自治是政府监管部门与企业默契合谋的潜在结果：一方面，"命令—控制型"的强力监管并不适合异质性较强的新兴技术领域，法律不完备与执法不足很难避免；另一方面，自我规制具有信息优势与架构优势，能够有效减缓风险认知中的二元对立，反过来降低政府的规制成本与规制责任。

　　（3）平台改变了什么？互联网平台正经历着迅速崛起与超速发展，并且以席卷之势侵入每个个体的日常生活场景。平台通过算法的隐微控制改变了我们的距离、我们存在的形态，甚至是我们究竟是谁。Amazon 的预期派送、社交平台对特定话题的操纵与精准推送对我们的生活形态造成了深刻影响，使我们实质上过上了一种迎合算法的生活。

平台企业自治的初衷在于降低规制成本、消弭风险带来的偏在性。平台企业建构了一个规范闭环，对于进入平台交易的主体均有规制效力。这也就暗合了法律多元主义的一个命题，即一定条件下，在给定的场域内，是一些非国家法的规范秩序在发挥着更为重要的作用。

（4）平台需要被怎么管理？平台企业虽然努力进行自我管理，打造更优质的形象，但同时产生了新的权力结构以及无法消弭随处可在的风险。平台企业的权力多数时候不表示为传统意义上的"压制"与"审查"，而更像是一种以"同意"为前提的，使用代码、软件、架构与协议，渗透到"最微妙的个体行为中"的权力，其中有传统社团的刚性处罚权，也有发展到互联网平台才逐渐兴盛的柔性"算法与数据权力"。公民权利与平台权力互相影响；国家权力既可能被平台权力所规避，也可能将平台权力形塑甚至收编。不同发展阶段、不同类型的平台会主动选择或被动接受不同的权力关系。平台企业利用权力建构出了"决定者"与"被决定影响者"，从而成了各种风险产生的前提。平台企业不但可能产生科学技术视角下的风险，也可能产生社会科学意义下可归咎于决定的风险（比如歧视性定价、搜索排名、定向广告等），以及平台企业的失察风险与自治滥用的风险。

考虑到现代社会的风险的弥散性与平台自治中风险的再生性，需要加强平台—政府—用户关系中风险沟通的效率与信度。平台企业应将技术性问题拆解为可理解的话语，就规则创设、修改与执行的各个方面进行说明解释，从寻求"公开"变为追求"透明"。平台兼具自我规制者与专家知识掌握者的双重身份，很容易对其引发知识、资本与权力共谋的警惕，因此需要民主理念的进入使得平台权力的运转变得清晰可见。这种说明解释义务应该是非强制性的，由各方共同形成一种强大的外部压力，迫使平台进行自我设限并完善其风险沟通机制。

若潜在风险演化成了实质性的损害，平台企业还需要承担强制性的"归因—课责"责任。对自我规制进行风险规制时需要考量无序成本与权力成本，继而在自我规制、司法介入与行政监管与国有化等规制方式中作出选择。具体归责要考虑到"规制总强度恒定"与不同类型平台企业中规制阶梯的存在。不同阶段、不同类型的平台企业应该综合风险控制与成本收益等因素选择合适的外部介入模式，将预防原则与回复性原则的精神渗透到规制过程中，以期在尊重自我规制、保护用户权益与推动产业创新间达到一种平衡。

　　本书通过详实的法社会学分析研究平台权力的生成样态，对平台的创新治理机制等内容进行深入剖析，不仅满足于对社会现实的切实回应，还试图找寻到技术与文明碰撞中的理论命题，如量化自我与评分社会的冲突，数字时代人权保护的薄弱与主体性的丧失等，最终从法律规范与社会治理的双重角度为平台治理提供一些有益的思考建议。

目 录

导 论

一、选题缘由

网络平台企业正经历着迅速崛起与超速发展，以席卷之势侵入每个个体的日常生活场景。平台企业具有用直接网络效应与间接网络效应来吸引交易量、以高效的搜索匹配能力降低交易成本，以及兼具企业与市场双重属性等特点。网络平台企业是平台企业演进过程的最新阶段，既具有平台企业的共同属性，也有互联网环境下的新特点。一方面，网络平台企业不受物理疆域的限制并具有技术上的架构优势，给传统意义上政府主导的规制带来了巨大难题。另一方面，网络平台企业自我建构了一个规范闭环，对于进入平台交易的主体均有规制效力。平台企业的自我规制意味着"被规制主体自己设计规制规则，并且自己执行这些规则"。[1]在法律真空或市场需要的情况下，自我规制是一种"执行私人权威的手段，一种自我设计并执行规则的努力"。[2]平台企业的自我规制可能产生技术与系统风险、算法操控风险以及权力外溢风险，从而给利益相关方造成包括财产权、人身权在内的基本权利的妨害。这时对平台企业自我规制的规制就显得尤为重要，需要择机进行政府的适时监管与司法介入。

对于平台企业自治的讨论与法律多元、自创生理论以及软法理论等密切相关。法理型统治（即通过一套逻辑一致的法律规则对社会进行治理）的出现恰好与民族国家的兴盛近乎同步，于是形式理性的法律开始与国家挂钩，进而更新了国家强制力的概念内涵。[3]"组织严密的国家既体现了人类理性的成就，也是大规模、统一化地实施法律的最佳载体。因而国家成为

---

〔1〕 Virginia. Haufler, *A Public Role for the Private Sector: Industry Self-Regulation in a Global E-conomy*, Brookings Institution Press, 2001, p. 9.

〔2〕 Renée de Nevers, "(Self) Regulating War? Voluntary Regulation and the Private Security Industry", *Security Studies*, 18（3）, 2009.

〔3〕 罗豪才、周强："软法研究的多维思考"，载《中国法学》2013 年第 5 期。

了法律领域中理性的代言人，严格的法律程序成为了理性的背书。"[1]这一认识在客观上使国家垄断了立法的权力，使法律等同于"国家法"，遮蔽了法律中的复杂内涵与法律实施机制的更多可能，从而有意无意地将社会自我规制边缘化。其实，真实社会中存在着"多种多样的规制性秩序"，"社会之法、法学家法与国家法在同一领域中形成了共存、合作，或者竞争的互动关系"。[2]"活法必须在婚姻契约、购销契约、社会联合体章程以及商号章程中，而不是在法典的条款中寻找。"[3]

法律多元的视角有助于深刻理解平台企业的自我规制。正如罗豪才教授所说，"我们不能似是而非地认为软法是不会规定法律后果的。事实上，软法不仅可以规定法律后果，而且还可以依靠组织的自治力来追究软法责任。"[4]这里的"自治力"和"软法责任"，指向的是平台企业在自我规制过程中所生成的不同类型的权力，借由权力施行，对相关方的利益造成了切实的影响。平台促成了权力结构的变革，需要继续讨论平台权力与国家权力的互动，以及如何对权力进行问责与对受影响方提供救济。在功能分化的社会中，不同子系统[5]间不存在"显著性"的关系，[6]法律对其他系统的直接介入一方面效果不佳，另一方面可能暴露出国家法自身的规制困境。因此法律应该对不同系统的自我规制给予尊重，只对其进行程序的介入，而尽量不要使个体形成对国家的依赖。

虽然平台自治以降低成本、控制风险为初衷，但风险是弥散且难以消灭

---

〔1〕 郑戈：《法律与现代人的命运：马克斯·韦伯法律思想研究导论》，法律出版社 2006 年版，第 102～108 页。

〔2〕 ［奥］欧根·埃利希：《法社会学原理》，舒国滢译，中国大百科全书出版社 2009 年版，第 36 页。

〔3〕 ［奥］欧根·埃利希：《法社会学原理》，舒国滢译，中国大百科全书出版社 2009 年版，第 78 页。

〔4〕 参见罗豪才、毕洪海编：《软法的挑战》，商务印书馆 2011 年版，第 377 页。

〔5〕 系统论认为社会是自我指涉的，不同功能分化领域彼此间的关系被视为系统与环境的关系。关键在于每个子系统是封闭的（closed）。自创生系统，不仅是自组织的（self-organizing），而且是自我生产的（self-producing）。它有三个特点：自治性、循环性、自我指涉。构成系统的基本单元既不是"规范"，也不是"行动"（或是与此相关的"个体""角色"），而是"沟通"。

〔6〕 ［美］托马斯·C. 谢林：《微观动机与宏观行为》，谢静、邓子梁、李天友译，中国人民大学出版社 2005 年版，第 13 页。

的，自我规制也会招致新的风险。工业化的发展、全球化的浪潮以及科学的发展等使"风险"从众多的词语中凸显出来，成为刻画现代社会图景的有力武器。[1]而作为平台企业最新范型的网络平台企业的产生正是科技发展的产物。当我们讨论平台企业产生的风险与问责时，标志着"现代性与其自身的局限达成和解"。[2]平台企业规制权力滥用或外溢的风险尤其凸显出风险可以归咎于"决定"这一重要属性。[3]每一个决定背后都意味着相应的行为责任，风险自此成了界定问责的刻度。平台企业在规制过程中既是规制者又是专家，而专家与公众间的风险意识可能产生巨大分歧，因此应加强问责过程中的风险沟通与公众参与。若平台企业自发进行的风险沟通不够有效，风险变成了切实的损失，就应适时在司法介入与行政监管中作出选择，以更好地应对风险社会、保护平台用户权益以及鼓励新兴产业的发展。

二、理论框架

（一）法律多元理论的疆域拓展

在日趋复杂化与差异化的风险社会背景下，民族国家"基于确定性"的集中治理方式会遭遇各种困境。[4]软法与多元规范的出现，因其更好的沟通属性、灵活的调适属性成长为重要的动力装置，有助于提升治理质量、促进改革与创新。[5]多元规范可能具有传统法律命令与规制的特点，更加重视教育与引导，提升了规范结构的均衡化与回应性，弥补了传统法律规范的不足。[6]社会中存在的多元规范在其制定与实施时可以进行更高

---

〔1〕 鲍磊："风险：一种'集体构念'——基于道格拉斯文化观的探讨"，载《学习与探索》2016 年第 5 期。Douglas, Mary, Aaron Wildavsky., *Risk and Culture: An Essay on the Selection of Technological and Environmental Dangers.*, Univ of California Press, 1983, p. 77.

〔2〕 Smart, B. *Postmodernity.*, Routledge, 1993, p. 12.

〔3〕 Luhmann, N. *Risk: A Sociological Theory.*, Walter de Gruyter, 1993, p. 6.

〔4〕 邢鸿飞："软法治理的迷失与归位——对政府规制中软法治理理论和实践的思考"，载《南京大学学报（哲学·人文科学·社会科学版）》2007 年第 5 期。

〔5〕 沈岿："风险交流的软法构建"，载《清华法学》2015 年第 6 期。

〔6〕 罗豪才、宋功德："认真对待软法——公域软法的一般理论及其中国实践"，载《中国法学》2006 年第 2 期。

程度的沟通与协商，纳入各方利益，最大限度地作出基于合意的决策。[1]
在成熟法律规范尚未形成的新兴领域，多元规范又可以承担治理效能，给
产业创新以容错与试错的空间。[2]

1. 法律多元主义的理论内核

关于法律多元最早的研究可以追溯至埃利希"多元法律秩序互动"的
"活法"理论。[3]如果一个社会中"存在多种多样的规制性秩序"，那么两
种以上的法律秩序就可以称为"法律多元"。[4]法律多元理论发端于对国家
垄断暴力使用权与法律创设权的一种质疑。法学学者一般将法律多元理解为
一种规范的多元，或者看作研究与国家没有关联的规范与制度的方法。[5]

我国学者在法律多元的基础上发展出了软法的特色理论。20 世纪 70
年代，软法与硬法的二元划分在域外引发了热烈讨论，[6]罗豪才教授则带
领一批公法学者在国内开疆拓土。[7]软法的含义是"那些难以运用国家强
制力保证实施的具有公共规制性质的规范性文件或者惯例"，软法的话语
用以区别用国家强制力保证实施的硬法。[8]软法的范畴具体包含国家机关
制定的指导性、号召性、激励性、宣示性的非强制性规定，[9]社会团体、

〔1〕 Bohman, James. *Public Deliberation*: *Pluralism*, *Complexity*, *and Democracy*. , MIT Press, 2000, p. 66.

〔2〕 唐惠敏、范和生："网络规则的建构与软法治理"，载《学习与实践》2017 年第 3 期。

〔3〕 [奥]欧根·埃利希：《法社会学原理》，舒国滢译，中国大百科全书出版社 2009 年版，第 36 页。

〔4〕 Vanderlinden, Jacques. "Return to Legal Pluralism.", *Journal of Legal Pluralism & Unofficial Law*, 21. 28 (2013). Griffiths, John. "What is Legal Pluralism?" *The Journal of Legal Pluralism and Unofficial Law*, 18. 24 (1986).

〔5〕 杨静哲："法律多元论：轨迹、困境与出路"，载《法律科学》2013 年第 2 期。

〔6〕 Klabbers, Jan, "Reflections on Soft International Law in a Privatized World", *Finnish YB Int'l L.*, 16 (2005).

〔7〕 罗豪才、周强："软法研究的多维思考"，载《中国法学》2013 年第 5 期。姜明安："软法在推进国家治理现代化中的作用"，载《求是学刊》2014 年第 5 期。方世荣："论公法领域中'软法'实施的资源保障"，载《法商研究》2013 年第 3 期。强昌文："公共性：理解软法之关键"，载《法学》2016 年第 1 期。

〔8〕 马长山："互联网+时代'软法之治'的问题与对策"，载《现代法学》2016 年第 5 期。

〔9〕 在国家的法律、法规和规章中，软法条款占 21.3%，各类法规范文本总量约有 4625 万部，其中软法占 99.93%。刘卉："软法之问：法治即硬法之治？"，载《检察日报》2011 年 7 月 14 日，第 3 版。

行业协会等民间组织制定的交易规则、纠纷处理、知识产权保护的相关规则，以及政治组织的章程与规范性文件，等等。

2. 法律多元主义下的经验研究

需要澄清的是，法律多元理论之所以重要，并不仅仅是对这一概念进行的各种学理论证，而在于围绕这一理论展开的别开生面的经验研究。这种经验研究最早发端于殖民地内习惯法与国家法之间的关系，涉及对殖民地内法律的承认与土著自决权的行使等问题。[1]在这个意义上，法律多元的内容包括习惯法、部落法、民间法、固有法、地方法以及传统法。发展到工业社会后，法律多元的经验研究开始涉足公司与商业机构、宗教法、地方性团体、社会团体等各种组织内部的自律性规定，[2]继而衍生到对全球时代的法律多元的论述。[3]我国学者通过各种习惯法与民间法的讨论推进了法律多元理论的发展。在法律多元的讨论框架下，既有针对某个区域内习惯法的描述，[4]也有从法律史意义上切入中国传统的法律多元文化的阐述，[5]还有针对民间法与国家法间互动关系的讨论。民间法的适用可能

---

〔1〕 Galanter, Marc. "Justice in Many Rooms: Courts, Private Ordering, and Indigenous Law." *The Journal of Legal Pluralism and Unofficial Law*, 13. 19 (1981). Griffiths, John. "What is Legal Pluralism?" *The Journal of Legal Pluralism and Unofficial Law*, 18. 24 (1986). Hooker, Michael Barry. *Legal Pluralism: An Introduction to Colonial and Neo-colonial Laws*, Oxford University Press, 1975, Franzvon Benda-Beckmann, *Scapegoat and Magic Charm: Law in Development Theory and Practice*, Routledge, 2002, pp. 128-146. De Sousa Santos, Boaventura. "The Heterogeneous State and Legal Pluralism in Mozambique." *Law & Society Review*, 40. 1 (2006).

〔2〕 Merry, Sally Engle. "Legal pluralism." *Law & Society Review.*, 22 (1988).

〔3〕 Teubner, Gunther. "The Two Faces of Janus: Rethinking Legal Pluralism.", *Cardozo L. Rev.*. 13 (1991). Tamanaha, Brian Z., "Understanding Legal Pluralism: Past to Present, Local to Global", *Sydney L. Rev.*, 30 (2008). Berman, Paul Schiff, "Global legal pluralism.", *s. Cal. L. Rev.*, 80 (2006). Burke-White, William. "International Legal Pluralism", *Mich. J. Int'l L.*, 25 (2003).

〔4〕 刘作翔："具体的'民间法'——一个法律社会学视野的考察"，载《浙江社会科学》2003 年第 4 期。张晓辉、王启梁："民间法的变迁与作用——云南 25 个少数民族村寨的民间法分析"，载《现代法学》2001 年第 5 期。张佩国："乡村纠纷中国家法与民间法的互动——法律史和法律人类学相关研究评述"，载《开放时代》2005 年第 2 期。

〔5〕 梁治平：《寻求自然秩序中的和谐——中国传统法律文化研究》，中国政法大学出版社 1997 年版。季卫东：《宪政新论——全球化时代的法与社会变迁》，北京大学出版社 2002 年版。季卫东：《法治秩序的建构》，中国政法大学出版社 1999 年版。

会对国家法进行规避，[1]也可能会成为国家法的合法性基础与裁判资源。[2]

在对法律多元的规范进行讨论时，学者的论述已经逐渐从地域性、民族性的组织拓宽到社会团体、行业协会等民间机构，甚至是跨国公司等营利组织内部章程的范畴。互联网平台可视为一个观察法律多元的极佳视角。对于网络平台企业这一类新生事物，已有学者从具体案例出发，讨论网络平台中自治与立法的冲突，[3]但更多是针对平台企业进行的碎片式的分析，系统性的范式讨论较为缺乏，软法与平台自治规范的衔接也需要进一步研究。法律多元理论与软法理论重塑与革新了规范的概念，可以为平台企业的自治进行正当性证成，平台企业也对法律多元理论的经验研究进行了有效的样本补充。

（二）私人规制与风险规制的复合规制

规制理论与传统意义上的行政法不同，它更像是一种问题导向的学科整合式的分析方法。规制理论与法社会学有异曲同工之妙，需要考察正式的法律要求与实际的法律运作之间的关联，关注规制法律和规制政策的实施。[4]"规制"一开始是一个政治经济学词汇，意指用政府命令来代替市场竞争。[5]规制理论、规制国家起源于对传统行政法的反思，"传统行政

---

[1] 苏力："法律规避和法律多元"，载《中外法学》1993 年第 6 期。苏力："再论法律规避"，载《中外法学》1996 年第 4 期。

[2] 谢晖："论民间法与纠纷解决"，载《法律科学》2011 年第 6 期。谢晖："民间法与裁判规范"，载《法学研究》2011 年第 2 期。王启梁："国家治理中的多元规范：资源与挑战"，载《环球法律评论》2016 年第 2 期。

[3] 何跃军、张德淼："自治与立法的双重逻辑：法律多元理论视角下的互联网发展——360 和腾讯纠纷案引发的思考"，载《北京行政学院学报》2011 年第 2 期。

[4] Lange, Bettina. "Understanding Regulatory Law: Empirical Versus Systems – theoretical Approaches?" *Oxford Journal of Legal Studies* 18. 3 (1998).

[5] 美国的经济学界于 20 世纪六七十年代最先开始对政府规制理论进行讨论，主要关注点集中于行政机构对于市场和社会的规制。规制类型主要包括以环境保护、保护安全与健康、消费者保护等为目的的社会性规制，以及在自然垄断和存在信息偏在的领域，政府通过许可和认可等手段，对企业的准入退出、价格与服务的数量和质量等方面进行规制，从而防止资源的错配。[美] 丹尼尔·F. 史普博：《管制与市场》，余晖等译，上海三联书店、上海人民出版社 1999 年版，第 28 页。[日] 植草益：《微观规制经济学》，朱绍文、胡欣欣等译校，中国发展出版社 1992 年版，第 1 页。

法学者永远不能告诉我们，什么才是好政策，什么才是理想的政治蓝图”。[1]

1. 从政府规制到自我规制

以斯图尔特、皮尔斯、布雷耶[2]、桑斯坦[3]为代表的美国行政法学者开始更积极地面对政策、政治和法律的相互作用，将视角投向环境保护[4]、产品责任[5]、风险规制[6]以及网络空间的发展[7]等一系列新兴领域的规制。国内学者对规制理论的内涵与发展也有较为深入的研究，宋华琳、董炯、苏苗罕等多位学者对规制法的基本理论进行阐述划界，[8]将关注点投射到规制缓和、规制改革与公私合作的研究上。

在民营化的大潮下，私人主体开始承担越来越多的公共职能，他们可能采取自我规制，也可能与政府共同执行法律。这不但会瓦解传统的

〔1〕Tomain, Joseph P., S. A. Shapiro. "Analyzing Government Regulation" *Administrative Law Review* 49. 2 （1997）.

〔2〕Breyer, Stephen, *Breaking the Vicious Circle*：*Toward Effective Risk Regulation*, Harvard University Press, 2009, pp. 1692-1700. Breyer, Stephen G, *Regulation and Its Reform.*, Harvard University Press, 2009, pp. 325-328.

〔3〕Sunstein, Cass R., "Cost-Benefit Default Principles." *Michigan Law Review* 99. 7 （2001）. ［美］卡斯·N. 森斯坦："管理体制下的制定法解释"，管金伦、王珍瑛译，载《法律方法》2002年第0期。［美］凯斯·R. 桑斯坦：《权利革命之后　重塑规制国》，钟瑞华译，中国人民大学出版社2008年版。

〔4〕［美］罗杰·W. 芬德利、丹尼尔·A. 法伯：《环境法概要》，杨广俊、刘予华、刘国明译，中国社会科学出版社1997年版，第113~125页。

〔5〕Michael J. Moore, W. Kip Viscusi, *Product Liability Entering the Twenty-First Century*：*The U. S. Perspective*, Brooking Instition Press, 2001.

〔6〕Robert M., Bernero, "The Government of Risk：Understanding Risk Regulation Regimes." *Oup Catalogue*, 22. 5 （2003）.

〔7〕Hoffman, Donna L., T. P. Novak, and A. E. Schlosser., "Locus of Control, Web Use, and Consumer Attitudes toward Internet Regulation." *Journal of Public Policy & Marketing*, 22. 1 （2003）.

〔8〕董炯："政府管制研究——美国行政法学发展新趋势评介"，载《行政法学研究》1998年第4期。朱新力、宋华琳："现代行政法学的建构与政府规制研究的兴起"，载《法律科学》2005年第5期。于立深："概念法学和政府管制背景下的新行政法"，载《法学家》2009年第3期。包括洪艳蓉、邢鸿飞在内的学者则对诸如美国证券交易委员会（The U. S. Securities and Exchange Commission, SEC）等的规制机构的规制地位、执法策略与问责机制等进行了深入的讨论。邢鸿飞、徐金海："论独立规制机构：制度成因与法理要件"，载《行政法学研究》2008年第3期。洪艳蓉："美国证券交易委员会行政执法机制研究：'独立'、'高效'与'负责'"，载《比较法研究》2009年第1期。

"公""私"观念，也会产生一系列程序上的问责要求，比如承担私人行政的主体是否需要遵循正当程序的原则，是否应该履行信息公开的义务，等等。[1]在"去中心化的规制"等一系列理论的影响下，回应型规制、精巧规制、自我规制与元规制等不同的规制类型蓬勃发展。[2]自我规制与其他规制的区别就在于规制者与规制对象的同一性。[3]自我规制意味着被规制主体自己设计规制规则，并且自己执行这些规则。[4]对自我规制的理论基础的讨论有很多，涉及自我规制的具体内容、[5]规制者的裁量权依据以及政府在其中承担的角色，等等。[6]自我规制存在的原因可能是出于市场竞争或者制度供给不完备，[7]而规制者与规制对象的统一使得其掌握了更多的知识与信息，从而可以找到最符合成本有效性要求的解决方案，这也赋予了自我规制的存在以正当性。

对自我规制的讨论从分类开始，多研究自我规制中规制者与政府间的

---

〔1〕 高秦伟："美国行政法中正当程序的'民营化'及其启示"，载《法商研究》2009 年第 1 期。章志远："公共行政民营化的行政法学思考"，载《政治与法律》2005 年第 5 期。[美] 乔迪·弗里曼："私人团体、公共职能与新行政法"，晏坤译，载《北大法律评论》2003年第 0 期。

〔2〕 规制理论的最新发展是包括规制主体、规制情境，甚至被规制主体在内的规制多元化的发展。Black，Julia.，"Decentring Regulation：Understanding the Role of Regulation and Self-Regulation in a'Post - Regulatory'World"，*Current Legal Problems*，54. 1（2001）. Bomhoff，Jacco，Anne Meuwese，"The Meta - regulation of Transnational Private Regulation."，*Journal of Law and Society*，38. 1（2011）. Gunningham，Neil，Peter Grabosky，Darren Sinclair，*Smart Regulation：Designing Environmental Policy*，Oxford University Press，1999，pp. 389-390.

〔3〕 Renée de Nevers，"（Self）Regulating War？Voluntary Regulation and the Private Security Industry"，*Security Studies*，18（3），2009.

〔4〕 Virginia. Haufler，*A Public Role for the Private Sector：Industry Self-Regulation in a Global Economy*，Brookings Institution Press，2001，p. 9.

〔5〕 Coglianese，Cary，*Engaging Business in the Regulation of Nanotechnology.*，Routledge，2012，pp. 64-97.

〔6〕 Joseph A. Cannataci，Jeanne Pia Mifsud Bonnici，"Can Self - Regulation Satisfy the Transnational Requisite of Successful Internet Regulation"，17 *Int'l Rev. L. Computers & Tech.*，2003（51），62.

〔7〕 William W. Fisher III，*Promises to Keep：Technology，Law，and the Future of Entertainment*，Stanford University Press，2004，pp. 83-87.

关系，比如是"并列"还是"从属"，是"补充"还是"替代"。[1]对自我规制的类型总结与经验研究息息相关，比如特定行业内部会自发进行产品标准与服务规章的制定，[2]这可视为自愿意义上的自我规制。法定的自我规制是指政府在相关立法中设置了自我规制的法律框架，并且通过立法授予相关群体权力，较为典型的是我国《律师法》[3]等法律规范对于包括律师协会、会计师协会等职业团体的规制。[4]政府也会要求特定行业比如煤矿、铁路、供水、供电建立自我规制体系[5]，这就成了公司层面的自我规制。政府潜在影响下自我规制的代表是对证券交易所的规制。另一种合作式的自我规制体现为民营化或者公共服务的外包，企业与非营利组织在与政府签订协议的方式下进行自我规制。随着互联网与新型科技的发展，许多学者将目光投向了互联网领域内的自我规制，特别是内容控制、

---

[1] Bartle, Ian, Peter Vass, "Self-Regulation within the Regulatory State: Towards a New Regulatory Paradigm?", *Public Administration*, 85.4 (2007). Ogus, Anthony, "Rethinking Self-Regulation", *Oxford J. Legal Stud.*, 15 (1995). Schulz, Wolfgang, and Thorsten Held, *Regulated Self-Regulation as a Form of Modern Government: An Analysis of Case Studies from Media and Telecommunications Law*, Indiana University Press, 2004. 常健、郭薇："行业自律的定位、动因、模式和局限"，载《南开学报（哲学社会科学版）》2011年第1期。

[2] 宋华琳："论技术标准的法律性质——从行政法规范体系角度的定位"，载《行政法学研究》2008年第3期。Saadoun, Sarah, "Private and Voluntary: Are Social Certification Standards a Form of Backdoor Self-Regulation", *Colum. Hum. Rts. L. Rev.*, 45 (2013). Senden, Linda, *Soft Law in European Community Law*, Vol. 1. Hart publishing, 2004, p. 34.

[3] 为表述方便，本书中涉及的我国法律法规、部门规章直接使用简称，例如《中华人民共和国律师法》简称为《律师法》，全书统一，不再一一说明。

[4] 《律师法》第43条、第45条、第46条与《注册会计师法》第4条、第33条明确规定的从业人员必须强制入会的律师协会与注册会计师协会。蒋超："通往依法自治之路——我国律师协会定位的检视与重塑"，载《法制与社会发展》2018年第3期。宋刚、谢增毅："论司法行政机关与律师自律组织之关系"，载《河北法学》2007年第12期。Schneyer, Ted, "From Self-Regulation to Bar Corporatism: What the S and L Crisis Means for the Regulation of Lawyers", *S. Tex. L. Rev*, 35 (1994). Richmond, Douglas R., "The Duty to Report Professional Misconduct: A Practical Analysis of Lawyer Self-Regulation", *Geo. J. Legal Ethics*, 12 (1998). Macey, Jonathan, "Occupation Code 541110: Lawyers, Self-Regulation, and the Idea of a Profession", *Fordham L. Rev*, 74 (2005). Marks, F. Raymond, and Darlene Cathcart, "Discipline Within the Legal Profession: Is it Self-Regulation", *U. Ill. LF*, (1974).

[5] 宋华琳："公用事业特许与政府规制——中国水务民营化实践的初步观察"，载《政法论坛》2006年第1期。

域名系统、技术标准以及在线的争议解决机制等明显体现自治属性的制度。[1]也有学者认为互联网本身就是一个自我规制系统，没有任何机构有足够的强权来控制这个系统本身。[2]

2. 风险规制的多重视角

规制理论的另一个发展与风险社会息息相关，风险已经成为现代社会最重要的背景板。对风险社会的理论花开两枝，体现为认知科学与社会文化两个不同的视角。[3]认知科学视角存在于工程学、统计学、精算主义、经济学等领域，将风险与其可能发生的概率推算相结合，主要关注如何有效地识别或计算风险。[4]该视角更多是为了促进公众与规制机构间的相互理解，试图为"受影响的公众与管理机构之间日益攀升的冲突提供一个出路"。[5]秉持社会文化视角的学者则认为风险已经成为一个不可规避的文化概念与政治概念，个体、群体与机构都通过"风险"这一概念被组织、被监控以及被管理。"风险"被看作能够通过人类干预被管理好的事务，与选择、负责和问责等概念密切相关。

从社会文化的视角认知风险又可以继续划分为不同的角度，比如结构主义、批评结构主义，以及后结构主义等角度。结构主义者以玛丽·道格拉斯为代表，[6]关注如何通过定义风险来维护社会秩序，应对偏离行为与越轨行为。批判结构主义者以贝克和吉登斯为代表，对行政部门、经济监

〔1〕 Bonnici, GP Mifsud, *Self-Regulation in cyberspace*, University of Groningen, 2007, p. 36.

〔2〕 Cavelty, Myriam Dunn, and Victor Mauer, *Power and Security in the Information Age: Investigating the Role of the State in Cyberspace*, Routledge, 2016, p. 22.

〔3〕 Beck, U., "From Industrial Society to the Risk Society: Questions of Survival, Social Structure and Ecologial Environment", *Theory, Culture & Society*, (9) 1992. Luhmann, N., *Risk: A Sociological Theory*, New York: Aldine de Gruyter, 1993, p. 226. Douglas, M., *Risk and Blame: Essays in Cultural Theory*, Routledge, 1992, p. 23.

〔4〕 Bradbury, Judith A., "The Policy Implications of Differing Concepts of Risk", *Science, Technology, & Human Values*, 14. 4 (1989).

〔5〕 Eiser, J. Richard, *Environmental Threats: Perception, Analysis and Management*, J. Brown (Ed.), Bellhaven Press in association with the ESRC, London, Sydney & Wellington, (1989) (1990), pp. 85-87.

〔6〕 Douglas, M, *Risk and Blame: Essays in Cultural Theory*, Routledge, 1992, p. 7.

管部门和司法机构的权力行为进行批判。[1]后结构主义则强调"构建现实、意义和理解概念之商谈"的重要性，关注权力与知识的关系，认为权力总是被知识复杂化，因此偏离中立性与公正性。与此同时，权力在各种场域被不同主体操控。[2]在这个意义上，风险不是客观存在的本体，而是主观认识的建构。[3]

风险尤其适宜平台等新型技术领域的问题分析，互联网技术是超越地域的，风险同样是全球化的产物。一个跨共同体的商谈体系已经形成，国家不得不提供新的保护方式。于是，规制理论也从单纯的经济学进路逐渐演化为风险规制进路。风险研究中包含一系列的命题，从风险感知、风险分析、风险控制，再到风险补偿。[4]技术风险领域还可以将风险与问责相联系，[5]从预防原则、行政宪政主义等角度加以论述。风险的概念不但具有科学性、客观性、抽象性与集结功能等特点，还可以成为建构现代社会文化任务的工具。较为困难的是，风险的构成无法均质化。风险文化的特征显示为不确定性、多元性与多重焦虑，因此风险规制会不断地建构出新问题，但也不断引入新的解决方案。[6]

（三）代码与法律的双重规制理论

网络时代最重要的法社会学理论来自莱斯格的"代码即法律"的论说，这揭示了网络空间的规管机理：代码就是网络空间的"法律"。有趣的是，在英文的语义中，code本身既是"法典"又是"代码"，在网络空

〔1〕 Beck，U.，"From Industrial Society to the Risk Society：Questions of Survival，Social Structure and Ecologial Environment"，*Theory，Culture & Society*，9（1992）.

〔2〕 Foucault，Michel. *The Foucault Effect：Studies in Governmentality*，University of Chicago Press，1991，pp. 12-21.

〔3〕 Luhmann，N. *Risk：A Sociological Theory*，New York：Aldine de Gruyter，1993，p. 6.

〔4〕 Rowe，William D，"Risk Assessment Processes for Hazardous Materials Transportation"，*NCHRP Synthesis of Highway Practice*，103（1983）. 金自宁：《风险中的行政法》，法律出版社2014年版，第134~170页。刘刚：《风险规制：德国的理论与实践》，法律出版社2012年版，第33~38页。

〔5〕 ［英］伊丽莎白·费雪：《风险规制与行政宪政主义》，沈岿译，法律出版社2012年版，第177~231页。

〔6〕 Rose，N.，*Powers of Freedom：Reframing Political Thought*，Cambridge University Press，1999，p. 160.

间实现了名实统一。代码是造就网络空间的各种软件与硬件，控制着网络空间的身份识别、数字签名、加密技术、评价机制，等等。控制了代码就意味着控制了网络世界的架构。权力的本质不在占有，而在运用，由此形成的"知识—权力"关系就是微观意义上的权力控制。代码不是被发现的，而是被编制出来的。代码的编写者由此被整合到控制权力之中并成为网络世界的立法者。[1]

"代码即法律"更多是出于多元规制的考虑，法律、市场、社会规范和架构四种要素共同在赛博空间里影响人的行为，代码成为实际约束人行为最重要的力量。代码 1.0 时代，互联网空间可以视为自在自为的空间，源代码与目标代码都是公开并可以自由获取的，构成了对政府管理权的重要制约。代码 2.0 时代，代码成为一种塑造生产方式的手段。尤查·本科勒（Yochai Benkler）的《网络财富》中提出了同侪生产的概念，用户变成了劳动者、消费者，甚至商品自身。代码变得具有创生性，人人都可以利用网络进行创造。代码 3.0 时代，账户（account）、数据（data）和评分（scoring）共同构成了一种数字时代的控制与生产机制。[2]

尽管理论家倾向于强化算法对法律的替代功能，但算法和法律仍属于两个不同的范畴。法律与代码在概念结构与社会基础上都是完全不同的概念。法律是权威机构制定的行为规范，算法则是基于数学原理设计出的计算程序，为了执行特定指令而存在。法律是为了解决合作难题，确立人们追求共同善和基本福祉的秩序。"而算法则在数据技术的支撑之下，促进人类行为的数字化和社会生活的计算化。"[3]

法律可能会收编代码，比如法学界大致围绕算法透明原则、算法解释赋权以及设置数据保护官与数据监管局等方式解决新科技时代的算法黑箱

---

〔1〕 时飞："网络空间的政治架构——评劳伦斯·莱斯格《代码及网络空间的其他法律》"，载《北大法律评论》2008 年第 1 期。

〔2〕 胡凌："超越代码：从赛博空间到物理世界的控制/生产机制"，载《华东政法大学学报》2018 年第 1 期。

〔3〕 郑玉双："计算正义：算法与法律之关系的法理建构"，载《政治与法律》2021 年第 11 期。

问题。[1]代码与法律也可能产生双重复合作用。莱斯格有一个关于代码治理和政府治理的隐喻：当编写代码的黑客能够独立于控制机构时，东海岸的法令控制西海岸代码的方法很少。但当代码成为公司的产品或逐渐被商业化时，东海岸的权力增大了，因为商业实体就能够被有效控制。[2]代码不仅是一种技术架构的控制，随着政府的介入，代码逐渐演化成为一套政治控制机制。这不仅反映了技术人员对网络结构的自我认知，还反映了政治官僚对技术变革的可控制性。政府固然不能直接改变代码，但可以通过另一套代码系统的设置，从根本上改变网络代码的运行法则。代码在商业机制与政府介入的双重角力中，变得更加有控制力。

（四）问责主体的拓展：从政府到营利组织

对问责的讨论始于对政府的问责，现代社会中，统治者需要得到"被统治者"的同意。"受治者的'同意'和'承诺'是给统治者施加义务并且赋予责任。"[3]问责（accountability）是一个盎格鲁词汇，最初是指财务与会计责任，或是可说明性。可问责性侧重于责任的来源：意指就特定行为向某些其他当事人进行解释，并说明其正当性的义务。问责既是一个关系问题，也是一个身份问题。[4]关系问题是指问责需要对他人负责，就涉及怎样确定利益相关人，以及不同的问责顺序等问题。问责同时也是身份问题，被问责主体需要对理想、使命和自己的责任意识负责。身份意义上的问责涉及规制者对形成组织的使命与价值是否对公众或外部审查开放；如果是，那么怎样对公众开放审查，并允许其他人根据其目标对绩效进行评估[5]等。规制者与被规制者因此感受到他们自己的价值、使命和文化，

---

[1] 林洹民："自动决策算法的法律规制：以数据活动顾问为核心的二元监管路径"，载《法律科学》2019年第3期。

[2] Lawrence Lessig, *Code, and other Laws of Cyberspace*, Basic Books, 1999, p. 53.

[3] 王若磊：《政治问责论》，上海三联书店2015年版，第73页。

[4] Ebrahim, Alnoor, "Accountability in Practice: Mechanisms for NGOs", *World Development*, 31.5（2003）.

[5] Ebrahim, Alnoor, "Accountability in Practice: Mechanisms for NGOs", *World Development*, 31.5（2003）.

并且依据上述价值对自己负责。[1]问责的基本要素是授权与参与。[2]问责的形式也多种多样，包括外部问责与内部问责，外部问责包括政治问责、机构问责、职业问责与法律问责。

随着问责理论的不断发展，问责主体扩展到非营利组织与营利组织，相关理论主要分为三类，分别为委托/代理理论[3]、资源依赖理论[4]与利益相关者理论。利益相关者理论意味着组织内的每个个体都有权利向该组织问责。[5]该种问责方法能够满足多样的问责需求，拥有一个较为开阔的理论视野。其弱点在于可能存在多重问责失序[6]与问责优先性错置[7]的问题。

伴随着多中心与碎片化的发展趋势，营利性机构也开始提供公共服务，对其的问责就变得非常重要。[8]伍德罗·威尔逊提出，对于公司不当

---

〔1〕 David Lewis, Shirin Madon, "Information Systems and Nongovernmental Development Organizations: Advocacy, Organizational Learning, and Accountability", *Information Society*, 20. 2 (2004).

〔2〕 Grant, Ruth W., R. O. Keohane, "Accountability and Abuses of Power in World Politics", *American Political Science Review*, 99. 1 (2005).

〔3〕 非政府组织同样可以使用委托/代理理论。该理论具备足够的解释力与监督能力，并且对于所需评估的慈善服务提供了可测量性与可观察性。委托/代理理论以委托人与代理人间的利益不一致为出发点，对代理人的行为与代理结果进行问责。拨款的政府或其他捐赠机构为委托人，接受拨款的非营利组织为代理人，有权对拨款的使用作出解释与说明。该种立足于绩效评估、项目报告以及信息披露的清晰严格的问责关系可能会造成非营利组织过度重视外部控制，而忽视了对员工与使命的内部负责等问题。Brett, Edward A. "Voluntary Agencies as Development Organizations: Theorizing the Problem of Efficiency and Accountability", *Development and Change*, 24. 2 (1993). Ebrahim, Alnoor, "Making Sense of Accountability: Conceptual Perspectives for Northern and Southern Nonprofits", *Nonprofit Management and Leadership*, 14. 2 (2003).

〔4〕 其核心优势在于有明确的问责要求和目标。但是资源依赖理论的缺陷也很明显，即容易产生问责近视、过度问责，或者是为了取悦资助者，而仅仅提供特定的象征性信息。Avina, Jeffrey, "The Evolutionary Life Cycles of Non-governmental Development Organizations", *Public Administration and Development*, 13. 5 (1993). Ebrahim, Alnoor, "Information Struggles: The Role of Information in the Reproduction of NGO-funder Relationships", *Nonprofit and Voluntary Sector Quarterly*, 31. 1 (2002).

〔5〕 Collier, Paul M., "Stakeholder Accountability: A Field Study of the Implementation of a Governance Improvement Plan", *Accounting, Auditing & Accountability Journal*, 21. 7 (2008).

〔6〕 Koppell, Jonathan G. S, "Pathologies of Accountability: ICANN and the Challenge of Multiple Accountabilities Disorder", *Public Administration Review*, 65. 1 (2005).

〔7〕 Edwards, Michael, and David Hulme, "Too Close for Comfort? The Impact of Official Aid on Nongovernmental Organizations", *World Development*, 24. 6 (1996).

〔8〕 Black, Julia, "Constructing and Contesting Legitimacy and Accountability in Polycentric Regulatory Regimes.", *Regulation & Governance*, 2. 2 (2008).

行为的最好补救措施就是"开灯照亮","用强烈的光让他们无法坚持,披露是使之遵守规矩的最佳办法"。[1]对于营利组织进行问责的理论主要涉及消费者主权理论与公民授权理论:前者认为对于公众(也就是消费者)的问责需求而言,自己就是最好的裁判者,应该准许他们自行判断并作出决定。[2]在此视角下,消费者具有影响和制约他人的权力,并且该种权力的行使具有强制性。产品和服务提供者的可问责性也符合生产商与销售商自身的利益,因为这增加了他们在市场中的生存机会。消费者主权依赖于个人决策,反对训令与集体决策,与自我规制匹配性较高。公民授权理论更加强调公民对于问责过程的参与,通过规制商谈来实现可问责性。[3]消费者主权观念让用户对自己的行为负责,而公民授权理论要求更高,强调最大限度的参与和问责,可授权公民对有裁量权者进行最大限度的审查。[4]

三、平台治理的研究现状

网络平台在短时间内的迅猛发展同网络效应与规模经济息息相关,这种特点使得市场更加向少数大公司进行集中。[5]间接网络效应在网络平台上表现得最为明显,因为互联网技术的发展可以突破平台的容量限制以及更好地满足用户的异质性偏好。伊文斯等汇编了178个规模庞大且发展迅猛的线上平台,记录了这些网络平台五年来的活动数据,发现这些主要平台的流量依然在迅猛增长。[6]

互联网平台可以分为网络媒介平台与网络交易平台。[7]网络媒介平台

---

〔1〕 Cook, Brian J. *Democracy and Administration: Woodrow Wilson's Ideas and the Challenges of Public Management*, JHU Press, 2007, p. 134.

〔2〕 Mashaw, Jerry L, "Structuring a Dense Complexity: Accountability and the Project of Administrative Law", *Issues Legal Scholarship*, 5 (2005).

〔3〕 Black, Julia, "Regulatory Conversations", *Journal of Law and Society*, 29.1 (2002).

〔4〕 Cuéllar, Mariano-Florentino, "Rethinking Regulatory Democracy", *Admin. L. Rev*, 57 (2005).

〔5〕 Mark Armstrong, "Competition in Two-sided Markets", *The Band Journal of Economics*, Vol. 37 (2006).

〔6〕 Evans, Peter C., Annabelle Gawer., "The Rise of the Platform Enterprise: A Global Survey", (2016).

〔7〕 杨立新:"网络媒介平台的性质转变及其提供者的责任承担",载《法治研究》2016年第3期。

与传统意义上的报纸、电台相类似，用户主要是通过平台发布信息，以 Facebook、微博为代表。而网络交易平台则是撮合买卖双方的交易，为交易双方提供交易所需的"场所"与设施，以 Amazon、淘宝、滴滴等为代表。当然这两种平台可以互相转换，但必须以法律关系上的转换为依据。[1]网络交易平台与网络媒介平台引发的问题圈与所需要承担的责任是非常不同的，媒介平台涉及更多包括对言论自由、隐私信息的审核等，而交易平台则主要涉及交易安全、产品与服务质量等问题。

（一）平台运行中的数据与算法治理

平台企业的数据搜集与使用是学者关注的核心问题。纯粹的平台企业"并不制造商品、服务或内容，其活动完全围绕数据分析而展开"。[2]数据交易与隐私购买的多元化市场已经形成，但是消费者不能进入这些市场，无法出售和买回属于自己的数据。越来越多的线上平台要求用户用个人社交媒体登录，迫使公众在压力下分享更多的数据。[3]隐私经济学的讨论也盛行起来，劳顿就认为隐私保护的做法应该被个人信息的私有产权体系所替代。[4]行为实验室的实验也证明平台对用户消费行为的跟踪可以提升平台的商业利润。[5]关于保护隐私权的"知情同意"原则同样是学者关注的焦点，[6]比如该原则是否给消费者带来了巨大的阅读负担，[7]等等。

---

〔1〕 杨立新："利用网络非平台企业进行交易活动的损害赔偿责任"，载《江汉论坛》2016年第1期。

〔2〕 Martens, Bertin, "An Economic Policy Perspective on Online Platforms", *Bertin Martens* (2016) *An Economic Policy Perspective on Online Platforms*, *Institute for Prospective Technological Studies Digital Economy Working Paper* 5 (2016).

〔3〕 Castelluccia, Claude, Lukasz Olejnik, Tran Minh-Dung, "Selling off Privacy at Auction", *Network and Distributed System Security Symposium* (*NDSS*), 2014.

〔4〕 Samuelson, Pamela, "Privacy as Intellectual Property", *Stan. L. Rev*, 52 (1999).

〔5〕 Acquisti, Alessandro, Hal R. Varian, "Conditioning Prices on Purchase History", *Marketing Science*, 24.3 (2005).

〔6〕 范为："大数据时代个人信息保护的路径重构"，载《环球法律评论》2016年第5期。王文祥："知情同意作为个人信息处理正当性基础的局限与出路"，载《东南大学学报（哲学社会科学版）》2018年第1期。

〔7〕 Brandimarte, Laura, Alessandro Acquisti, and George Loewenstein, "Misplaced Confidences: Privacy and the Control Paradox", *Social Psychological and Personality Science*, 4.3 (2013).

法律对数据信息的治理存在着不同的范式，既有欧洲的统一立法模式，也有美国的分散立法范式，既有宪法视角的规制，又有民法与行政法视角的治理。其中，欧洲逐渐形成了关于隐私和数据安全的宪法视角，其立法脉络从 1953 年的《欧洲人权公约》到 1995 年的《数据保护指令》，再延续到 2018 年的欧盟《通用数据保护条例》（GDPR），2020 年欧盟的《数字服务法案》和《数字市场法案》。欧盟《通用数据保护条例》（GDPR）关注个人信息保护，被称为人工智能时代的人权宣言；后两者则聚焦不公平竞争，试图管住"守门人"、创设平台治理新要求。我国逐渐形成了民法视角和行政救济的双重维度，隐私保护、个人信息保护、数据保护的三元法律体系已初步形成，《民法典》《个人信息保护法》与《数据安全法》等一系列法令通过对数据进行评价和共享来确保数据交易的顺利进行，对个人数据的人格利益与财产利益进行债权式的保护。[1]

学者讨论了平台企业利用算法匹配信息以降低搜索成本的相关问题，"网络平台企业的设计者如果对买卖双方的偏好尽可能了解，信息搜集就会最终接近无摩擦基准，存储和分析数据的成本就会持续降低"，而网络平台企业正借助大数据技术进行这种革命。[2]但是也有学者从实证方面证伪了这一事实，虽然网络平台有强大的数据收集能力，但是由于产品的异质性与用户们的偏好不同，而导致匹配与搜索功能效率低下，并未减弱市场摩擦。[3]

平台企业对于数据的选择性收集，或者是有偏处理都引发了巨大的争议。平台看似"客观"的搜索排名可能存在偏差，平台企业对用户行为的操纵[4]与定向广告的侵扰[5]等都成为学者关注的命题。而平台企业进行

〔1〕 季卫东："数据保护权的多维视角"，载《政治与法律》2021 年第 10 期。

〔2〕 Cullen, Zoë, Chiara Farronato, "Outsourcing Tasks Online: Matching Supply and Demand on Peer-to-peer Internet Platforms", *Job Market Paper*, （2014）.

〔3〕 Weinberg, Jill D., Jeremy Freese, and David McElhattan, "Comparing Data Characteristics and Results of an Online Factorial Survey between a Population-Based and a Crowdsource-Recruited Sample", *Sociological Science*, 1 （2014）.

〔4〕 Ohm, Paul, "The Myth of the Superuser: Fear, Risk, and Harm Online", *UC Davis L. Rev*, 41 （2007）.

〔5〕 Westerlund, Magnus, Joachim Enkvist, "Platform Privacy: The Missing Piece of Data Protection Legislation", *J. Intell. Prop. Info. Tech. & Elec. Com. L*, 7 （2016）.

的数字化搜索是通过何种机制被设定，排名顺序是否真正会影响用户的购买行为等实证研究正逐渐展开。例如有学者关注搜索排名中的锁定效应，即产品排名越靠前，销量越大，但是其中的因果关系与内生性问题尚需要解释。[1]搜索排名会被商业激励手段所影响，更多体现的是平台与卖方的经济利益，而非用户偏好，[2]隐形搜索排名可能对随机搜索的消费者产生很大影响。学者们区分了搜索中立的"管道理论"与回应用户需求的"编辑理论"。[3]对于平台而言，并没有真正的中立搜索，道德风险和逆向选择随时可能出现。为了解决平台搜索引发的竞争担忧，监管者也开始尝试区分内容所有权与涉及搜索的算法所有权，[4]要求平台企业主动公布自己可能存在的商业冲突，但是其实施效果尚待检验。

平台企业运行中的各种智能算法带来了包括主体的"客体化"与客体的"主体化"的数智化变迁，算法治理是首要课题。对算法的治理有法律治理、社会治理、代码治理以及模块化治理几种范式，[5]围绕算法的商业秘密性与透明性的悖论、对算法的处置、算法歧视、算法公平[6]等问题

---

〔1〕 Johnson, Justin P., David P. Myatt, "On the Simple Economics of Advertising, Marketing, and Product Design", *American Economic Review*, 96.3 (2006).

〔2〕 Rieder, Bernhard, Guillaume Sire, "Conflicts of Interest and Incentives to Bias: A Microeconomic Critique of Google's Tangled Position on the Web", *New Media & Society*, 16.2 (2014).

〔3〕 Grimmelmann, James, "Some Skepticism about Search Neutrality", *The next digital decade: Essays on the future of the Internet*, (2010). Ursu, Raluca M, "The Power of Rankings: Quantifying the Effect of Rankings on Online Consumer Search and Purchase Decisions", *Marketing Science*, 37.4 (2018).

〔4〕 Pasquale, Frank. *The Black Box Society.*, Harvard University Press, 2015, p. 122.

〔5〕 许可："驯服算法：算法治理的历史展开与当代体系"，载《华东政法大学学报》2022年第1期。

〔6〕 在 U.S. v. Osorio 一案中，存在一个不公平的自输入环节：算法采用同一字母标注"该个体来自一特定县"与"该个体已死亡"，于是，在检查相应个体是否可以抽选时，算法误认为居住于该县的个体均不属于可抽选范围，导致历次抽选中，无一来自该县的个体被抽中。在People v. Ramirez 案中，不公平发生于输入和抽选环节之间：抽选算法根据输入，匹配、检查每一个体情况，包括是否存在重复。此案中，当地是西班牙裔聚居的社区，有姓名相近的文化。因算法依赖于"名字的前四个字母和姓是否完全相同"来判断有无重复，导致大量实际不同的西班牙裔个体被去除。结果，尽管西班牙裔人口在当地占比 26%，但被抽选为陪审团的概率仅为 19%。在 Azania v. State 案中，不公平则发生于抽选环节：算法首先按居民所在县地名的字母顺序将个体排序，再由从前往后的顺序，抽出所需数量的个体。所在县地名字母序靠后的个体，被抽中的概率非常小；当不同族裔在各县间分布不均时，会导致陪审团组成中族裔占比的不公平。

展开各种讨论。现有的治理算法的几种方式均面临可行性与可欲性的难题：算法公开面临着技术不可行、公开无意义、侵犯知识产权以及反向破解等问题；个人赋权路径面临数据无法有效流转的难题；反算法歧视实际不可实现。现有对算法的治理需要明晰两个转变，一是从统一规制转向场景化的治理；二是从单纯的法律治理转到社会治理、法律治理与技术治理的联合模式。

（二）平台自治的机制更新与责任确定

改善用户的互动以提升平台吸引力是平台的利益所在，因此平台企业有充分的动机实施自我规制。[1]平台企业可能会通过限制准入或者发放许可等方式限制平台内的竞争，规制价格并且监控用户行为，[2]或者通过提供纠纷解决方式与补偿政策等方式推动平台上合同的履行。[3]科技的飞速发展为互联网平台提供了包括消费者评级在内的新型自我规制手段，可以有效解决信息不对称、交易方匿名引发的追责难题。[4]学者们就消费者评级的有效性、[5]炒信和推手、强制隐私披露，以及隐形算法歧视等问题进行了广泛讨论。[6]信用评级中同样会出现歧视与偏差，评级量不足与评价中的策略性行为难以避免，[7]因此平台企业的自我规制会面临规制失灵的问题。

〔1〕 Boudreau, Kevin J., Andrei Hagiu, "Platform Rules: Multi-sided Platforms as Regulators", *Platforms*, *Markets and Innovation*, 1 (2009).

〔2〕 Evans, David S, "Governing Bad Behavior by Users of Multi-sided Platforms", *Berkeley Tech. LJ*, 27 (2012).

〔3〕 La Rose, Robert, and Matthew S. Eastin, "Is Online Buying Out of Control? Electronic Commerce and Consumer Self-Regulation", *Journal of Broadcasting & Electronic Media*, 46.4 (2002).

〔4〕 Pavlou, Paul A., David Gefen, "Building Effective Online Marketplaces with Institution-based Trust", *Information Systems Research*, 15.1 (2004).

〔5〕 Salvoldelli, A., G. Misuraca, C. Codagone, "Measuring the Public Value of E-Government 2.0 Model", *Electronic Journal of E-governement*, 11.1 (2013).

〔6〕 胡凌："在线声誉系统：演进与问题"，载胡泳、王俊秀主编：《连接之后　公共空间重建与权力再分配》，人民邮电出版社2017年版，第113页。胡凌："商业网络推手现象的法律规制"，载《法商研究》2011年第5期。

〔7〕 Klein, Tobias J., et al. *The Actual Structure of eBay's Feedback Mechanism and Early Evidence on the Effects of Recent Changes*. No. 220. SFB/TR 15 Discussion Paper, 2007. Cabral, Luis, and Ali Hortacsu, "The Dynamics of Seller Reputation: Evidence from eBay", *The Journal of Industrial Economics*, 58.1 (2010).

对于平台责任的讨论既包括政府何时介入平台的自治机制，也包含定责与救济的相关问题。政府对平台进行直接规制时会面临各种挑战，除平台运营商构建的技术壁垒与数据反抓取的屏障外，共享平台或者协作型平台往往在政府对公司设置的规制条款范围之外。[1]对此，政府或者选择不干预平台企业的自我规制，或者选择将现行规制体系延伸到提供服务的自然人。[2]针对平台跨地域的活动边界，政府规制往往很难具体行使管辖权。[3]

最初对平台责任的讨论集中于平台的版权保护责任与对非法产品的责任。前者构成了关于"避风港原则"与"通知—删除原则"的庞大问题群，聚焦适用程序与适用条件等的讨论。[4]后者则重点关注平台在消费者权益保护、社会保障、劳动力市场监管以及商业与服务标准等一系列问题上的中介责任。[5]现有的监管体系是针对传统公司设置的，对允许生产者和消费者直接进行互动的网络平台企业而言并不完全适配，对平台在交易行为中参与程度的界定也较为困难。

在回答平台企业应承担的具体责任之前，首先需要厘清平台企业与平台用户究竟是什么样的关系。对于平台与用户间关系的认定从单纯通道说到柜台出租说，[6]从居间人说到公共承运人说（或者说是新型的特殊承运

---

〔1〕 Katz, Vanessa, "Regulating the Sharing Economy", *Berkeley Tech. LJ*, 30（2015）. Miller, Stephen R, "First Principles for Regulating the Sharing Economy", *Harv. J. on Legis.*, 53（2016）. Cohen, Molly, Corey Zehngebot, "What's Old Becomes New: Regulating the Sharing Economy", *Boston Bar J*, 58（2014）.

〔2〕 Cohen, Molly, Arun Sundararajan, "Self‐Regulation and Innovation in the Peer‐to‐peer Sharing Economy", *U. Chi. L. Rev. Dialogue*, 82（2015）.

〔3〕 Pollock, Rufus, "Is Google the Next Microsoft: Competition, Welfare and Regulation in Online Search", *Review of Network Economics*, 9. 4（2010）.

〔4〕 祝建军："电子商务交易平台企业服务商侵犯专利权的责任认定"，载《人民司法》2013 年第 16 期。徐明："避风港原则前沿问题研究——以'通知—删除'作为诉讼前置程序为展开"，载《东方法学》2016 年第 5 期。

〔5〕 Codagnone, Cristiano, Bertin Martens, "Scoping the Sharing Economy: Origins, Definitions, Impact and Regulatory Issues", *Cristiano Codagnone and Bertin Martens*（2016）. *Scoping the Sharing Economy: Origins, Definitions, Impact and Regulatory Issues. Institute for Prospective Technological Studies Digital Economy Working Paper*, 1（2016）.

〔6〕 杨立新、韩煦："网络交易平台企业提供者的法律地位与民事责任"，载《江汉论坛》2014 年第 5 期。

人说〔1〕）等不一而足。〔2〕也有学者认为平台企业实质上负有行政法上的第三方义务〔3〕或守门员责任〔4〕。对平台企业的角色定位不同，也就意味着其要承担的规制职责有所不同。单纯通道说与柜台出租说的认定已逐渐被抛弃。公共承运人说侧重于平台企业所撮合的交易范畴与大众利益密切相关，平台自身的权力很大又难以约束。因此平台企业需要遵守中立性原则，不歧视地为大众进行服务。行政法上的第三方义务是指如果平台上发生了一方用户对另一方用户基本权利的妨害，平台企业虽然既不是致害方（第一方主体）也不是受害方（第二方主体），但是却承担着将相关信息提供给行政机关或者采取措施阻止有害行为发生的义务。〔5〕当平台企业未能履行第三方义务时，会面临政府以罚款为主要形式的处罚。守门员责任则是指直接针对违法者的执法在某些情境下很难施行，因此就需要通过法律责任的规定迫使第三方强化对违法行为的控制。〔6〕最后，要关注平台监管模式的变化。现有监管体系已逐渐从尊重平台的技术中立转到要求平台压实主体责任，从严格适用"通知—删除原则"到形成一种不安全的"避风港原则"，再到明确平台公共事业的属性，要求其承担主体责任与安全保障义务。

四、研究思路

法律多元理论展开的各种经验讨论实质上暗示了一个命题，即一定条件下，在给定的场域内，是否存在一些规范性秩序而非国家法在发挥作用，甚至于在特定的背景下，这些规范性秩序比国家法还要重要，由此形

---

〔1〕 李雅男："网约车平台法律地位再定位与责任承担"，载《河北法学》2018 年第 7 期。

〔2〕 高薇："互联网时代的公共承运人规制"，载《政法论坛》2016 年第 4 期。

〔3〕 高秦伟："论行政法上的第三方义务"，载《华东政法大学学报》2014 年第 1 期。

〔4〕 Kraakman, Reinier H, "Gatekeepers: the Anatomy of a Third-party Enforcement Strategy", *Journal of Law, Economics & Organization*, 2.1 (1986).

〔5〕 Kraakman, Reinier H, "Corporate Liability Strategies and the Costs of Legal Controls", *Yale LJ*, 93 (1983).

〔6〕 Kraakman, Reinier H, "Corporate Liability Strategies and the Costs of Legal Controls", *Yale LJ*, 93 (1983).

成了无需法律的秩序。对法律多元的研究为平台内部规范与用户协议的研究奠定了基础。规制理论经历了从传统行政法到行政规制，从行政规制到自我规制、风险规制的两次飞跃，意味着变得更为政策驱动与问题导向。一方面，法律规范本身逐渐变得更有回应性；另一方面，在对法治国家的目标、结构进行祛魅的同时，大量的非法律化、非规制化的讨论与运动陆续萌发。在此背景下，能够灵活适应社会变化的自我规制就开始受到重视。如果说行政规制是国家对规制对象进行的"外部式"的他律，那么自我规制就是规制对象自己采取的"内部式"自律。[1]自我规制天然具有信息充分，执法成本低，规制细致、灵活以及被遵守程度高等优点。法律多元理论与规制理论的最新发展为平台自治提供了正当性基础，也将经验研究逐渐延伸至平台的规范领域。

平台自治会潜在地生成新型权力，继而影响利益相关方，由权力外溢可能产生新的治理风险。如果要对受到平台权力影响的利益相关方提供救济，就需要清楚地界定平台责任。问责理论的发展为此提供了契机，需要接受问责的主体从政府机构、非营利组织已经扩展到营利性机构。利益相关者理论、消费者主权与公民授权理论的发展为针对平台进行的问责提供了坚实的理论基础，为平台研究提供了新的可能。

网络平台企业的崛起势不可挡，相关的理论储备与更新也已经较为充分。网络平台企业是一种新生事物，其具备高度的技术性、被网络架构所控制。学者们已有的研究多限于个案的谨慎讨论，在对自我规制理论进行探讨时，多集中于静态的、针对某种特定的自我规制形式进行的研究。虽然网络平台企业是一种初生事物，但各种冠以"平台企业"之名或者行"平台企业"之实的主体在社会不同阶段大量存在。如果想对网络平台企业触发的风险进行问责，就需要对平台企业这一类主体进行研究。而对于平台企业自我规制的讨论也是如此，若将视角放置在不同类型的平台企业的演进过程中，就会发现自我规制并非一成不变，不同类型的规制形式间也可能产生重叠。更为重要的是，针对某一特定领域内的自我规制，会因

---

〔1〕 詹镇荣："德国法中'社会自我管制'机制初探"，载《政大法律评论》2004年第78期。

与政府规制的互动而演化成不同子类型的自我规制。比如最开始时平台企业往往采取自愿性的自我规制，在后续发展中可能会因为负外部性的增加而引发政府进行规制。这时自我规制形式就从自愿的自我规制演化为促进式的自我规制。如果政府的规制程度不断加深，就会转变为待批准、待核验、待许可的自我规制。以至于当政府规制成为常态，或者另设专门机构进行规制时，就会变为政府规制下的自我规制。

因此在对平台企业的自我规制进行讨论时，笔者采取动态的、开放性的研究视野，以替代此前静态性的理论预设。将平台企业产生的风险—问责问题放置在复杂性与偶在性并存的社会环境中，不仅考虑平台企业自身的变迁与发展，还将平台企业与其他主体间的权力互动纳入考察范围。在研究过程中，笔者运用了案例分析、比较研究等方法，将规制理论、风险社会与问责理论的最新发展应用于平台企业的研究之中。全书的具体结构如下。

第一章主要讨论平台企业的类型变迁与核心要素，从而引发关于平台企业自我规制的相关讨论。首先是讨论自我规制的相关概念以及风险背景下平台企业采取自我规制的优势与正当性。继而转入对不同类型的平台企业采取的自我规制的讨论，从动态的视角观察自我规制的类型变迁。平台企业会因为法律真空、法律不完备或者市场竞争的现实原因采取自我规制。与此同时，功能分化的社会与"去中心化"的规制发展也为自我规制提供了正当性，自我规制可以有效应对风险认知中存在的二元对立的情势。

第二章对平台的创新治理机制等内容进行深入剖析。在面临网络交易平台发展过程中产生的各项风险时，存在一个责任履行的黄金三角。交易平台首先通过包括消费者评价制度、交易撤销制度、平台处罚制度在内的一系列准立法、类司法与拟执法的方式进行责任的自我履行。平台企业三位一体的创新治理机制不仅是对社会现实的切实回应，还试图找寻到技术与文明碰撞中的理论命题，如量化自我与评分社会的冲突，数字时代人权保护的薄弱与主体性的丧失等，从而实现对平台创新机制的深描与提炼。

第三章重点对平台企业产生的自身风险与规制风险进行刻画。平台风险是平台风险治理的前置性问题。自我规制本就是为了使平台企业降低运营成本、控制风险，但平台企业仍可能产生各种弥散性的风险。其中既有因平台技术原因产生的风险，也有平台规制行为导致的系列风险。平台企业的四重风险包括因技术与系统故障产生的风险，使用数据与算法引发的风险，平台垄断的风险，以及平台因自我规制产生的额外风险。平台企业在企业与市场的双重角色进行切换时可能出现利益冲突，继而影响规制目标的实现，平台企业规制能力与规制责任的不匹配也会导致风险的出现。

第四章对平台企业在自我规制中形成的权力进行描述，运用法社会学的研究方法刻画了平台权力与其他权力间的互动关系。平台企业由于占有特定资源进而拥有了相对于平台用户的不对称的控制能力。在这一过程中，平台企业既拥有对于平台用户的刚性处罚权，也生成了相对隐微的柔性"数据权力"。平台既可能对数据访问进行准入控制，也会对其他主体的数据获得实行封锁。平台企业在自我规制中产生的权力还会与其他权力发生互动。平台在权力施行的过程中可能通过用户协议排除国家权力，而国家权力也会对平台权力进行形塑甚至收编。

第五章讲述了如何通过风险问责实现公众对平台治理的参与。平台的自治暗合了分布式决策下对规范的新认知，法律逐渐演化成一个自下而上的，灵活、异构和不完全规则的生成过程。现代社会无法真正意义上地规避风险，但风险沟通可以缓解决定者与受决定影响者间的二元对立关系，使之作出更加稳妥、合理的决定。平台企业需要就自律规则的设定、自律规则本身、自律规则的修改与反馈以及自律规则的执行等四个方面加强风险沟通，接受利益相关方的问责。而对平台企业的问责要从追求规则公开，转而变为追求规则的"透明"。现阶段平台企业主动发起的风险沟通仍不够充分，需要在外在压力的敦促下进一步形成完善有效的相关机制。

第六章从理论上梳理了平台企业的责任变迁与理论推演。如果自我规制出现了难以控制的风险，或者是平台企业主动进行的风险沟通未能产生预期效果，就需要由政府公权力对平台的自我规制进行规制。对自我规制进行规制时需要将预防原则与回复性原则的精神注入其中，综合考量无序成本与权力成本，在司法介入与行政监管中进行制度选择。对于网络平台企业的具体归责要考虑到阶梯式规制强度原则与规制总强度恒定的原则，并且针对具体场景讨论平台治理中规制阶梯的具体适用。

第七章就我国对平台企业的规制选择进行讨论，具体涉及我国平台责任的规制框架，以及平台法律责任的类型化等问题。结合第六章中平台企业责任承担的理论推演，就第三章中平台企业因自我规制产生的四重风险进行分别回应，重塑增量赋权的规制理念，引入了安全保障义务，要求实现平台自治机制的程序化与法治化，从而建构一种平台治理的中国模式。

五、创新点

本书的创新点体现在如下方面。

（1）研究对象上的创新。关注超速发展中的各类网络平台企业，跳出孤立的、静态的、个案式的研究，将不同类型的平台企业作为研究对象，从而实现动态的、谱系式的讨论。对平台企业共性的讨论有助于进一步阐明网络平台企业的特点，将互联网技术的应用视为一个新变量，从理论推演与现实考量两个层面出发找寻网络平台企业的发展之道。

（2）适用理论上的创新。将规制理论与风险社会理论的最新发展应用于平台企业的研究之中，从而使得平台企业的研究更富有层次性。平台企业进行自我规制的初衷在于降低规制成本、防范与控制风险，然而由于风险的弥散性与难以消灭，自我规制本身也会产生新的风险。文章系统总结了平台企业的各种风险，创造性地提出了平台企业在营运过程中遭遇的两类核心风险，即自然科学意义上的技术风险与社会文化意义上的决策风险。这两种类型的风险可能单独出现，也可能以交融的形式体现在诸如定向算法带来的风险之中。

（3）研究方法上的创新。运用法社会学的研究方法，描述勾勒了平台企业自我规制产生的各项权力，以及平台私权力与国家公权力间的互动，从而充实了平台研究的内容。平台企业通过自我规制不仅建构了刚性的处罚权力，还在创新与技术话语的包裹下提出了"信息实验室"的隐喻，从而建构了包括搜集、处理以及控制用户数据的一系列特权。平台企业与政府公权力的互动形式更加复杂多样：平台既可能通过自我规制来排除国家公权力，也可能受到国家公权力的形塑甚至收编。

（4）解决方法上的创新。文章设计了一套从风险沟通到具体归责的问责体系，为平台企业营运过程中可能出现的各类风险提供了应对之策。该套问责体系并非针对某一时段的某一具体平台企业可能遭遇的风险问题，而是将不同平台企业作为一个连续统，就何时适合自我规制、何时需要对自我规制进行规制提出了相关建议。在自我规制、司法介入与行政监管的选择中，应该关注不同类型平台企业中"规制阶梯"的存在，并遵循"规制总强度恒定"的原则，特别注意将风险预防原则与回复性原则的精神渗入其中，从而达到有效控制风险，保护各方利益，以及促进新兴产业发展的目的。

第一章

在现实与理论之间：

选择自我规制的平台企业

第一节　平台企业的含义与演变史

　　全球最大的出租车公司 Uber 不拥有车队，全球市值前十的零售商阿里巴巴不保有库存，短租领域的霸主 Airbnb 不经营自有房屋……这就是平台企业蓬勃发展的缩影。互联网平台企业用不到十年的时间已经成长为新的巨头，占据了全球市值前十中的七席。让人难以想象，仅仅十年前，还只有 Microsoft 一家科技企业跻身其中。截至 2020 年 12 月 31 日，全球市场价值超 100 亿美元的数字平台企业为 76 家，价值总额达 12.5 万亿美元，同比增速高达 57%。[1]天猫和淘宝的平台用户活跃度为 9.39 亿，京东与拼多多的平台用户活跃度分别为 5.32 亿与 7.39 亿。外卖行业、网约车行业的线上用户规模分别为 4.69 亿与 3.97 亿。[2]平台企业用很短的时间萌生壮大，已有取代传统经济巨头之势。

　　平台企业正无孔不入地渗透进我们的日常生活场景：Amazon 与淘宝窥探着我们的购物习惯，滴滴可以获取我们的即时位置信息，饿了么则对我们的饮食习惯了如指掌。平台企业甚至比我们自己还熟悉环伺周围的关系网络。[3]大数据和物联网的背景下，智能测定技术（smart metering）会把所接触到的物品上传至云端，每个人都成了"量化的自我"。算法权力并不把真实生活中的"人"当作主体，而是将我们每个人看作可计算、可预测，以及可被数据度量的客体。[4]"大数据技术虽然使个人变得越来越透明，但也使得通过智能化算法的权力行使者变得越来越隐秘。"[5]

　　平台巨头在予人便利的同时，也因其迅速扩张与权力膨胀给社会带来

---

　　〔1〕 "2021 平台经济与竞争政策观察报告"，载 https://xueqiu.com/9508834377/181435701，最后访问时间：2022 年 3 月 17 日。

　　〔2〕 江小涓、黄颖轩："数字时代的市场秩序、市场监管与平台治理"，载《经济研究》2021 年第 12 期。

　　〔3〕 肖梦黎："大数据背景下个人信息保护的更优规制研究"，载《当代传播》2018 年第 5 期。

　　〔4〕 郑戈："算法的法律与法律的算法"，载《中国法律评论》2018 年第 2 期。

　　〔5〕 郑戈："在鼓励创新与保护人权之间——法律如何回应大数据技术革新的挑战"，载《探索与争鸣》2016 年第 7 期。

了新的恐惧：我们生活在一个平台企业比我们自己更了解我们需求的时代，Amazon 甚至可以在我们没有下单前就将我们可能要购买的产品配送到家；〔1〕我们的个人信息被平台以提供更好更优质的个性化服务为由随意地搜集；更可怕的是，平台巨头们一边做着侵犯用户财产权、人身权等多种基本权利之人的帮凶，一边以科技创新与技术应用为名逃脱制裁。网络平台企业究竟是"剥削者"还是"守望者"？在平台的管辖场域内，平台采取的自我规制方式究竟是促成了更好的治理还是为垄断提供了契机？

一、平台企业的概念与内涵

平台似乎是一个"看到即能识别"的产物，〔2〕但是学者们众说纷纭的概念定义中或者因具体而过分狭窄，或者因包容性过强而越发模糊。〔3〕这一研究领域随着互联网平台企业在短期内获得的巨大成就，开始获得越来越多的关注。平台最通用的形式是两类或两类以上的不同的用户通过一定方式来交换信息、商品与服务的场所，这种场所既可能是线上的数字场所，也可能是线下的实体市场。伊文斯曾经以银行卡交易系统、房屋中介公司、旅行服务中介公司等为例，试图阐明平台这种"交互作用"的运行方式。〔4〕而与传统的集市相较，固定交易场所并且施加规制的交易所则是更为明显的平台企业。

经济学学者讨论平台时，更愿意使用的术语是"双边市场"或者"多

---

〔1〕 2013 年 12 月，Amazon 获得"预期递送"（anticipatory shipping）的专利，使其甚至能在用户单击"购买"按钮之前就可以递送商品。Amazon 认为，订购和收货之间的时间延迟可能会"削弱用户从电子商务企业购买物品的热情"。该技术通过分析用户以往的订单、产品搜索、愿望清单、购物车、退货甚至用户的鼠标指针停留在某件商品上的时长来减少交货时间和用户光顾实体店在内的其他商家的次数。这一技术可以将海量用户信息的优势转化为竞争优势。覃征等编著：《电子商务概论》，高等教育出版社 2017 年版，第 481 页。

〔2〕 Rochet, J. C., & Tirole, J., "Two-sided Markets: a Progress Report", *Rand Journal of Economics*, 2009, 37 (3): 645-667.

〔3〕 Hagiu, Andrei, Julian Wright, "Multi-sided platforms", *International Journal of Industrial Organization* 43 (2015): 162-174.

〔4〕 David S, Evans. "The Antitrust Economics of Multi-Sided Platform Markets", *Yale Journal on Regulation* 20. 2 (2003): 325.

边市场"，着重于关注平台企业两端用户的不同特性。罗切特和梯若尔首次提出多边市场的表述，[1]随后被赖特和阿姆斯特朗所采用，[2]伊文斯则使用了"双边平台"的表述，[3]帕克则集中探讨网络和信息理论中的"双边性"。[4]双边市场首先带来了定价结构的问题。双边市场中对一边用户的定价可能低于边际成本，甚至为负，以吸引另一边用户。网络效应的外部性在于用户支付的费用多于（或少于）他所得到的商品或服务。[5]法学领域更关注双边市场是否能够适用反垄断法的问题[6]（也就是平台竞争与垄断的认定问题）。这一问题的讨论仍处于演进之中，涉及平台双边市场对反垄断执法产生的合理抗辩理由，[7]以及双边市场中的竞争动态定价与产业垄断。[8]双边（多边）市场中的竞争会受到包括容量限制、用户的异质性偏好与多归属的可能性等三个要素的影响。[9]

　　平台企业的定义与双边市场、网络外部性等特点密切相关。罗切特和梯若尔教授提出，"连接两组或多组不同类型的客户群体，为不同类型客

〔1〕　Rochet, J. C., & Tirole, J., "Two-sided Markets: a Progress Report", *Rand Journal of Economics*, 2009, 37（3）: 645-667.

〔2〕　Wright. J, "One-sided Logic in Two-sided Markets", *Review of Network Economics*, 3（1）, 2004: 44-64. Armstrong. M, "Competition in Two-sided Markets", *Rand Journal of Economics*, 37（3）, 2006: 668-691.

〔3〕　Evans. D., The Antitrust Economics of Multi-Sided Platform Markets, *Yale Journal on Regulation*, 20（2）, 2003: 325-381.

〔4〕　Parker, G., & Van Alstyne, M. Internetwork Externalities and Free Information Goods. *the 2nd ACM Conference on Electronic Commerce*, 2000, Minneapolis, Minnesota, USA.

〔5〕　Katz, Michael L., and C. Shapiro. "Network Externalities, Competition, and Compatibility", *American Economic Review* 75. 3（1985）: 424-440.

〔6〕　吴宏伟、胡润田："互联网反垄断与'双边市场'理论研究"，载《首都师范大学学报（社会科学版）》2014 年第 1 期。

〔7〕　赵莉莉："反垄断法相关市场界定中的双边性理论适用的挑战和分化"，载《中外法学》2018 年第 2 期。蒋岩波："互联网产业中相关市场界定的司法困境与出路——基于双边市场条件"，载《法学家》2012 年第 6 期。许光耀："互联网产业中双边市场情形下支配地位滥用行为的反垄断法调整——兼评奇虎诉腾讯案"，载《法学评论》2018 年第 1 期。

〔8〕　李剑："双边市场下的反垄断法相关市场界定——'百度案'中的法与经济学"，载《法商研究》2010 年第 5 期。

〔9〕　Bagwell, Kyle. "The economic analysis of advertising", *Handbook of Industrial Organization 3*（2007）: 1701-1844.

户之间的交互作用提供平台服务的企业称为平台企业，平台企业所处的市场称为双边市场"。[1]阿姆斯特朗则认为平台意味着"两组参与者需要通过平台来进行交易，且其中一组参与者加入平台的收益取决于另一组参与者的数量"。双边市场的早期经济模型中，间接网络外部性存在于市场两侧，即一端的参与者数量越多，对另一端参与者的价值越大。[2]罗切特和梯若尔界定平台概念时提出了两个条件：双边市场中交易双方无法协调成为一个统一的利益体，平台在一侧的收费无法传导到另一侧。于是，双边市场的关键特征是价格结构，平台在设计价格结构时必须使它能够吸引市场两侧的用户。

"交叉网络外部性"[3]与"价格结构非中性"[4]的双重约束使平台的含义变得更加含混，[5]难以识别，因此笔者将本书中的"平台企业"与"双边市场"往更为严格的方向定义，让其更具可操作性，并与平台企业的变迁模式相吻合。黑格和赖特已经开始对双边市场的定义加以收窄，于间接网络效应和定价外部性以外增加了两个条件：买卖双方需要在市场上直接进行交易，并且市场双方离开平台的成本较高（即进入退出的成本并非为零）。[6]这个定义使得平台企业与经销商和完全纵向一体化的公司区分开来，本书所讨论的只包括担任中介角色的交易型平台。这个概念也可

〔1〕 Jean-Charles Rochet, and Jean Tirole, "Two-Sided Markets: A Progress Report", *The RAND Journal of Economics* 37.3 (2006): 645-667.

〔2〕 Mark Armstrong, "Competition in Two-sided Markets", *The Band Journal of Economics*, Vol. 37 (2006): 668-691.

〔3〕 Evans, "The Antitrust Economics of Multi-sided Markets", *Yale Journal on Regulation*, 2003, (20): 325-382. Julian Wright, "One-sided Logic in Two-sided Markets", *Review of Network Economics*, 2004, 3.

〔4〕 Rochet, J. C., & Tirole, J, "Platform Competition in Two-sided Markets", *Journal of the European Economic Association*, 2003.1 (4): 990-1029.

〔5〕 当我们将交易中介、媒体、支付工具、软件平台等都认定为双边市场，把 Google、百度等搜索引擎与京东、淘宝甚至滴滴与 Airbnb 混为一体讨论平台规制时，我们对这一问题的认识变得更含混而非更清晰了。

〔6〕 Hagiu, Andrei, and Julian Wright, "Multi-sided platforms", *International Journal of Industrial Organization* 43 (2015): 162-174.

以与费里斯特拉奇等人将双边市场分为交易型与非交易型的方式[1]连接起来。虽然平台与双边市场的构成方式有多种（如图 1-1 所示），但只有第一种直接互动的才是本书讨论的平台企业。平台企业是指用户为了从属于平台而投入沉没成本，各侧用户可以在平台上直接沟通交易。

平台大致可以划分为独立运行并自主存在的技术平台、交易平台、社交平台、信息服务平台与娱乐互动平台。其中，交易平台主要为买卖双方的交易提供线上场所与担保服务，可以继续细分为商品交易平台、服务交易平台、技术交易平台与金融资产交易平台。[2]

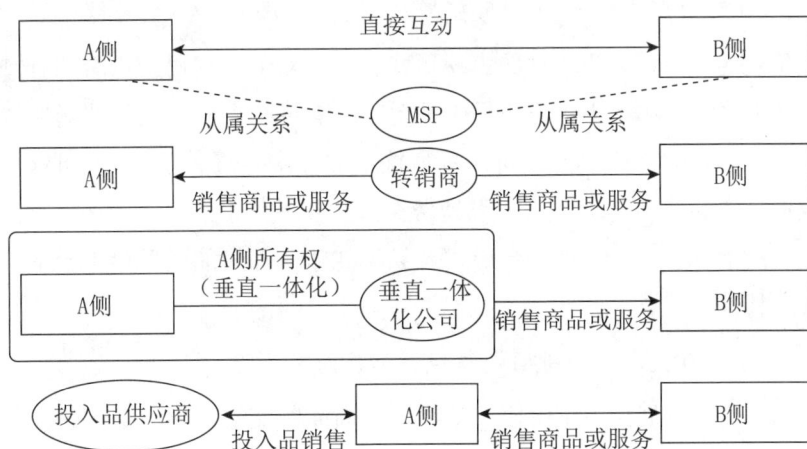

图 1-1　多边市场（MSP）与其他可供选择的商业模式

二、平台企业的演变史

平台企业不是突然间出现的，而是经历了一系列的演化变迁，从最传统的流动市集发展到场所固定与规制加强的交易所，最后借数字技术的东

---

[1] Filistrucchi, L., Geradin, D., & Van Damme, E. "Identifying Two-Sided Markets", World Competition: *Law & Economics Review*, 2013, 36 (1), 33-60. Damme, E., & Affeldt, P. "Market Definition in Two-Sided Markets: Theory and Practices", *Journal of Competition Law and Economics*, 2014, 10 (2): 293-339.

[2] 王勇、戎珂：《平台治理　在线市场的设计、运营与监管》，中信出版集团 2018 年版，第 4~6 页。

风造就了风光无限的互联网平台，实现了对传统平台的更新与迭代。顾名思义，平台企业是为两类或两类以上的用户提供商品、服务与信息的交易场所。平台不同于零售商，因为在零售商参与的交易中不可能出现直接互动；平台也不同于垂直一体化公司，因为这些公司在单一所有制结构下将市场的一侧整合起来。平台企业并不是新生事物，网络平台只是其中的一种发展形态，在对以往不同类型的平台企业的特点进行总结阐发后，可以对网络平台企业有更深刻的认识，从而提出行之有效的规制与问责方法。

（一）1.0版本：流动的市集

传统的集市是最为典型的表现形式，买卖双方在村民委员会主任或者有名望的乡绅的组织下进行交易，平台组织者可能会固定交易的场所（可能是村中闲置的空地）与时间（每月特定的几次"赶集"），并可能向卖方收取一定的费用（称之为"场地费"或"税费"）。[1]笔者将其称为平台企业的1.0版本。这种平台形式容易被忽略，却最能展示出平台的某些基础性特性。

（二）2.0版本：场所固定与规制加强的交易所

而当交易发展到一定阶段，某些品类商品的交易需要固定的场所与设施，又内生出一定程度的规制需求时，交易所就应运而生。根据《布莱克法律词典》的解释，交易所指"集中证券、商品等的买者与卖者，以促进商人的习惯和惯例的统一，便利商业纠纷的快速解决，收集和发布有价值的商业和经济信息，并使成员获得他们在合法经营推进中的合作带来的利益的组织"。[2]其中尤以证券交易所最为典型，即为有组织的证券交易提供场所和设施的平台企业。交易所将平台企业可交易的产品进一步扩展，从有形商品变为一种股份公司发行的所有权凭证，实现了交易产品的第一

---

〔1〕 许檀："明清时期农村集市的发展"，载《中国经济史研究》1997年第2期。樊树志："明代集市类型与集期分析"，载《中国经济史研究》1992年第1期。龚关："近代华北集市的发展"，载《近代史研究》2001年第1期。

〔2〕 Bryan A. Garner, ed., *Black's Law Dictionary*, Minnesota: West Group, 1999, 585.

次升级，笔者将其称为平台企业的 2.0 版本。

（三）2.5 版本：2.0 版本的电子通信加强版

当发展到 20 世纪 90 年代，美国和欧洲分别出现了类似证券交易所的电子通信网络 ECN（Electronic Communication Network），由第三方电子平台机构来运营以促成买卖双方的证券成交。[1]另类交易系统 ATS（Alternative Trading System）是由私人运营的计算机系统来匹配买卖指令与提供交易信息，允许市场的参与者直接进行交易。通过 ATS 完成交易，不仅交易费用更低，价格公开，还可以实现交易时间延长，隐去交易者姓名等功能。[2]电子通信系统与交易所的不同之处在于这些交易系统不需要经纪商来执行指令，而是通过自动与匿名的算法匹配交易指令。这些另类交易系统已经初步具备电子信息时代平台交易的部分特征，但由于其仅仅应用于证券交易领域，可以被认为是"自建网站经营的电子商务经营者"，[3]因此笔者将其称为平台企业的 2.5 版本。

（四）3.0 版本：网络平台企业

平台企业的 3.0 版本就是活跃在日常生活中的互联网平台企业（或者称作"网络平台企业提供者"）。[4]如果说 2.5 版本是传统平台企业的线上版，或是将电子通信技术应用到传统平台企业上，那么 3.0 版本则是依托电子信息技术进行需求创新的平台企业。线上的数字平台（Digital Plat Forms）一方面为传统贸易利用电子商务创造了机会，[5]促成了淘宝、Amazon 等线上零售平台的蓬勃发展，另一方面也为新型的产品与服务贸易创

---

〔1〕　证券交易所与其他交易系统的差别不在于提供交易市场或设施的基本经济功能上，而主要在于法律与规制上的差异。

〔2〕　Peter Gomber, Markus Gsell, "Catching up with Technology—The Impact of Regulatory Changes on ECNs/MTFs and the Trading Venue Landscape in Europe", *Competition & Reg. Network Indus.* 2006, （07）：535-558. Jerry W. Markham, Daniel J. Harty, "For Whom the Bell Tolls：The Demise of Exchange Trading Floors and the Growth of ECNs", *J. Corp. L.* 2009, （33）：865-940.

〔3〕　《电子商务法》第 9 条第 1 款。

〔4〕　我国 2013 年修正的《消费者权益保护法》第 44 条第一次将"网络交易平台提供者"作为专门性法律词汇进行识别和采纳。

〔5〕　UNCTAD secretariat, Fostering Development Gains from E-Commerce and Digital Platforms, U. N. Document TD/B/EDE/ 2 /2, para. 15.

造了机会，催生了滴滴、Uber 以及 Airbnb 等一系列此前未出现的新业态的发展。

互联网平台降低交易成本与搜索成本，使商品与服务的提供者与消费者更便利地建立联系。电商平台陈列的产品数量、产品类别，以及可吸引到的生产商与消费者的数量均呈指数级上升。互联网平台呈现出操纵一边的准入价格以最大化平台对所有相关方吸引力的价格结构（即对某一类用户的定价可能低于边际成本，甚至为负价格，以吸引另一类用户），从而更符合平台企业"交叉网络外部性"与"价格结构非中性"的特点。互联网平台实现了商品、服务的多品类、复杂性交易，从而实现了平台企业的第三次升级。

网络平台是平台企业的最新发展阶段。网络平台企业是符合四重约束条件的网络商品交易与服务平台企业。网络交易平台与网络媒介平台不同，[1]后者以微博、微信、Facebook 等为代表，主要是用户通过平台发布信息，与传统意义上的报纸、电台相类似。而网络平台企业以 Amazon、淘宝、滴滴等为代表，主要是撮合买卖双方的交易，为交易双方提供交易所需的"场所"与设施。当然网络媒介平台在满足一定条件时也可以向网络平台企业转换，但这种转换必须以法律关系上的转换为依据。网络平台企业也可以被区分为网络商品平台企业和网络服务平台企业两种类型，这同《电子商务法》与联合国贸易和发展会议中确立的标准是一脉相承的。[2]

三、平台企业的类型化

双边市场或多边市场具有间接网络外部性的特点，可以区分为不同亚型。阿姆斯特朗将其区分为"成员型"（准入）双边市场和"交易型"

---

〔1〕 杨立新："网络媒介平台的性质转变及其提供者的责任承担"，载《法治研究》2016 年第 3 期。杨立新："利用网络非平台企业进行交易活动的损害赔偿责任"，载《江汉论坛》2016 年第 1 期。

〔2〕《电子商务法》第 9 条。See UNCTAD secretariat, Fostering Development Gains from E-Commerce and Digital Platforms, U. N. Document TD/B/EDE/ 2 /2, para. 13.

（使用）双边市场，伊文斯等学者则进一步提出将多边市场划分为市场制造者、受众制造者和需求协调者三种类型。市场制造者将对交易感兴趣的两个不同群体汇聚起来。他们提高了匹配的可能性，并降低了搜索成本。受众制造者将广告商和受众匹配起来。软件平台、操作系统和支付体系可以被定义为需求协调者。"他们既不进行销售交易，也不买卖'消息'，但协调用户的需求以避免重复成本。"[1]

　　国内一些学者将平台分为网络媒介平台与网络交易平台。[2]网络媒介平台与传统意义上的报纸、电台相类似，用户主要是通过平台发布信息，以微博、微信、Facebook 等为代表。而网络交易平台则是撮合买卖双方的交易，为交易双方提供交易所需的"场所"与设施，以 Amazon、淘宝、滴滴等为代表。当然网络媒介平台在满足一定条件时也可以向网络交易平台转换，但这种转换必须以法律关系上的转换为依据。[3]而网络交易平台与网络媒介平台引发的问题圈与所需要承担的责任是非常不同的，媒介平台涉及更多包括对言论自由、隐私信息的审核等，而交易平台则主要涉及交易安全、产品与服务质量等问题。

　　综合各国法律规范中对平台的类型划分，可以将平台区分为纯粹的信息传输平台；用户生成内容的平台，如微博、Facebook 等社交平台，YouTube 等视频分享平台，以及有分享功能的网络存储平台；P2P 等具有去中心化的设计与分布式存储架构的文件分享平台，如新浪爱问、快播、Napster、Grokster；以及电子商务平台搜索平台与如 Apple Store 等应用程序分发平台。监管者针对不同类型的平台，应享有不同的治理框架与治理强度。

---

　　〔1〕 陈永伟："平台经济的竞争与治理问题：挑战与思考"，载《产业组织评论》2017 年第3 期。

　　〔2〕 杨立新："网络媒介平台的性质转变及其提供者的责任承担"，载《法治研究》2016 年第 3 期。

　　〔3〕 杨立新："利用网络非交易平台进行交易活动的损害赔偿责任"，载《江汉论坛》2016年第 1 期。

表 1-1　我国法律规范中对"平台"的表述

我国法律规范中的"平台"

→2007 年商务部发布的《关于网上交易的指导意见（暂行）》出现了"网络交易平台"这一概念，并将其界定为"平台服务提供者为开展网上交易提供的计算机信息系统，该系统包括互联网、计算机、相关硬件和软件等"。

→2013 年修正的《消费者权益保护法》第 44 条出现了"网络交易平台"，规定网络交易平台提供者不能提供销售者或者服务者的真实名称、地址和有效联系方式的，消费者也可以向网络交易平台提供者要求赔偿；网络交易平台提供者作出更有利于消费者的承诺的，应当履行承诺。网络交易平台提供者赔偿后，有权向销售者或者服务者追偿。网络交易平台提供者明知或者应知销售者或者服务者利用其平台侵害消费者合法权益，未采取必要措施的，依法与该销售者或者服务者承担连带责任。

→2021 年修正的《食品安全法》规定了网络交易平台的两种审核义务，一是对生产经营者进行实名登记，对应该取得许可证的生产经营者，应审查其许可证。二则是对平台上存在的违法行为的"报告—停止义务"，对于红旗原则的删除义务。

→ 2021 年修正的《广告法》第 44 条规定，利用互联网从事广告活动，适用本法的各项规定。在互联网页面以弹出等形式发布的广告，应当显著标明关闭标志，确保一键关闭。

四、平台企业的功能与特点

平台企业虽然不是完全的新生事物，但正经历着巨大的转变。互联网平台连接了生产者与消费者，从控制资源转向精心管理资源，从内部优化转为关注外部互动，从关注特定客户的价值到逐渐认识到生态系统的价值。[1]在连接生产者和消费者的市场中，平台提供了基础设施和规则，平台生态系统中的成员可以随时变换角色，担纲创造者、拥有者、所有者与使用者的不同身份。

（一）通过网络效应吸引交易量

平台企业最直接的功能在于提供流动性，尽可能地吸引双边用户群体以增加交易数量。[2]平台作为聚合信息，撮合交易的"场所"（线上交易

---

〔1〕 ［美］马歇尔·范阿尔斯丁、杰弗里·帕克、桑杰特·保罗·乔达利："平台时代战略新规则"，载《哈佛商业评论》2016 年第 4 期。

〔2〕 流动性源自交易所的基本功能，即投资者根据市场的基本供给和需求情况，以合理的价格迅速成交的市场能力。屠光绍主编：《交易体制：原理与变革》，上海人民出版社 2000 年版，第 37 页。

中这种"场所"变为了虚拟的网上空间），致力于将买卖双方聚集到同一个线上的虚拟交易场所。对于消费者而言，可选择的产品、服务的种类与数量获得增长，更容易买到合适的商品与服务；对于卖方而言，消费者汇集的场所产生了规模经济。间接网络效应是指平台一边用户数量的增加会提升平台另一边用户的效用值。梅特卡夫定律（Metcalfe's Law）也可以用来解释平台企业的网络效应：网络的价值等于网络节点数的平方，随着网络用户数量增加，网络价值呈指数级增加。[1]当然，平台企业上也会出现直接网络效应，由于平台提供了互动机会，证券市场中散户会追随机构投资者购买股票，淘宝上的消费者会受其他用户积极评价的影响，进一步提升购买意向。平台吸引流量的办法有很多种，比如搜索功能、资讯聚合、支付场景优化等，对应的是用户需求，体现为对信息和支付的需要。一旦交易量形成，两端用户就产生了惯性与黏性，平台企业可以反过来影响资金流向与用户选择。流量呈现出向主要平台集中的趋势，这些平台也因此变成了极富吸引力的新型广告入口。

（二）以高效的搜索匹配降低交易成本

平台企业的核心作用在于通过搜索匹配降低交易成本。搜索成本可以称为社会的无谓损失，降低搜索成本有助于提升社会整体的潜在福利。在这一过程中，平台企业也可以从中获利，其在双方用户进行需求匹配的效率越高，能够吸引到的用户数也就越高。作为 1.0 版本的传统集市，其匹配能力局限于实体场所。作为 2.0 版本的交易所会使用各种方式来提升搜索效果，为了降低交易成本而进行各种制度创新。[2]具体举措包括场内的上市公司都会有相应的股票代码，以提升搜索效率；交易所要求上市公司强制披露经营等各方面的信息，从而增强匹配程度；以及交易所通过各种金融衍生品产品的遴选组合（比如标普 500 指数，沪深 300 指数等），主

---

〔1〕 Hendler, James, and Jennifer Golbeck. "Metcalfe's law, Web 2.0, and the Semantic Web." *Web Semantics: Science, Services and Agents on the World Wide Web* 6.1 (2008): 14-20.

〔2〕 Clayton, J., *On the Formation and Structure of International Exchanges*, *Discussion Paper*, New York University (1999). 转引自施东辉:《证券交易所竞争论 全球证券市场的角逐方略》，上海远东出版社 2001 年版，第 4 页。

动给投资者提供了更高的投资选择。作为 3.0 版本的网络平台企业不仅提供了更为灵活的虚拟交易场所，并且积极地收集供应商所供产品和消费者偏好等方面的信息，综合利用搜索排名、定向广告等算法将这些信息高效匹配以更大程度地降低搜索成本。就像大卫·萨克斯（David Sacks），Yammer 的联合创始人、PayPal 的前任 COO 在餐巾纸上所画的草图所示的那样，更多的需求意味着更多的司机，实现了更大的地理覆盖，同时造就司机等待时间更短、接单更快，实现了更低的价格，最终又吸引了更多的需求。[1]

既然搜索匹配如此重要，那么平台企业牢牢掌握着信息收集、处理等"权力"也就不足为奇。数据成为一种新型生产要素，成为平台企业的核心资源。信息已经成为传统平台如证券交易所等的增值业务，可用于市场分析、证券推荐、价格预测等。[2]互联网平台企业实行垄断的实质也在于通过数据竞争获得数据租金。[3]数据最初是一种劳动对象，但数字平台在逐步发展中将其变为一种数据劳动的生产资料，并形成了一系列数据产品与数据服务，实现了数据的生产要素化、商品化与资本化。

（三）企业与市场的双重属性

平台企业的另一显著特点是兼具企业与市场的双重身份，既提供交易服务与信息服务，也提供市场规则与"自律管理"之类的公共产品。[4]平台服务协议可能增加用户的义务或限制其基本权利，但法律制度却难以直接干预这种看似是平台与用户双方"合意"的契约。阿里巴巴一方面依照《公司法》以及相关规定进行登记注册，另一方面已经开始主导式地替代一些传统上由政府履行的公共管理职能。正如阿里巴巴集团副总裁俞思瑛

---

〔1〕［美］杰奥夫雷 G. 帕克、马歇尔 W. 范·埃尔斯泰恩、桑基特·保罗·邱达利：《平台革命　改变世界的商业模式》，志鹏译，机械工业出版社 2017 年版，第 66~67 页。

〔2〕Fleckner, Andreas M, "Stock Exchanges at the Crossroads", *Fordham Law Review* 74.5（2005）：2541-2620.

〔3〕石先梅："互联网平台企业垄断形成机理：从数据竞争到数据租金"，载《管理学刊》2021 年第 6 期。

〔4〕Caroline Bradley, "Demutualization of Financial Exchanges：Business as Usual?", *NW. J. INT'L L. & BUS.* 2001（21），674-675.

所说，对于平台公司而言，"制度配套是它的一种供给能力；如果发展过程当中平台企业所需要的制度不具备，那就自己制造，自己解决"。[1]数字时代的平台生成了技术秩序，并与自发秩序、行政秩序与法律秩序交相辉映。

平台企业经常会遭遇经营者与管理者间的身份冲突：一方面，平台天然有对市场主体进行规制的市场动机。另一方面，要求利润最大化的经营目标与追求公共利益的规制目标间也会存在鲜明的利益冲突。[2]若作为商业主体的平台减少了对市场中规制活动的投入，投资者可能因市场中充斥着虚假信息、名不副实的商品，以及层出不穷的欺诈行为等丧失对平台的信心，继而威胁到平台企业的品牌价值。由此可以发现，规制行为与商业活动密不可分，平台企业能够明显感受到规制活动对于其品牌与声誉塑造的重要性，从而有强烈的动机来进行更为严格的风险控制。平台兼具企业与市场的双重属性，在两种身份间切换时可能出现严重的利益冲突，因此对平台企业自我规制的讨论就显得尤为重要。

第二节　平台企业的自我规制

一、规制的概念与分析进路

规制理论有几次跃升式发展。"规制"话语产生之初是一个政治经济学词汇，[3]是指"依据一定的规则对构成特定社会的个人与构成特定经济的经济主体的活动进行限制的行为"。[4]规制作为一种基本的制度安排，"企图维护良好的经济绩效"。[5]在随后的发展中，规制理论引发了法学、

---

〔1〕　俞思瑛等："对话：技术创新、市场结构变化与法律发展"，载《交大法学》2018年第3期。

〔2〕　John W. Carson, "Consultant for the World Bank-Conflicts of Interest in Self-Regulation", *Can Demutualize Exchanges Successfully Manage Them*, 2003：22.

〔3〕　［英］安东尼·奥格斯：《规制：法律形式与经济学理论》，骆梅英译，中国人民大学出版社2008年版，第1页。

〔4〕　［日］植草益：《微观规制经济学》，朱绍文、胡欣欣等译校，上海三联书店、中国发展出版社1992年版，第1页。

〔5〕　［美］丹尼尔·F. 史普博：《管制与市场》，余晖等译，上海三联书店、上海人民出版社1999年版，第28页。

公共管理等多学科的各种讨论。规制理论拓宽了管辖范围与适用领域，法学学者认为"专业领域中的规制是对一种市场的干预和控制，是政府或非政府组织以解决市场失灵、维持市场经济秩序为目的，以规则为基础对经济活动实施的干预，不包括对政治活动和社会生活的监督"。[1]

规制理论的第二次跃升受到"去中心化"理论的影响，回应型规制、精巧规制、自我规制与元规制等不同的规制类型蓬勃发展。对规制概念较为恰当的理解，即"规制主体根据既定的标准有意识地使用权力，运用信息搜集和行为修正等工具，来影响其他当事人活动的行为"。[2]规制活动必不可少的要素包括规制规则（标准）的制定、修正、执行，以及这三种过程中存在的信息搜集活动。[3]

规制理论的最新发展体现出经济规制与风险规制的融合趋势。"规制"一词源于经济学的发明，因此规制的经济学路径[4]最为常见。这一路径为决策者何时介入规制，以及如何进行规制提供了清晰的理论基础。经济规制擅长使用成本效率、市场失灵等分析方法，向规制者提供近乎于"发现问题—开具处方"式的解决思路。如果市场存在垄断行为，就可以通过自由开放和竞争来补救；若还不能奏效，则采取价格控制和设定服务义务的手段。对于信息不对称而言，经济规制提供的处方是信息披露。对于委托/代理所产生的问题而言，给出的方案是对委托人的行为实施监督，同时遵循较高的信息披露水平。对于可能产生的负外部性而言，提供的对策是让成本内部化，让影响趋于最小化。[5]

由于经济规制所使用的市场框架理论过于狭窄，无法涵盖更大范围内社会与政治价值困境，因此需要将公共利益纳入规制考量。桑斯坦就认

---

〔1〕 胡敏洁："规制理论是否足以解释社会政策?"，载《清华法学》2016 年第 3 期。

〔2〕 Black, Julia, "Decentring Regulation: Understanding the Role of Regulation and Self-Regulation in a 'Post-Regulatory' World", *Current Legal Problems* 54. 1（2001）: 103–146.

〔3〕 Hood, Christopher, Henry Rothstein, and Robert Baldwin. *The Government of Risk: Understanding Risk Regulation Regimes*. OUP Oxford, 2001.

〔4〕 [英]罗伯特·鲍德温、马丁·凯夫、马丁·诺奇：《牛津规制手册》，宋华琳等译，上海三联书店 2017 年版，第 3 页。

〔5〕 Gunningham, N. & Grabosky, P. Smart Regulation, Oxford: Oxford University Press, 1999, 16-32.

为，契约自由和私人秩序的学说有赖于对自由和福利的原始理解，[1]应该"将市场理解为一个法律概念"，以能否促进人类利益为目标对市场进行评判，而非简单地将市场理解为自然和自然秩序的一部分。[2]于是，规制的风险分析路径随即应运而生。在这种路径中，"风险"构成了规制的对象，许多规制活动都是由风险界定的，风险由此成了规制正当化的依据。同时，"风险"可以用来界定规制组织与组织内成员的裁量权，为其提供一个问责的评价基准。在这个意义上，风险既构建和界定了规制授权，同时也架构和塑造了规制过程。

当聚焦于规制理论的新发展时，会发现经济规制与风险规制这两个类型间有很强的流动性。风险规制一定程度上可以将经济规制囊括其中，比如某项规制的目标是严控市场风险。也可以用经济学的语言来重新解读风险规制的范围，比如污染本身就是一种环境风险，但同时也是负外部性的经典例证。但经济规制与风险规制仍然存在鲜明的不同：规制的经济学路径存在着市场是均质化且同一性的默认条件，而风险的构成却是无法均质化的。风险文化的特征表现为基于不确定性的焦虑，风险规制会不断地建构出新问题，但也不断引入新的解决方案。[3]更重要的是，不同主体对风险的认知存在分歧，这为引入公民社会提供了可能。正因风险话语明显的可争议性，于是这一规制路径也潜在开启了公民参与决策的大门。

风险规制路径的采纳不意味着完全取代了经济规制，更多是提出了一种融合规制的新方案。在规制目标与规制对象的设定层面开始越来越多地采用风险的话语，但是在规制的具体操作层面仍然需要引入经济学的理据，并用其进行风险评估以及收益衡量。换言之，将经济学应用于风险规制的决策过程有助于促进其的正当化与稳定性。

---

〔1〕　Sunstein, C. R. After the Rights Revolution: Reconceiving the Regulatory State, Cambridge, MA: Harward University Press, (1990), 39.

〔2〕　Sunstein, C. R. Free Markets and Social Justice, Oxford: Oxford University Press, (1997): 4-5.

〔3〕　Rose, N. Powers of Freedom: Reframing Political Thought, Cambridge: Cambridge University Press, 1999, p. 160.

二、自我规制的基础理论

当讨论自我规制时，需要将其概念放置在整个规制体系中加以认识。如果将规制体系视为一条光谱，那么依照规制强度的划分，可以从没有规制、自我规制、合作规制，到命令控制型的政府规制依次演进。[1]自我规制的动机，既可能是出于私人利益（比如追求利益最大化的考虑，防止政府的正式规制以及制定技术标准等），也可能是为了公共利益。自我规制囊括的内容富有层次性：从自我规制机构单方面的规定，到规制者与被规制者双方签订的协议，也会包括政府许可的自我规制规定等内容。[2]

（一）自我规制的概念内涵

当谈及一种规制模式时，至少应讨论四方面内容，即规制者、规制对象、规制命令与规制结果。[3]在四元要素的规制框架中，规制者是制定并执行规则的主体，规制对象是规制适用的对象及违法后果的承受主体，规制命令包括设定标准等具体手段的命令以及目标设置。被规制者如果没有遵守规制者发出的相关命令，就会产生规制后果，规制后果既可能是积极的，也可能是消极的。自我规制也具备上述四项内容，区别在于规制者与规制对象的同一性。如果规制者是自己发布命令的规制主体，而非诸如政府机构这样的外部主体，这种规制就属于自我规制。即使行为动机可能来自外部规制者的隐含威胁，这种规制方式仍然应被认定为自我规制。

理想自我规制的概念需要解决三个问题："自我"的概念，规制的概念

---

〔1〕 Ayres, Ian, and John Braithwaite. *Responsive Regulation: Transcending the Deregulation Debate.* Oxford University Press, USA, 1995, 39. Baldwin, R. D., & Cave, M. "Understanding Regulation: Theory, Strategy, and Practice." *Oup Catalogue* 10. 2（2011）.

〔2〕 Bartle, Ian, and Peter Vass. *Self-Regulation and the Regulatory State: A Survey of Policy and Practice.* Centre for the Study of Regulated Industries, University of Bath School of Management, 2005: 26-29.

〔3〕 Coglianese, Cary. *Engaging Business in the Regulation of Nanotechnology.* Routledge, 2012: 64-97.

以及政府在其中的角色承担问题。[1]自我（自律）的含义用来指涉不包含政府的个人或者团体。界定"规制"一词时，至少包含四层含义：规则的制定与解释，规则的执行以及判断某些行为是否违反相应的规则，并且施加合适的处罚。[2]也就是说，自我规制意味着被规制主体自己设计规制规则，并且自己执行这些规则。[3]"自律是执行私人权威的一种手段，受制于正式管制的（组织）自我设计并执行规则的一种努力。"[4]若考察政府在自我规制中承担的角色就会发现，自我规制并非意味着政府的全然不参与。许多自我规制可能由政府发起，或者政府也是一方参与者，有的是政府作为公民权利保护的最后屏障，另外有些自我规制类型甚至就是政府规制的"前奏"。[5]

（二）自我规制的基本原理

自我规制的吸引力在于赋予了规制对象相当程度的裁量权。传统意义上的规制形式要求被规制对象明确采取某些措施，或者实现某种目标。[6]在自我规制的体系内，规制者自己决定是否进行规制，并且保留对规制体系的概括性与细节性的裁量权。自我规制享有更多裁量权的原因在于规制对象对本身的运营掌握更多的知识与信息，从而可以找到最符合成本有效性要求的解决方案。并且，规制主体倾向于认为自己制定的规制规则比外部规制者制定得更加合理，从而增加了自我规制规则的可遵守性。自我规制迅速、灵活，对市场反应敏感，而且成本较低。[7]

---

[1]　Black, Julia. "Constitutionalising Self-Regulation." *The Modern Law Review* 59. 1996 (1): 24-55.

[2]　Joseph A. Cannataci; Jeanne Pia Mifsud Bonnici, "Can Self-Regulation Satisfy the Transnational Requisite of Successful Internet Regulation", 17 *Int'l Rev. L. Computers & Tech.* 2003 (51), 62.

[3]　V. Haufler, *A Public Role for the Private Sector: Industry Self-Regulation in a Global Economy*, Carnegie Endowment for International Peace, 2003.

[4]　Renée de Nevers, "(Self) Regulating War? Voluntary Regulation and the Private Security Industry", *Security Studies*, 18 (3), 2009: 479-516.

[5]　John W., Lyon, Thomas P. "Self-Regulation and Social Welfare: The Political Economy of Corporate Environmentalism", *Journal of Law & Economics*, 1995, 43 (2): 583-617.

[6]　Kaufmann, Walter. *Going by the Book: The Problem of Regulatory Unreasonableness*. Routledge, 2017, 78.

[7]　Gunningham, Neil, and Joseph Rees., "Industry Self-Regulation: An Institutional Perspective", *Law & Policy* 1997 (19). 4: 363-414.

当规制者缺乏必要的信息与资源，无法设计出合理的规则来限制规制对象的裁量权时，自我规制就应运而出。当规制问题过于复杂，某个行业存在较强的异质性，或者该领域正处于动态演进之中时，就更适合选用自我规制。[1]传统的规制手段需要规制者对相关风险（例如潜在危害的严重性，以及该种危害发生的盖然性等）有深入的了解。但是在对新兴产业进行规制时，规制者会发现自身相较于被规制对象具有严重的信息劣势；即使自我规制中的规制方拥有充分的信息，但却未必有足够的激励为公共问题去寻求解决之道。因此，自我规制面临的关键挑战就在于如何确保被规制对象运用被赋予的裁量权去实现公共规制目标，而非私人利益。

（三）自我规制的类型划分

学者对自我规制的讨论可以大致分为两种角度，一种角度是（与下文另一种角度呼应）将自我规制视为在一定范围内被规制主体自发制定规则的过程。就如加文教授指出的，"行业自律就是在缺乏明确的法律要求和规定时，行业成员自发联合起来，披露产品信息与监督欺诈性行为等的活动"。[2]汉姆菲尔认为，"自我规制尤其是行业性的自我规制通常是自愿性的，并伴随着书面的行为标准与惩罚策略"。[3]另一种角度则将自我规制视为是与政府规制并列的治理手段，继而讨论两者间的关系，比如是"并列"还是"从属"，是"补充"还是"替代"。有学者区分了命令控制型规制、自我规制与对自我规制的规制等类型。[4]也有学者从政策制定者的

〔1〕[英]罗伯特·鲍德温、马丁·凯夫、马丁·诺奇：《牛津规制手册》，宋华琳等译，上海三联书店 2017 年版，第 13~14 页。

〔2〕常健、郭薇："行业自律的定位、动因、模式和局限"，载《南开学报（哲学社会科学版）》2011 年第 1 期。

〔3〕Thomas A. Hemphill, "Self-Regulating Industry Behavior: Antitrust Limtations and Trade Association Code of Conduct", *Journal of Business Ethics*, 1992 (12), 11.

〔4〕Schulz, W., & Held, T. *Regulated Self-Regulation as a Form of Modern Government*. Luton, UK: University of Luton Press, 2004, 69. Philip Eijlander, "Possibilities and Constraints in the Use of Self-Regulation and Co-Regulation in Legislative Policy: Experiences in the Netherlands—Lessons to be Learned for the EU", *Electronic Journal of Comparative Law*, 2005 (1), 9.

角度出发，认为自我规制是规制工具箱中的一种，"其规制过程包括披露产品信息、控制商业欺诈、建立最低安全和质量标准以及创建行业行为守则等"，可以作为政府规制的有效补充。[1]相对于政府从外部进行的强制力的规制，自我规制更多的是一种"组织化的私序"。但正因如此，"自我规制具有自愿的特质，并且暗含着规制强度比现存规制更严厉的特点"。[2]

自我规制有很多种类型。若按照政府的干预程度进行划分，可以区分为自愿型自我规制与授权型自我规制（mandated self-regulation）[3]；更加细化的可区分为自愿型自我规制、授权型自我规制、被迫型自我规制、批准型自我规制、待认可型自我规制与待核验型自我规制六种形式。[4]若根据政府与自律机构的关系来区分，可以分为强制型自律与非强制型自律。前者是指政府直接使用法律对自我规制体系进行干预，包括合作型自律、委托型自律与移交型自律。[5]后者包括促进式自律（即政府虽然不制定相关法律，但是积极明确地对自我规制表示支持）、默许式自律（政府不明确表态，只是隐晦地用行动予以限制）与志愿式自律。[6]另一种区分方法

---

〔1〕　K. Gupt A., Lawrence J. Lad, "Industry Self-Regulation: An Economic, Organizational, and Political Analysis", *Academy of Management Review*, 1983 (3).

〔2〕　René e de Nevers, "(Self) Regulating War? Voluntary Regulation and the Private Security Industry", *Security Studies*, 18.3 (2009): 479-516.

〔3〕　Gunningham, Neil, and Joseph Rees. "Industry Self-Regulation: An Institutional Perspective." *Law & Policy* 19.4 (1997): 363-414.

〔4〕　授权型自我规制是指特定群体在政府要求的框架下制定和实施规则。批准型（sanctioned）自我规制指特定群体制定出的规则要经过政府批准方可实施。自愿型自我规制是没有直接或间接的政府参与的自我规制。待核验（verified）型自我规制指需要第三方机构（审计机构、NGO 等）保证自我规制的实施。待认可（accredited）型自我规制则是说自我规制的规制与实施需要另一个非政府机构认可（比如标准化委员会或技术委员会）。See Black Julia, "Constitutionalising Self-Regulation", Modern Law Review, 59.1 (1996).

〔5〕　合作式自律（co-operative）是指规制者与被规制者就强制性规范的制定和执行开展合作；委托式自律（delegated）是指由政府当局委托自律实体进行法定责任的执行；移交式自律（devolved）是指由政府和议会对自律实体制定法定的自律规范。常健、郭薇："行业自律的定位、动因、模式和局限"，载《南开学报（哲学社会科学版）》2011 年第 1 期。

〔6〕　Bartle, Ian, and Peter Vass, "Self-Regulation Within the Regulatory State: Towards a New Regulatory Paradigm?", *Public Administration*, 85.4 (2007): 885-905.

则是从运行角度加以区分，实现自愿型自我规制与竞争型自我规制的二分。自愿型自我规制并未有良善意愿的成员施加过多的约束，但是对意图不良和组织混乱内的成员来说，就容易缺乏强制性与约束力。竞争型自我规制赋予了消费者以选择权，从而可以克服外部性与信息不对称等问题。[1]最后，若根据规制权力的来源进行划分，自我规制可以划分为合同型自我规制、授权型自我规制与自主型自我规制。[2]合同型自我规制中既有私人规制主体与被规制者签订的规制合同，被规制者让渡自己的部分权利给规制者（如行业协会）；也有私人规制者与国家机关签订的规制合同，私人的自我规制主体通过合同分享了部分国家机关的规制权；还有被规制主体主动发出要约的规制改革合同等。

自我规制中有一个关注外部规制者的类型称作"元规制"。元规制指外部规制者有意促使规制对象本身针对公共问题，作出内部式的、自我规制性质的回应。这些有意的举措包括明确的威胁、对自我规制的对象给予奖励或认可等。[3]基于管理命令进行的自我规制是较为典型的元规制，比如"为了执法而进行的自我规制"与"被逼迫式的自我规制"。[4]

第三节　平台企业自我规制的现实原因

在规制新兴市场时，规制者会发现自己相较于被规制对象具有严重的

---

〔1〕　Ogus, Anthony. "Rethinking Self-Regulation", *Oxford J. Legal Stud.* 15 (1995), 97.

〔2〕　Pedersen, William F. "Contracting with the Regulated for Better Regulations." *Admin. L. Rev.* 53 (2001), 1067.

〔3〕　Coglianese, Cary, and Jennifer Nash, "Management-based Strategies: An Emerging Approach to Environmental Protection", Leveraging the Private Sector: Management Strategies for Improving Environmental Performance (2006): 3-30.

〔4〕　被逼迫型（coerced）的自我规制意为，如果不进行自我规制就会由政府进行正式规制，也被称为"法律阴影下的规制"或者"联合规制"。Rahim, Mia Mahmudur, "Meta-Regulation Approach of Law: A Potential Legal Strategy to Develop Socially Responsible Business Self-Regulation in Least Developed Common Law Countries", *Common Law World Review* 40. 2 (2011): 174-206. Bomhoff, Jacco, and Anne Meuwese, "The Meta-Regulation of Transnational Private Regulation", *Journal of law and society* 38. 1 (2011): 138-162.

信息劣势。当某个领域中成员或用户存在较强的异质性，或者行业处于动态演进之中时，就更适合选择自我规制。无法想象每一种危害都需要由外部规制者来进行规制，[1]针对不能被客观的竞争力量所约束的市场失灵与有害行为，外部规制者的规制范围非常有限。

一、法律真空与法律不完备

由于互联网平台是一种新生事物，正面临着诸多的规制挑战，首要问题是法律储备不足与相关领域规制不完备。由于平台企业所处的领域更容易受到社会经济变化及技术发展的影响，因此在一定程度上存在着法律的不完备。加之数字技术的加成使得平台治理所处领域极度复杂化且风险易扩散化，反过来立法受制于技术的快速迭代而无法及时回应，最终强化了这一领域法律不完备的现实。

（一）所处领域的复杂化与风险易扩散化

自我规制行之有效的领域通常也是遍布风险之处。平台企业最初都是为了应对风险才会主动采取自我规制。平台企业的内部各要素间具有高度相关性，因各要素间的关系"难以察觉或者不可预料"从而产生了"交互复杂性"，因此可能出现多米诺式的风险扩散。又由于平台两端的参与者对其他人所持有的金融工具特性未必十分了解，对系统本身的网络拓扑结构也缺乏认识，容易引发"常态性意外"。[2]而网络平台企业所在的互联网空间具有超越国界的适用范围与复杂技术性的特色，政府面临巨大的信息劣势，从而无法使用传统手段进行规制。[3]又因为互联网很大程度上被形塑网络空间的代码或结构所控制，"代码即法律"的隐喻[4]以及基于同

---

[1]　William W. Fisher III, *Promises to Keep: Technology, Law, and the Future of Entertainment*, Stanford University Press, 2004, pp. 83-87.

[2]　Charles Perrow, *Normal Accidents: Living with High-risk Technologies*, Princeton: Princeton University Press, 1999: 16-18.

[3]　M Dunn-Cavelty (eds), *Power and Security in the Information Age. Investigating the Role of the State in Cyberspace*, Aldershot, Ashgate, 2007, 126.

[4]　Lessig, L. *Code and Other Laws of Cyberspace*, New York, 1999, 15.

好者间平等交往的交互性使得风险可能呈网状迅速扩散。[1]

（二）风险背景下立法的左支右绌

立法机关对包括不同类型平台企业所在领域进行规制时并非存在一个理性化设定、内含清晰规划的规制蓝图，而更像是随着技术发展而不断"打补丁"的立法更新过程。[2]在这种情况下，立法的阻吓效果就会被削弱。加之法庭承担的是一种被动式执法者和事后立法者的角色，因此很有可能导致对平台企业产生风险的执法不足。[3]

一方面，受制于信息与技术劣势，立法者的风险意识往往滞后于自我规制主体。"立法者的风险意识与危机程度（风险转变为现实危害的概率及其影响）密切相关。概率越高（损害越高）越容易进入立法者的立法议程；反之，概率越低（损害越低）越容易被立法者弃置不顾。"[4]另一方面，公众与专家对风险的认知存在冲突，[5]这无疑也影响了立法者对风险因素的判断：公众的认识基于（与恐慌、害怕相关的）经验或直觉（价值判断标准），专家则运用科学分析的方法（科学性标准）。[6]"专家和公众很难在风险成因和规制选择方面达成最低限度的共识。"[7]公众与专家会分别对立法者造成影响，从而使立法者左支右绌，无法给出风险规制"合宜的目标和范围"。既然立法者无法确定风险规制的目标、范围，"也就无法对风险领域作体系化的考虑，更有可能导致规制体系的紊乱"。受限于

〔1〕 Cannataci, Joseph A., and Jeanne Pia Mifsud Bonnici. "Can Self-Regulation Satisfy the Transnational Requisite of Successful Internet Regulation?", *International Review of Law*, *Computers & Technology* 17. 1 (2003): 51-61.

〔2〕 Gilardi, Fabrizio, and Martino Maggetti, "The Independence of Regulatory Authorities", *Handbook on the Politics of Regulation*, 33. 2 (2011): 223.

〔3〕 William M. Landes, Richard A. Posner, "Independent Judiciary in an Interested-Group Perspective", *J. L. & Econ.* 18. 3 (1975): 27.

〔4〕 杜辉："挫折与修正：风险预防之下环境规制改革的进路选择"，载《现代法学》2015年第1期。

〔5〕 戚建刚："风险交流对专家与公众认知分裂的弥合"，载沈岿主编：《风险规制与行政法新发展》，法律出版社2013年版，第195~197页。

〔6〕 [德]乌尔里希·贝克：《风险社会》，何博闻译，译林出版社2004年版，第30页。

〔7〕 杜辉："挫折与修正：风险预防之下环境规制改革的进路选择"，载《现代法学》2015年第1期。

组织结构、程序条件和能力等方面，立法者无法持续收集信息、分析信息以便给风险规制设定详尽的规制议程。[1]

（三）行政扩权对传统法程序带来的挑战

面对平台企业的权力扩张，行政机关需要更为灵活地对此作出回应。因此风险规制下行政扩权[2]的要求使得传统法律的规范结构已经不再适用：传统行政法采取的是"事实构成→法效果"的条件程序的规范结构，这一程序涉及因果性，从而"使得法律成为繁琐的机器，免于环境的检验和操纵"。[3]面对平台企业所处的高风险的情境，任何事情都可能涉及风险，那么对风险的预防与控制就需要全面撒网。条件程序要转化为目标程序，诉诸未来才能获知的因果关系。因此行政机关只需要设置一个目标，就可以获得对自我规制机构进行执法的授权。这类规范没有统一的裁判尺度，需要在个案中权衡利益，因而行政机关很大程度上是在自我编程。[4]这与传统行政法规定的"行政机关应在确有证据表明危险存在或将要发生时方可采取措施"[5]的理念大相径庭。

面对自我规制风险的行政执法还会遭遇过度规制与规制不足并存的困境：或者受制于执法能力而规制不足，或者一旦规制规则被实施，就会顺理成章地规制到一个不合理的地步。规制者常常为了消除"最后10%"的风险，[6]支付了高昂成本，从而导致规制成本与效益的失衡。

二、从资源竞争到规制竞争的需要

"对创新者和先行者进入的领域，是需要自己进行制度补位的"，[7]平

---

〔1〕 ［美］布雷耶：《打破恶性循环 政府如何有效规制风险》，宋华琳译，法律出版社2009年版，第39～40页。

〔2〕 张青波："自我规制的规制：应对科技风险的法理与法制"，载《华东政法大学学报》2018年第1期。

〔3〕 陆宇峰："'自创生'系统论法学：一种理解现代法律的新思路"，载《政法论坛》2014年第4期。

〔4〕 金自宁："风险规制与行政法治"，载《法制与社会发展》2012年第4期。

〔5〕 金自宁："风险规制与行政法治"，载《法制与社会发展》2012年第4期。

〔6〕 布雷耶：《打破恶性循环 政府如何有效规制风险》，宋华琳译，法律出版社2009年版，第11页。

〔7〕 俞思瑛等："对话：技术创新、市场结构变化与法律发展"，载《交大法学》2018年第3期。

台企业正处于这样的情境之中。制度配套是平台企业需要具备的一种供给能力，如果发展过程中相关的制度尚不完备，那就需要自己制定规则，并且自己执行规则。平台企业的企业特性决定了改善用户的互动提高平台的吸引力是平台的利益所在，为了避免只将平台作为陈列室或只为了通过平台获得用户反馈等在信息方面搭便车的行为，平台有动力进行自我规制。

在竞争资源的动机驱动下，平台企业倾向于制定用户与投资者期望的市场规则。[1]网络平台企业往往面临更加严峻的竞争态势：一方面是平台包抄与跨界竞争的普遍存在，"熊彼特式创新"的不断萌发。另一方面则是跨边网络外部性会在平台两边产生双向的"回振效应"，既可能使双边用户同时指数级地增长，也可能产生指数型的下降，因此"用户竞争"与"资源竞争"是平台企业的核心利益所在。

平台企业针对资源与用户的竞争深刻地影响着自律管理，从而促成了不同平台企业间的"规制竞争"。平台企业的市场特性会受到"奔向高端"理论的影响：对于平台企业而言，市场中过多的欺诈行为会影响流动性，流动性的降低使得交易量随之减少，因而平台上行的用户有动机促使平台制定并执行更加高的自律准则。[2]平台企业出于声誉的考虑也会主动进行有效的自律规制，从而给市场参与人提供一个公平、透明、高效的市场。[3]对于交易所而言，市场声誉有时比技术因素更为重要，[4]"信誉附加"可以促使平台企业在竞争中突出重围，从而吸引平台两端的更多用户参与到交易中。资源竞争的结果可能会促使平台企业的自律规制水平"奔向高端"。社会学上的破窗理论也可以证实该观点：如果承担市场角色的平台

〔1〕 Mahoney P G. "The Exchange as Regulator", *Virginia Law Review*, 1997, 83（7）: 1453-1500.

〔2〕 Pritchard, Adam C., "Markets as Monitors: A Proposal to Replace Class Actions with Exchanges as Securities Fraud Enforcers", *Virginia Law Review*（1999）: 925-1020.

〔3〕 彭冰、曹里加："证券交易所监管功能研究——从企业组织的视角"，载《中国法学》2005年第1期。

〔4〕 John C. Coffee, "Racing towards the Top? The Impact of Cross-Listings and Stock Market Competition on International Corporate Governance", *Columbia Law Review* 102. 7（2002）: 1757-1831.

企业因为放松规制而出现了无序化的倾向，那么这种无序化对于违法行为、反常行为均有很强的诱导性，其结果就是侵权行为会进一步聚集。[1] 平台企业的自我规制也是对"破窗"进行及时修补，从而防止其承担更大的成本。[2]

三、成本低廉与高参与度的优势

被规制者参与自我规制的动机多是出于参与自我规制的收益大于被规制成本的考虑。自我规制可以提供四种潜在的收益：被规制者通过自我规制的形式获得的技术与管理的方法可以增加其运营收益；自我规制会成为一种认可，或者是提升被规制群体声誉的一种举措，因此可以带来信号收益与合法性收益。自我规制带来的合法性收益意味着参与自我规制的成员可能会被认为更有合法性，而获得一些超然待遇；当然，自我规制还会给参与规制者带来一些涉及影响力方面的附属收益。[3]自我规制可以使被规制者规避相关风险，特别是产生消极形象的风险，[4]还可能包括期望在政府规制前进行自我规制，以降低规制的严厉程度等风险。[5]在网络平台企业所处的场域中，我们可以认为虽然平台上的商家各自竞争，但也在共享一种"无形公地"（intangible commons）。[6]如果有商家或用户予以破坏，就会影响到其他商家的声誉。若一个电商平台上假货横行，那么用户就会

〔1〕　Wilson, James Q., and George L. Kelling, "The police and neighborhood safety Broken Windows", *Social, Ecological and Environmental Theories of Crime*. Routledge, 2017. 169-178.

〔2〕　Kelling, George L., and Catherine M. Coles. *Fixing Broken Windows: Restoring Order and Reducing Crime in Our Communities*. Simon and Schuster, 1997: 151-155.

〔3〕　Lenox, Michael J., "The Role of Private Decentralized Institutions in Sustaining Industry Self-Regulation", *Organization Science* 17. 6 (2006): 677-690.

〔4〕　Lad, J. L., "Industry Self-Regulation as Interfirm and Multisector Collaboration: The Case of the Direct Selling Industry", *Research in Corporate Social Performance and Policy* 12 (1991).

〔5〕　Khanna, Madhu, et al., "Motivations for Voluntary Environmental Management", *Policy Studies Journal* 35. 4 (2007): 751-772. De Nevers, Renee, "(Self) regulating war? Voluntary Regulation and the Private Security Industry", *Security Studies* 18. 3 (2009): 479-516.

〔6〕　Barnett, Michael L., and Andrew A. King, "Good Fences Make Good Neighbors: A Longitudinal Analysis of an Industry Self-Regulatory Institution", *Academy of Management Journal* 51. 6 (2008): 1150-1170.

用脚投票，选择其他的平台企业。又因为网络平台企业面临的竞争尤其激烈，于是这种"无形公地"将商家的命运紧紧捆绑在一起。自律也就是"集体降低池塘风险的一种尝试"。[1]

当讨论自我规制带来的优势时，需要明确这些优势的获得是针对何种主体，相较于何种规制体系。包括欧盟、经济合作与发展组织（OECD）、澳大利亚政府、英国更好规制委员会（UK's Better Regulation Task Force, BRTF）等在内的各种区域性的或者国际性的组织对于规制谱系的设置均可达成共识，即规制大致可以遵照如下谱系进行展开。[2]

规制不存在 → 自我规制 → 合作规制 → 政府规制

图1-2　规制谱系

自我规制的优点既是相对于政府直接规制时的优势，也是相较于不存在规制时的优势。对于政府而言，默许或者认可自我规制有各方面的考虑，首先，自我规制尽量避免政府深度介入某行业，但同时又能实现规制目的。政府既保护了公众利益（因为有规制存在），又不用被直接问责（因为自律机构需要承担相应的责任）。政府也会出于低成本与灵活性的考虑采取自我规制：与立法程序相比，政府承担了更低的规制成本。自我规制机构不会受到预算及人员的限制，可以更好地对社会情势的变化作出回应。其次，自我规制还可以促进服从。当规制者与被规制者合二为一时，被规制者的深度参与会更加容易获悉规制的目标及优点，从而更倾向于遵守规制规范。最后，自我规制也更有利于伦理建设，正如SEC的主席道格拉斯所说："政府的规制手段多是通过取缔某些行为而实现，于是留下了许多未触及之处，而自我规制就可以通过培育一种新的伦理准则来填充这

〔1〕 Lenox, Michael J., "The Role of Private Decentralized Institutions in Sustaining Industry Self-Regulation", *Organization Science* 17.6 (2006): 677-690.

〔2〕 Bartle, Ian, and Peter Vass, "Self-Regulation within the regulatory state: Towards a new regulatory paradigm?", Public Administration, 85.4 (2007): 885-905.

些领域。"〔1〕相较于不存在规制而言，自我规制可以显著减弱市场失灵，加强对消费者的保护，改善自我规制主体的治理结构，加强对规制内容的披露，并且可以提升企业的社会责任感。

四、平台企业自我规制的类型变迁

平台企业产生之初由于存在法律真空或者市场需要，往往采取的是自愿型自我规制。但在平台发展壮大的过程中，可能会因为追求经济利润与保障公共利益之间的目标矛盾而诱发政府涉入规制的动机。从这个层面来看，平台企业的自我规制就是为了响应非正式的强制，也即"如果不进行自我规制政府就会进行规制"。这时平台企业的自我规制形式就从自愿的自我规制演化为促进式的自我规制。但由于政府规制仍未直接介入，此阶段的自我规制仍不能称为强制型自我规制。如果自我规制对社会公众的利益产生了重大的负面影响，政府就会积极介入，并且要求自我规制符合行政规制的相应要求。这时的自我规制形式就可能会演化为待批准、待核验、待许可的自我规制。若政府对自我规制的干预变为常态，就会像证券交易所一样，变成政府规制下的自我规制。证券交易所制定交易规则与日常的证券规制条例，而政府机构则负责实施"原则性监管"，〔2〕同时保有对交易所惩戒行为的审查、调查与处罚权。政府介入自我规制的原因可能是由于自我规制的原生缺陷，也可能是因为平台企业在市场与企业双重角色间切换时遭遇的利益冲突。因此平台企业自我规制的类型并非一成不变，而是取决于其与政府规制的互动关系。

---

〔1〕　Priest, Margot, "The Privatization of Regulation: Five Models of Self-Regulation", *Ottawa L. Rev.* 29 (1997), 233.

〔2〕　英国的金融服务管理局（FSA）则一直采取原则性的规制方式（规范所有受规制对象的 11 条原则规定），即"从重视过程控制、安全稳定的规则规制转向以结果控制、自主和效率为目标的原则规制"。

第四节　平台企业自我规制的正当性基础

一、自我规制可以消弭风险带来的偏在性

（一）风险认知中存在的二元对立

风险与危险的一个重要区别就在于前者可以归咎于"决定"，而后者只能归咎于"环境"。[1]风险认知中存在着的二元对立的权力结构，或许可以将其描述为作为决策者的"我们"与作为"活的副作用"（living side-effects）的"我们"两对主体。[2]后者是被作为风险规制的目标的主体，正经历着双重性的排除：既被排除在作出决策所依凭的条件与决策可能产生的潜在收益之外，也被排除在对自己的健康或生存机遇产生影响的因素有关的信息之外。

风险社会中不仅决定者与受决定影响者间存在着认知鸿沟，同时还存在着行动者的一阶观察与行动评价者的二阶观察之间的潜在冲突。[3]合约理论中揭示了私人信息与可观察信息的信息含量不同，由于信息在传播过程中会出现损耗，前者在信息拥有的深度与广度上远强于后者。行动者自己的第一阶观察与把行动作为他人决定来把握的第二阶观察之间存在区隔，会导致对决定的风险作出完全不同的评价。"当人们清楚地认识到未来有赖于决定，而决定具有风险时，行动者与行动评价者的视角分歧就会变得非常之大。"[4]互联网空间是一个极易引起围观的环境，人们既是行动者又是行动评价者。若想解决这一沟通的鸿沟，"就必须部分地返回行动者，或者在二阶观察的层面通过信息公开和合情合理的说明来加强沟通理解"。[5]

---

〔1〕　［德］乌尔里希·贝克：《风险社会》，何博闻译，译林出版社 2004 年版，第 38 页。

〔2〕　［德］乌尔里希·贝克：《风险社会》，何博闻译，译林出版社 2004 年版，第 40 页。

〔3〕　季卫东："决策风险、问责以及法律沟通"，载《政法论丛》2016 年第 6 期。

〔4〕　［德］乌尔里希·贝克：《风险社会》，何博闻译，译林出版社 2004 年版，第 129 页。

〔5〕　季卫东："决策风险、问责以及法律沟通"，载《政法论丛》2016 年第 6 期。

（二）　自我规制统一了二元对立的风险认知主体

当我们发现风险认知与风险规制中不免存在的这种二元对立的主体与结构时，"沟通"就是最容易诉诸的解决手段。对风险的认知可以是多维度的、个性化的，对不同的人、不同的情境而言，特定的风险可能具有不同的意义。[1]风险规制的议程常常为公众的恐惧、政治、历史或偶然所驱使，而非按照专家的审慎研究加以确定。[2]一旦进入规制议程，这种风险认知上的巨大差异则会互相强化，最终形成恶性循环。公众秉承基于经验或直觉的价值判断标准，专家则坚持科学性标准。多数公众只是在进行"戏剧化地思考，而非量化地思考"，公众可能会固执己见，可能会不信任专家，可能会高估较低风险的盖然性。[3]因此公众可能会更重视发生在自己身边，被媒体广为报道的风险，但更加容易忽略更为严重，却相对不为人知的风险。对于政府而言，规制的成本与收益计算也需要纳入考虑，因此规制费用过高的情况下可能产生规制不足，而规制费用较少的情况下有可能采取过度规制。

面对决定者与受决定影响者面对风险认知的不同评价，甚至是巨大分歧，不得不加强风险沟通，通过沟通规则简化复杂性。比如在风险规制的决策过程中加强民主参与，考虑各方意见综合进行决策，等等。但是这种沟通是否就能促成有效的共识。托依布纳认为，国家对于社会子系统进行干预时最容易犯的一种错误是，在未经实验的情况下，将政治的决策模式（例如选举、代表、组织化的反对派、群体多元主义、谈判、集体决策等程序）适用于其他部门，试图以此限制其他子系统的自律形式。但问题就在于在非政治领域模仿政治程序，可能会加剧"官僚化的反直觉效果"。[4]

---

〔1〕　Robert Baldwin, Introduction-Risk: The Legal Contribution, in Robert Baldwin（Editor）, *Law and Uncertainty: Risk and Legal Processes*, Kluwer Law International, 1997: 4-5.

〔2〕　布雷耶：《打破恶性循环　政府如何有效规制风险》，宋华琳译，法律出版社2009年版，第20页。

〔3〕　布雷耶：《打破恶性循环　政府如何有效规制风险》，宋华琳译，法律出版社2009年版，第66~67页。

〔4〕　［德］贡塔·托依布纳：《宪法的碎片》，陆宇峰译，中央编译出版社2016年版，第99页。

既然沟通如此重要，共识却难以达成，那么自我规制就提供了一种更好的解决方案，规制者与被规制者的一体化，可以消弭沟通不畅与权力结构的不对称，对社会中的风险进行更好的回应。如果我们希望风险沟通更加行之有效，那么更应该尊重平台企业的自我规制，进而逐步提升平台上用户的民主潜力，使得消费者渐渐获得相对于平台的更强有力的控制。

二、"去中心化"的规制发展为自我规制提供了可能

当我们讨论规制的"去中心化"时，隐含着的是一个相对的"他者"，即由政府进行的规制形式——命令控制模式（command and control regulation）。该种由制裁保证法律实施的规制形式可以说是"中心式"的，其只有一个规制主体。命令控制模式秉承着从政策形成到政策实施的线性思维，可能会遭遇规制目的不清晰，规制目标过于严格、僵化，执行力不足或者过度执行等后果。

相较于命令控制模式的易于理解，"去中心化"的规制则有多重含义：（1）可以用来指涉政府不享有垄断的规制权力，其他社会主体可以分享规制职权；[1]（2）或代指政府与行政的新变化，即政策制定与执行过程中的碎片化；（3）或用来形容一种观察：政府在规制行动中不再游刃有余；（4）也可以用于系统论的分析：法律系统与经济系统都是自我指涉的社会子系统，彼此之间在运作中相互封闭，于是需要剔除"行政规制统治一切"的思维，转而尊重每个子系统的自创生运转；（5）还可以代指国家—社会结构上的去层级化（de-apexing），预示着从分层社会向功能分化社会的转变。[2]

（一）社会的"复杂性"趋势

命令控制模式的失灵促成了"去中心化"的规制的发展，而"中心化"的规制之所以不再有效，则是因为社会、政府以及两者间关系的变

---

〔1〕 N. Rose and P. Miller, "Political Power Beyond the State: Problematics of Government", *British Journal of Sociology* 43. 2 （1992）.

〔2〕 Black, Julia, "Decentring regulation: Understanding the Role of Regulation and Self-Regulation in a 'post-regulatory' world", *Current legal problems* 54. 1 （2001）.

迁。[1]随着科学技术的不断发展，如果用一个词来形容社会的变化，那么"复杂性"最为贴切。[2]不同社会成员在行动目标、行动意图，所认同的规范与享有的权利上都有很大的差异，因此，社会中不同角色间，以及角色与系统间交互就显示出了异常的复杂性。[3]复杂性还体现在规制过程中社会成员间、社会成员与政府间交互与依存的复杂性上：[4]规制不再意味着社会存在问题，政府有对应的解决方案的单一向度，而是社会与政府都各自有问题与解决方案，并且一定程度上相互独立。[5]

（二）控制权与知识的分散性趋势

控制权的分散性也是现代社会的特点之一，正是因为这一特点促成了"去中心化"的规制的诞生。控制权的分散性与社会成员间的自治性密切相关。这里的自治指的是成员自行创设自己行为模式的自由，同时也意味着由于每个群体间对于跨群体的目标系统漠不关心，规制行为很可能产生意料之外的后果，从而导致规制的困境。另一项社会变化是知识的分散性与建构性，也就是说没有一个社会角色可以获得使规制有效的全部知识。信息与知识本就是社会建构的，世界上并不存在完全客观的社会事实。自创生理论对新时代发生的控制权与知识的分散性趋势有较强的解释力：自创生意味着不同的子系统（政治系统、法律系统）都是依据自己的标准（在自己系统中累积的经验）来建构对其他系统的理解。[6]

---

[1] G. Teubner (ed.), Dilemmas of Law in the Welfare State, Berlin, 1986. G. Teubner, L. Farmer and D. Murphy, Environmental Law and Ecological Responsibility, Walter and Gruyter, 1994, 6.

[2] J. Kooiman (ed.), *Modern Governance: New Government-Society Interactions*, Sage, 1993, 67.

[3] G. Teubner (ed.), *Juridification of the Social Spheres*, Walter and Gruyter, 1987, 4.

[4] M. Foucault, *"Governmentality" in G. Burchell, C. Gordon and P. Miller, The Foucault Effect: Studies in Governmentality*, University of Chicago Press, 1991, 77.

[5] See R. Rhodes, *Understanding Governance: Policy Networks, Governance, Reflexivity and Accountability*, Open University Press, 1997, 43.

[6] G. Teubner and A. Febbrajo (eds.), State, Law, Economy as Autopoietic Systems, Walter and Gruyter, 1992, 3.

三、功能分化社会对于自我规制的尊重

（一）功能分化下的自创生需求

功能分化社会在卢曼的理论体系中意味着社会经由区隔分化、阶层分化演进到功能分化的阶段（见表1-2）。功能分化意味着社会分化为承担特定功能的诸如经济、科学、军事等子系统，虽然彼此间高度依赖但却地位平等，各司其职。[1]更为重要的是，功能分化下的法律不再需要诉诸外部的永恒自然作为正当性来源，而是走向了实证化的法律。[2]我们无法对社会功能的重要性进行排序（因为功能分化中各个子系统是平等的，否则就是阶层分化），各个子系统[3]间不存在"显著性"的关系。[4]法律与其他社会子系统并不是因果决定（可控制的）关系，而是相互刺激，相互结构相互耦合的偶在性关系。[5]"这些子系统在日益专门化、技术化、抽象化的过程中需要为参与其中的行动者提供相对稳定的预期；于是它们不断地生产大量的行为规范，这些规范形成独特的'合法/违法'的二元编码机制，就某行为作出'法律上正确与错误'的评价认定，并通过沟通或交往的系统影响和塑造参与其中的行为者的行为。"[6]

---

〔1〕 Niklas Luhmann, *A Sociological Theory of Law*, Routledge, 1985: 28-29.

〔2〕 陆宇峰："'自创生'系统论法学：一种理解现代法律的新思路"，载《政法论坛》2014年第4期。

〔3〕 系统论认为社会是自我指涉的，不同功能分化领域彼此间的关系被视为系统与环境的关系。关键在于每个子系统是运作封闭的（closed）。自创生系统，不仅是自组织的（self-organizing），而且是自我生产的（self-producing）。它有三个特点：自治性、循环性、自我指涉。构成系统的基本单元既不是"规范"，也不是"行动"（或是与此相关的"个体""角色"），而是"沟通"（communication）。

〔4〕 ［美］托马斯·C.谢林：《微观动机与宏观行为》，谢静、邓子梁、李天友译，中国人民大学出版社2005年版，第13页。

〔5〕 See Michailakis, Dimitris, "Review Essay: Law as an Autopoietic System", *Acta Sociologica* 38.4 (1995): 323-337. 宾凯："法律如何可能：通过'二阶观察'的系统建构——进入卢曼法律社会学的核心"，载《北大法律评论》2006年第0期。

〔6〕 翟小波："软法概念与公共治理——软法与公共治理之关系和软法概念之证立的初步理论"，载罗豪才等：《软法与公共治理》，北京大学出版社2006年版，第134~135页、第147~153页。转引自沈岿："软法概念之正当性新辨——以法律沟通论为诠释依据"，载《法商研究》2014年第1期。

表1-2　社会分化的三种类型

演进形式	子系统构成	子系统间的交往方式	交往结果及阐释
区隔分化	地缘或血缘	平等：以子系统的运势或合并为结果——出现国家	国家的出现不仅是子系统间交往的结果，也是子系统内部社会分化的结果（走向阶层分化）
阶层分化	单个社会阶层	不平等：通过谈判、威胁、恫吓等方式约定交往的方式、可能与规则——形成国家宪法	国家宪法用来束缚占优势阶层的权力冲动，也迫使占劣势阶层无法轻易以不合作或退出作为博弈手段，以避免系统崩溃
功能分化	不同功能的子系统	动态、去中心化：无法对社会功能的重要性进行排序——架空了国家宪法（在阶层权利排序的基础上经过阶层反复交往而演化出的系统基本规则）	社会宪法是建立在共识（谈判、双方明示认可+行为中确立的惯例）之上的一切正式和非正式的适用于社会系统内部全体的规则

　　功能分化的社会中，法律与国家在处理各个子系统层出不穷的新问题时不免会捉襟见肘。由于每个系统在结构上都是封闭的，而规制其他系统的法律系统自身，其结构也是封闭的，法律对其他系统的直接性的介入都会造成异常情况或者规制不能。这就可以解释为什么现代社会的正式法律无法直接解决经济、社会与环境系统内产生的规制难题。如果法律任意涉入不同的子系统，那么一方面体现着哈贝马斯所说的"法律对生活世界的殖民"；另一方面，就像托依布纳所言，这也对国家法本身造成了损害。[1]于是法律应该对不同系统的自我规制给予尊重，只能对其进行程序的设置，而尽量不要使个人形成对国家的依赖。在这种认知框架下，法律既不会侵入公司或者其他社会成员间的自治行为；同时也不会暴露法律本身在某些领域遭遇的功能上或者规范上的规制困境。

　　因此法律规范应在制度结构和社会结构间形成"和谐适配"，而不是

---

〔1〕　G. Teubner（ed.），*Dilemmas of Law in the Welfare State*，Walter and Gruyter，1986，16.

影响社会结构本身。这些规范不对行为提供实质性的引导，而是进行组织、提供程序及规定权能。法律不对具体的社会后果负责，而是限于为自我规制（诸如交涉、分权，计划和有组织的冲突）提供结构性机制。法律的实质理性要求全面的规制，而"制度设计"就瞄准了"授权和促进"。[1]

（二）互联网自组织下的自治

互联网自治之所以可行，是因为互联网本身具有"自组织"的属性。在互联网发展的进程中，网络技术与应用的涌现，各类规则的制定，秩序的形成，网络社会的文化、习俗以及整个网络的生态进化等，多是由网络服务商或用户通过"自组织"机制实现的。[2]从系统论的观点来看，"自组织"是指一个系统在内在机制的驱动下，自行从简单向复杂、由粗糙向细致的方向发展，不断提高自身复杂度与精细度的过程。[3]"自组织是自然界和社会长期演化选择和形成的非常优化的进化方式……而大量的被组织的社会组织在其运行过程中被证明其效率、其组织适应性等重要特性都是比较差的，有的甚至与社会演化的总规律背道而驰。"[4]

尤其突出的一点是，对于互联网空间的整体规则与秩序形成而言，网络服务商等系统内部要素起到的作用，比外部的行政强制更为有效。比如无论在中国还是韩国，由政府主导的网络实名制的推广都遇到很大障碍，甚至最终不得不终止实名制的努力。但是像曾经的校内网、Facebook 等社交网站，考虑到市场与网络社区本身的演变规律，从使用实名制可以获得更多的社交资本的权益提升出发，使用户很容易就接受了实名制的要求。再比如淘宝等网络平台企业建立的虚拟世界的个人信用制度与交易法则也是卓有成效的。整个互联网正是基于各种服务提供商构建的规则，形成了自己的运行模式。尽管线上平台的商业诉求会对规则的合理性与公正性产

---

〔1〕［德］图依布纳："现代法中的实质要素和反思要素"，矫波译，载《北大法律评论》1999 年第 2 期。

〔2〕彭兰："自组织与网络治理理论视角下的互联网治理"，载《社会科学战线》2017 年第 4 期。

〔3〕秦书生："自组织的复杂性特征分析"，载《系统科学学报》2006 年第 1 期。

〔4〕吴彤："自组织方法论论纲"，载《系统辩证学学报》2001 年第 2 期。

生激扰，但用户也可以用脚投票来限制网络服务商的不当行为。

在淘宝等网络平台企业上，买家与买家、买家与卖家之间的互动关系，已经成为一种行之有效的商业模式。[1]Uber、滴滴打车以及 Airbnb 等共享经济的模式也在逐步形成。我们可以据此观察自组织机制在商业领域的可行性。"自组织系统的自组织特性正是由个体之间的协同交互导致的。"[2]互联网本身的结构，对于推动个体间的协作互动是有显著效果的。尽管有时候，群体互动也可能带来群体性迷失等后果，但是有时迷失与无序也是自组织运行中的必然过程。正如凯文·凯利所说，"网络孕育着小的故障，以此来避免大故障的频繁发生"。[3]

（三）商人法的升级版

托依布纳等系统论的学者将视角集中于经济系统，认为跨国公司等构成了"毛细管权力"[4]的失控扩张以及对人权侵犯的"匿名的魔阵"。[5]功能分化的社会最先形成了经济系统的全球化，其一体化程度明显高于政治、医疗、科研、媒体等社会系统。跨国企业就是最好的例证，它们可以注册在不同的国家，可以任意转移资产与生产线，从而使得法律对其的约束力不断减弱，逐渐摆脱了国家宪法的控制。从最开始的"商人习惯法"被收编，到全球化出现的新型商业组织以及随之形成的新的商人习惯法（包括国际公约、示范法及国际商贸组织的文件+商事仲裁制度）占据主宰。[6]跨国公司更多适用的是商人法，而非一般意义上的国际法，这一转变亦可以被视为是国家对社会的妥协与让步。[7]

_____

〔1〕　彭兰："自组织与网络治理理论视角下的互联网治理"，载《社会科学战线》2017 年第4 期。

〔2〕　郭毅等："复杂自组织系统的研究综述"，载《计算机工程与科学》2012 年第 2 期。

〔3〕　［美］凯文·凯利：《失控》，张行舟译，电子工业出版社 2016 年版，第 39 页。

〔4〕　［德］贡塔·托依布纳：《宪法的碎片》，陆宇峰译，中央编译出版社 2016 年版，第 98 页。

〔5〕　［德］贡特尔·托依布纳："匿名的魔阵：跨国活动中'私人'对人权的侵犯"，泮伟江译，载《清华法治论衡》2007 年第 2 期。

〔6〕　［德］贡特尔·托依布纳："'全球的布科维纳'：世界社会的法律多元主义"，高鸿钧译，载《清华法治论衡》2007 年第 2 期。

〔7〕　高薇："功能分化时代的宪法再书写：从国家宪法到社会宪法"，载《交大法学》2013 年第 1 期。

诚然，大多数平台企业都是以跨国公司的形式存在，但是兴盛于互联网时代的平台型企业可以说是升级版的跨国公司。平台企业不仅广泛采取商人法的规定，还自己创设、执行全新的平台规范。可以说，平台企业在商人法之外还构筑了一个规范闭环，销售者与消费者一旦进入平台，就必须遵从相应的规范，除此以外，无从选择。如果说跨国公司只是通过注册地的选择、全球化的供应链和销售渠道获得了一些选择法律与法院的权力，那么平台企业，尤其是网络平台企业则自己形成了一套规范体系。如果说商事仲裁制度是跨国公司突破法律系统的一个最好的例证，那么淘宝上的"在线仲裁""大众评审"〔1〕等在线纠纷解决机制（Online Alternative Dispute Resolution，ODR）也可以被认为是平台企业规范权力扩张的其中一项表现。〔2〕

就像德里达所说：当今社会的问题，更多地反映为一种"毛细管权力"的现象，其产生依赖于科学技术的发展，弥散在社会机体之中。针对这种权力系统可能的过度扩张以致失控，是应该由国家直接进行干预还是使之内部宪治化，〔3〕存在着两种截然不同的回应方法。国家直接干预的措施系统性地低估了市民社会制度的自我构成潜能，也高估了立法者的认知能力和权力行使能力。立法者可以封锁其边界，但无法在其内部进行支配。即使立法者并不执意于展开具体的规制，而是仅限于简单制定各种社会子宪法，也并不会有很大的改善。政治性的干预既非"社会应当如何发展的规划性计划"，亦非"对好的社会或可以选择的未来的描绘"，因此"将问题政治化……最容易摧毁复杂莫测的社会自我组织过程"。〔4〕退一万

---

〔1〕 俞思瑛等："对话：技术创新、市场结构变化与法律发展"，载《交大法学》2018 年第 3 期。

〔2〕 郑世保："在线纠纷解决机制的困境和对策"，载《法律科学》2013 年第 6 期。郑世保："ODR 裁决书强制执行机制研究"，载《法学评论》2014 年第 3 期。高薇："互联网争议解决的制度分析 两种路径及其社会嵌入问题"，载《中外法学》2014 年第 4 期。肖永平、谢新胜："ODR：解决电子商务争议的新模式"，载《中国法学》2003 年第 6 期。丁颖："网上法庭：电子商务小额纠纷解决的新思路——国外主要实践及中国相关制度构建"，载《暨南学报（哲学社会科学版）》2015 年第 10 期。

〔3〕 ［德］贡塔·托依布纳：《宪法的碎片》，陆宇峰译，中央编译出版社 2016 年版。

〔4〕 ［德］贡塔·托依布纳："民族国家的部门宪法"，陆宇峰译，载《清华法治论衡》2014 年第 2 期。

步说，国家仅能对社会子系统施以纠正性的干预，但不可能塑造它们的基础规范。因此，"必须克制一种在功能分化的全球化社会中对法律整合进行的徒劳追求"。因此第二种回应是更为合理的，即通过形成一种强大的外部压力，迫使"毛细管权力"逐步实现有效的内部自我设限（自我规制的一种）。这其实就是元规制的规制方法：外部规制者有意促使规制对象本身针对公共问题，作出内部式的、自我规制性质的回应。[1]

〔1〕 Coglianese, Cary, and Jennifer Nash, "Management-based Strategies: An Emerging Approach to Environmental Protection", *Leveraging the Private Sector: Management Strategies for Improving Environmental Performance* (2006): 3-30.

第二章
平台三位一体的创新治理机制

平台企业的自我规制是自然而然形成的。互联网成立之初是一个"去中心化"的组织，其超越国界的适用范围与技术中立等特色都非常适宜于自我规制。[1]一方面，互联网本身就可以被看作一个巨大的自我规制系统，没有任何机构有足够的强权来控制这个系统本身，[2]其本质是基于同行者之间的平等交往，技术性框架与资源开放性也使政府无法对其施加过多的规制。[3]另一方面，平台企业出于跨边网络效应的考虑，为了争取更多的用户群体与交易量，天然存在自我治理的动机。[4]改善用户间的互动效率与提高平台的吸引力是平台企业的根本利益，平台企业可能会通过规制价格、监控用户行为并收集用户反馈以及促成交易双方签订包括仲裁条款在内的格式合同等方式进行规制，由此形成了一系列创新、特色的治理机制。

平台企业通过自治构成了基础规则、行业标准、消费者保障规则在内的规范圈，对平台上用户与其他利益相关方的正常交易施加保障。平台基础服务的出现是为了处理大量"无组织的"生产性资源，其中既有通常意义上的普惠基础设施或公用事业（如支付、物流、金融、征信），也有认证、纠纷解决等数字时代的新型公共服务。[5]平台交易的复杂程度越高，就需要更多的基础服务作为支撑，从而形成了结构性的交易撤销—信用评分—处罚机制在内的创新性治理体系。

在面临网络交易平台发展过程中产生的各项风险时，存在一个责任履行的黄金三角。交易平台首先通过包括消费者评价制度、交易撤销制度、平台处罚制度在内的一系列准立法、类司法与拟执法的方式进行责任的自

〔1〕 Bonnici, GP Mifsud, *Self-Regulation in Cyberspace*, University of Groningen, 2007, pp. 2-14.

〔2〕 See Cavelty, Myriam Dunn, et al., *Power and Security in the Information Age: Investigating the Role of the State in Cyberspace*, Ashgate Publishing Company, 2008, p. 69.

〔3〕 See Eriksson, Johan, and Giampiero Giacomello, "Who Controls What, and Under What Conditions", *International Studies Review*, 11. 1 (2009), 206-210.

〔4〕 See Boudreau, Kevin J., and Andrei Hagiu, "Platform Rules: Multi-sided Platforms as Regulators", *Platforms, markets and innovation* 1 (2009), 163-191.

〔5〕 胡凌："从开放资源到基础服务：平台监管的新视角"，载《学术月刊》2019 年第 2 期。

我履行。继而，网络交易平台还可以通过合理有效的风险沟通方式来进行自我规制的优化：比如平台规则制定阶段的规则众议院与规则制定阶段的大众评审制度。

第一节　信用评价机制

平台评分机制是一种声誉机制，这种在线的多边声誉机制是一种网上争议预防机制，[1]可以有效甄别出恶意交易者，从而实现平台内低成本的规范运行。[2]评分机制在网络平台中扮演着支持性基础设施的角色，可以有效缓解合同执行中的保证问题。[3]平台的信用治理可以充分利用陌生人社会的市场规模，为未来的潜在交易提供标准化、理性化的信用依据。[4]

平台信用评分机制建构了一个新型的评分社会，用户持有数字人格生活于其中。这种分布式评分在平台规则与政府治理的双重需求下逐渐集中化，与征信体系、社会信用体系产生了双向度的联系，促成了现实生活与虚拟生活的相互嵌入与彼此塑造。平台信用评分机制对法治模式与社会信任模式产生了颠覆性的影响，可能形成无需法律的秩序与无需强制力的执行模式。这种以降低交易成本为初衷，试图建构信任的自我规制机制逐渐催生出新型的权力结构，产生非标化与不当联结、独立性缺失与歧视强化、未知情同意与退出困难、价值层面的不平等与错配等一系列风险。在大数据和物联网的背景下，现代社会的理性人逐渐转化成可计算的微粒人，智能化算法背后的权力行使者正变得越来越隐秘，作为支持系统的平台信用评分机制更容易让用户放松对权力的警惕。面对平台线上线下不同

---

〔1〕　高薇："互联网争议解决的制度分析　两种路径及其社会嵌入问题"，载《中外法学》2014 年第 4 期。

〔2〕　戴昕、申欣旺："规范如何'落地'——法律实施的未来与互联网平台治理的现实"，载《中国法律评论》2016 年第 4 期。

〔3〕　胡凌："数字社会权力的来源：评分、算法与规范的再生产"，载《交大法学》2019 年第 1 期。

〔4〕　刘晗、叶开儒："平台视角中的社会信用治理及其法律规制"，载《法学论坛》2020 年第 2 期。

场景间的相互打通，我们已经处于物理世界与数字世界虚实同构的双层空间之中。[1]平台公司不仅基于数据作出简单的交易决策，还构建了人们的数字身份、相关的特征和联想，甚至会对用户的未来机会产生影响。

平台主导的信用评价机制可区分为 C2C 的消费者评价与 B2C 的平台信用评级两种制度，其目的在于减少信息不对称，从而降低用户的事后交易风险，并且能够促进多元主体进行互相监督与自我审查。在"更多声誉、更少监管"的命题下建构"自我监管社区"。消费者评价是用基于消费经历作出的分散化的评价形式对规制机构制定的集中式的标准进行挑战。消费者的评价更简明、更直观，同时也更有说服力。与此同时，消费者评价制度变成了一种社交控制机制，使得平台中的各种用户可以借此进行自我规制。[2]当交易双方完全陌生时，消费者评价就是一种能够促进普遍信任的共享型筛选机制。[3]平台信用评级机制实质上形成了一种新的低成本的规范生成机制，使得标准化的私人立法成为可能（将普通用户的行为经验转变成标准通用的计分形式，使得记录、修订与执行规范的速度大大提升）。[4]

随着越来越多的企业参与数字身份塑造的集体性过程，这一系列基于平台的评分判断会更深刻地塑造人们的生活。社会主体在不断深入的连接中积累了平台的"社会信用"，不同企业也会通过数据库购买或从其他公司导入算法判断的方式进一步节约成本，[5]从而在整个社会中广泛传播人们的算法声誉和身份。这一过程可能给持有数字身份的主体带来不合理的成本，比如在更多的领域中传播歧视、限制未来机会与加深脆弱性等。[6]

---

〔1〕 马长山："智能互联网时代的法律变革"，载《法学研究》2018 年第 4 期。

〔2〕 See Abdul-Rahman, Alfarez, and Stephen Hailes, "Supporting Trust in Virtual Communities", *System Sciences*, 2000. *Proceedings of the 33rd Annual Hawaii International Conference on*, IEEE, 2000.

〔3〕 See Corritore, Cynthia L., Beverly Kracher, and Susan Wiedenbeck, "On-line Trust: Concepts, Evolving Themes, a Model", *International Journal of Human-computer Studies*, 58. 6（2003），737-758.

〔4〕 胡凌："数字社会权力的来源：评分、算法与规范的再生产"，载《交大法学》2019 年第 1 期。

〔5〕 Danielle Keats Citron & Frank Pasquale, "The Scored Society: Due Process for Automated Predictions", 89 Wash. L. Rev. 1（2014）.

〔6〕 Raymond Fisman and Michael Luca, "Fixing Discrimination in Online Marketplaces", 94 Harvard Business Review, 2016.

更甚者，评分机制可能会鼓励一种让人们的生活符合算法要求的新模式，以削弱人们的真实生活判断。与此同时，互联网平台产生的信用与国家信用体系的建设正以不同的方式产生联系：政府通过大数据技术搜集社会成员的信用数据，将评分作为失信联合惩戒的前提要件，以实现对公众的有效治理。[1]政府希望通过平台信用的推广在社会领域中进一步提升国家能力，补强现有法律规范的效力，在政府集中供给的秩序之外提升社会治理效果。通过信用治理的层层推进，国家可以无限接近一个"数据库国家"与"智能社会"的想象。

一、平台信用评分机制的规制逻辑

信用评分体系要处理"叙述"和"传播"两个问题：前者需要将定性问题转化为定量事实，将复杂生活空间中的具体场景转变为可以量化的指标体系；后者则要解决如何向用户发布此类消息的问题。不同平台会选择不同的信用评级方式（从简单统计到星级评定，从数字分数到等级排序，甚至是成就徽章），选择不同的模式就意味着遵循不同的规制逻辑。

首先，平台信用评分机制展现了数字化判断的治理指向。平台使用简单统计时可以保证对信用评定的介入最少，允许用户基于自己的判断作出决定。缺点是只有用户对环境足够熟悉，才能得出正确的结论。星级评定和成就徽章一定程度上解决了这个问题，能够更好地帮助用户消化信息，同时对评级质量作出明确的判断，适用于对信用评价质量有基本共识的场景。数字等级与排行榜等评级方式则更进一步，不仅赋予了信用判断，还展示了用户与他人的关系，在用户中引入了啄食顺序，对社区文化产生强烈的影响。用户间的评级比较通常会提升贡献动机，增强信誉系统的过滤作用，但同时也灌输了一种竞争文化，可能会催生更多的操纵。[2]平台信用评级方式的变更也会产生架构式的权力，从而在一定程度上引导用户的

---

〔1〕 刘晗、叶开儒："平台视角中的社会信用治理及其法律规制"，载《法学论坛》2020年第2期。

〔2〕 Dellarocas C., "Designing Reputation Systems for the Social Web", *Boston U. School of Management Research Paper*, 2010, 18.

行为。

其次，平台信用评分机制塑造了新型的信誉生成机制。平台信用评分机制中可以被抽象出显式的用户生成信誉与隐含的系统产生声誉两种范式。直接的信誉反馈通常与特定交易相关，例如，淘宝网允许用户从多个维度对卖家进行评价，这些评分汇总起来就构成卖家的声誉。这种信誉模式可视为分布式的，能够链接到独立于其他用户评价的用户行为。系统生成声誉通过对他人的回复、评分数量、交易频次等类似指标加权获得，平台可以通过赋予权重或重新排序的方式将其价值化，这也体现出平台信用评分机制从分布式向集中式的转换。

再次，平台信用评分机制产生了场景化的信用外溢效应。相较于传统征信，平台信用评分机制适用了粒度更细的征信指标：既有传统征信所使用的金融借贷数据，又囊括了金融非借贷数据与非金融数据；还可能接入包括政务信息，以及来自通信运营商、公安、法院、社保、婚恋等在内的多种外部数据（详见表2-1）。以芝麻信用为例，其采取"FICO"的评分体系，将评估维度分为身份特质、信用历史、行为偏好、履约能力、人脉关系五个维度。信用分数高的用户可以在其他场合享有信用特权。以芝麻信用为例，芝麻积分可以关联多个平台，打通信用借还、免押出行、极速退款等服务，高积分用户可以享有快速预约面签、多国免签等优待。随着线上线下不同场景的打通以及向社会信用体系的主动嵌入，平台声誉体系会产生更明显的信用外溢效应。

表 2-1　芝麻信用数据来源[1]

数据类型	详情
阿里体系内部数据	花呗、借呗的还款数据
	购物数据

---

〔1〕　壹零财经·壹零智库：《金融基石　全球征信行业前沿》，电子工业出版社2018年版，第187页。

续表

数据类型	详情
	信用卡还款数据
	收货地址、电话号码是否稳定；水电煤气缴费数据
	有转账往来的社交对象情况等
外部数据	工商、学籍学历等
	公安部身份认证信息等
	合作伙伴反馈数据等
用户自主上传数据	资产证明
	工作证明
	其他用户自愿提交的数据

平台信用评分机制是一种被设计和开发出的声誉机制，在未来交易中提供了一个窗口以了解过去买卖双方的行为，从而在在线交易中插入信任。平台建立评分机制的初衷是在匿名社会中鼓励信息披露，以降低交易成本，解决陌生人基于线上交易引发的消费者事后风险提升的问题。评分机制在网络平台中充当着支持性基础设施的作用，可以有效缓解合同执行中的保证问题，进一步支撑平台的纠纷解决。

最后，平台信用评分机制创设了低成本的规范生成机制。平台信用评分机制将用户的行为经验转变为标准化的计分形式，使记录、修订与执行规范的速度大大提升，从而使标准化的私人立法成为可能。一方面，平台信用评分机制能够促进多元主体进行互相监督与自我审查。在"更多声誉、更少监管"的命题下建构自我监管社区，[1] 逐渐实现无需法律的秩序。另一方面，信用评分也会实现对其他权力机制的整合，更好地实施成文规范，进一步压缩不成文规范和市场发挥的空间。[2] 在这个意义上，平台可以说成了行政机构授权下法律体系的私人执行者，这种隐含授权允许政府与可

---

〔1〕 虞青松："算法行政：社会信用体系治理范式及其法治化"，载《法学论坛》2020 年第 2 期。

〔2〕 胡凌："数字社会权力的来源：评分、算法与规范的再生产"，载《交大法学》2019 年第 1 期。

能出现的公众不满间保持距离，由私人执行者承担失败的风险。[1]因此政府可以在确定边界的基础上保持规制谦抑，通过助推的方式实现多元治理。

二、平台信用评分机制的治理变革

其一，平台信用评分机制完成了相对于传统征信与社会信用体系的飞跃。在信用数据的征集范围上，平台信用评分机制广泛采取替代性数据，[2]在很大程度上解决了信用不可见（credit-invisible）的问题。平台信用评分机制中大量使用的替代性数据很好地解决了央行征信中心收录的 9.9 亿自然人中，仅 5.3 亿人有信贷记录这一问题，[3]赋予了更多主体获取信用记录的资格。网络技术的引入增加了信用预测的可靠性、数据的及时性，并且成本较为低廉。与此同时，相较于社会信用体系主要记录失信信息的特征，平台信用评分机制有效地对此作出了补充（详见表 2-2）。

表 2-2　不同信用征集机构的模式差异

	平台信用评分机制	征信	社会信用体系
评价主体	平台企业	经央行批准的征信机构	社会信用监管部门
数据来源	线上行为数据与其他替代性数据	线下借贷和履约行为数据	公共部门与市场机构提供的失信信息
数据格式	大量非结构化数据	结构化数据	结构化数据
数据时效性	高	低	低
覆盖人群	覆盖所有互联网用户	有信用记录的人	所有公民
特点	碎片化、金融化	金融属性强	公共性

---

〔1〕　Lizhi Liu & Barry R. Weingast, Taobao, Federalism, and the Emergence of Law, Chinese Style, 102 *Minn. L. Rev.* 1563 (2018).

〔2〕　替代性数据包括与非贷款产品相关的付款数据，如租金、电信支出等；与消费者资产流动相关的信息，如账户交易和现金流等；与消费者稳定性相关的信息，如住所、工作和电话号码等变化频率；与消费者教育相关的数据，如毕业学校、学位等信息；与消费者行为相关的数据，及其他关联数据等。

〔3〕　"中国人民银行征信中心有关负责人就征信系统建设相关问题答记者问"，载 http://www. pbc. gov. cn/goutongjiaoliu/113456/113469/3811137/index. html，最后访问时间：2020 年 8 月 1 日。

其二，平台信用评分机制实现了对法治模式与传统信任机制的颠覆与重建。平台信用评分机制以"数据—算法—后果"的数字化信用系统取代了"法律—行为—后果"的传统法治模式，[1]从而一定程度上促成了无需法律的秩序。[2]这种强迫不再来自"枪的尖端"，也并非由国家权力所统摄。相反，信用评分机制的监督效力源自凝视，来自一种不断观察的系统与不断被观察的自我意识的结合。[3]与此同时，平台主导的信用评分机制使传统的、经验性的信任秩序转而成为基于数据的算法控制与精确预测，从而实现了对传统信任模式的重构。信用算法在自身运转过程中产生了新的价值系统。看起来是平台基于现有的价值系统来识别与纠正用户的行为，实际上是数据控制者将原则转化为算法，通过算法的分析和决策生产出评估结果。数据驱动的算法将传统的治理系统转变为数据生成器，而数据生成器本身则通过另一套原则和目标进行管理。

其三，平台信用评分机制催生了新的权力结构与权力生态。随着平台经济时代的到来，"国家—社会—平台"的三元权力结构取代了"国家—社会"的二元权力结构，平台成了社会治理的重要力量。平台信用评分机制既催生出包裹在技术中的平台私权力，又强化了公权力的治理领域。平台与政府在该场域内的权力边界是相对模糊的，双方都在通过彼此的试探碰触，来尝试界定自己相对于其他权力主体的确定位置。[4]在信用数据从商业化到治理工具化的过程中，政府期待通过吸纳平台信用来施行更为有效的算法行政。从这个意义上来说，对于平台信用评分机制的建设和发展，政府是乐见其成的。平台信用评分机制可视为国家信用体系建设的基础设施，在一定程度上提升了政府的统计能力与治理水平。

---

〔1〕 虞青松："算法行政：社会信用体系治理范式及其法治化"，载《法学论坛》2020年第2期。

〔2〕 Ellickson, Robert C., *Order without Law*, Harvard University Press, 1994.

〔3〕 Backer, Larry Catá, "2008 Global Panopticism: Surveillance Lawmaking by Corporations, States, and Other Entities", *Indiana Journal of Global Legal Studies*, 2008, 15 (1), 101–148.

〔4〕 Bail, Christopher A., "The Configuration of Symbolic Boundaries against Immigrants in Europe", *American Sociological Review*, 2008, 73 (1), 37–59.

三、平台信用评分机制的规制功能

平台信用评分机制作为一种参与式的信用征集方式；对用户而言，实现了一种新的赋权，将一定的权力让渡给被评级者自身；对平台而言，信用评分是一种重要的自我规制措施，能够以较为温和的方式执行平台规范；对现有的法律秩序而言，平台信用提供了一种新的维度与可能，塑造出智能时代分布式的决策与回应型的法律。

（一）促进赋权与分权的平衡

首先，平台信用评分机制实现了网络空间内对消费者的充分赋权与参与式治理，丰富并优化了市场的多元权力类型。平台信用评分机制最初是一种分布式、具体定制的评分方式。这种评分方式将评价权力交还给用户与消费者，贯彻一种旨在实现多元价值的"参与式治理"。消费者能够通过撰写和阅读在线评论来交流信息、观点和经验，促进商家的行为改进。平台信用评分机制就像是"第二只看不见的手"，可以有效引导市场，使第一只"看不见的手"变得更有力量。平台信用评分机制在效用上优于传统的强制披露方式，平台自愿以评级、排名等形式向消费者提供建议是更为可取的。[1]信用评分体系一直在不断演进，从单纯提供警示黑名单到综合各类指标的中性系统，平台信用评分系统完成了从风险预防者到商业建构者的转变。

更为重要的是，平台信用评分机制在集中规制与向消费者授权之间找到了新的平衡点。平台信用评分机制是一种由社群自主驱动的信用评价模式，声誉反馈可以催生出"更知情的消费者"。[2]基于消费经历作出的分散化评价形式，能够对规制机构制定的集中式的标准进行挑战。随着公共治理"更多声誉、更少监管"的转向，平台用户通过信用互评可以实现与

---

〔1〕　Ben-Shahar, Omri, and Carl E. Schneider, "Coping with the Failure of Mandated Disclosure", *Jerusalem Review of Legal Studies*, 11. 1（2015）, 83-93.

〔2〕　Koopman, Christopher, Matthew Mitchell, and Adam Thierer, "The Sharing Economy and Consumer Protection Regulation: The Case for Policy Change", *J. Bus. Entrepreneurship & L.*, 8（2014）, 529.

商家的双向钳制，从而构成了新的权力平衡点。在社会治理的外部视角中，平台的声誉机制一定程度上替代了传统的政府监管，从而实现了对其他权力机制的限制与整合。

（二）生成自我规制秩序

平台出于声誉的考虑会主动进行有效的自律规制。对互联网平台而言，市场中过多的欺诈行为会影响流动性，减少平台的交易量，因而平台有动机制定并执行更高的自律准则。给市场参与者提供一个公平、透明与高效的市场。

首先，平台信用评分机制能够有效帮助平台对用户未来的行为进行精准预测。当交易双方完全陌生时，消费者评价就是一种能够促进普遍信任的筛选机制。基于用户评价或系统反馈，平台可以相对准确地预测用户未来的行动方式。其次，平台信用评分机制能够帮助用户了解并执行平台规范。当评级与其隐含的反馈被用来指导其他用户的选择时，平台就建立了一个奖惩体系，提醒平台管理员在需要干预的情况下介入。平台声誉机制的广泛生成，提升了用户对重复博弈的预期。最后，平台信用评分机制充当着支持性基础设施的作用，可以有效预防纠纷的发生。[1] 对平台而言，通过声誉机制筛选出诚实交易者来避免未来纠纷是至关重要的，可以通过对信用较高者提供额外奖励来实现。[2] 在线声誉有更强的稳定性、及时性、丰富性和便利性，以声誉为依据的制裁也更有针对性。平台信用评分机制是对用户进行处罚的前提，平台通过声誉处罚实现了对平台用户的社会控制。

（三）塑造回应型的法律生态

平台信用评分机制暗合了分布式决策下对规范的新认知：随着网络技术的迅猛发展，法律理论需要着眼于权力分散化的趋势与自治系统的合法生产。法律不再是自上而下、建立在预设规则体系上的系统，而是一个自

---

〔1〕 胡凌：“从开放资源到基础服务：平台监管的新视角”，载《学术月刊》2019 年第 2 期。

〔2〕 高薇：“互联网争议解决的制度分析两种路径及其社会嵌入问题”，载《中外法学》2014 年第 4 期。

下而上的，灵活、异构和不完全规则的生成过程。[1]以平台信用评分机制为代表的新型规范机制的生成过程与法律规范的特性并不相悖：隐于评分机制背后的代码同样承担着减少不确定性，稳定相互间期望与增加交互性等诸多功能。[2]信用评分等新型规范与法律间存在某种亲缘性，在很多场合下可以相互重叠、彼此替代。

在这种情况下，法律需要清楚地意识到对网络自治系统直接干预可能产生的矛盾效应，仅对社会子系统施以纠正性的干预，不可能也没必要塑造它们的基础规范。国家直接干预的措施既低估了社会制度的自我构成潜能，也高估了立法者的认知能力和权力行使能力。[3]平台企业也必须认识到自己不是一个拥有完全决策权的"孤岛"。法律应该具有回应性，致力于公私合作间的合理划界与协调合作。

第二节　结构化的交易撤销机制

平台的核心是结构化与交互性，其中的三要素是参与者、价值单元与过滤器。"价值单元是经过过滤器处理后传递给特定消费者的。过滤器是有着严格算法、以软件为基础的工具，平台会用它来完成用户间适当价值单元的交换。"[4]比如淘宝会通过各种用户输入数据的结构化，来对特定用户进行归类，如"上海地区收入在20—35万元的单身男性"，从而对他们感兴趣的信息进行定向推送（比如游戏装备、高端健身器材或剃须刀）。平台是一种信息工厂，提供了基于数据的"作业场地"，用于产生匹配不同

---

〔1〕 Vesting, Thomas, "The Network Economy as a Challenge to Create New Public Law", *Public Governance in the Age of Globalization*, (2003), 247–288.

〔2〕 ［德］贡塔·托依布纳："民族国家的部门宪法"，陆宇峰译，载《清华法治论衡》2014年第2期。

〔3〕 ［德］贡塔·托依布纳："民族国家的部门宪法"，陆宇峰译，载《清华法治论衡》2014年第2期。

〔4〕 ［美］杰奥夫雷 G. 帕克、马歇尔 W. 范·埃尔斯泰恩、桑基特·保罗·邱达利：《平台革命　改变世界的商业模式》，志鹏译，机械工业出版社2017年版，第110~111页。

用户的价值单元。[1]

一、结构化的反馈回路

对于平台企业而言，为了实现高效的吸引、促进与匹配，平台会设计出结构化的反馈回路（feedback loop），从而保证持续不断地生成自我规制规则，维护住平台用户的黏性。反馈回路是多样化的，比如单用户反馈回路就是通过分析单个用户的兴趣、爱好与需求，探寻其可能的价值单元，从而提升推荐的精准度与质量。在多用户反馈回路（multi-user feedback loop）中，生产者与消费者是交互反馈的，就比如平台上的自治规范生成，逐渐形成一个交互闭环。价值单元的不断流动会刺激更多活动的产生。

模块化是平台从传统产业中脱颖而出的重要法宝。"模块化（modularity）是一种用来有效组织复杂产品和进程的战略。"[2]程序员与工程师会将海量信息分割为可视化的设计规则与参数，从而影响算法系统与后续决策。当系统被规划为不同的相互耦合、彼此拼接的子系统时，存在着各种隐性或显性的系统接口，管辖着不同模块间相互交互的法则。数字化与模块化的系统助力平台淘汰了那些效率低的管道，随即席卷了全世界。

二、解决纠纷前置的交易撤销机制

如果消费者阅读评价后，采取了下单的举动，但是网络平台提供的商品或服务并不能完全使平台用户满意，就需要面临交易是否可以撤销的问题。由于互联网平台在撮合交易时处理了大量非标的数据，因此后台卡顿、排名错乱、关键词失控、订单无规律波动等问题屡见不鲜。[3]互联网平台建立了一套灵活有效的交易撤销机制，以作为自我规制的一道屏障。

---

〔1〕〔美〕杰奥夫雷 G. 帕克、马歇尔 W. 范·埃尔斯泰恩、桑基特·保罗·邱达利：《平台革命　改变世界的商业模式》，志鹏译，机械工业出版社 2017 年版，第 119 页。

〔2〕〔美〕杰奥夫雷 G. 帕克、马歇尔 W. 范·埃尔斯泰恩、桑基特·保罗·邱达利：《平台革命　改变世界的商业模式》，志鹏译，机械工业出版社 2017 年版，第 241 页。

〔3〕钟云莲："亚马逊系统 Bug 持续发酵，招式频出的背后真相是什么？"，载 http://www.cifnews.com/article/30430，最后访问时间：2017 年 11 月 5 日。

交易的撤销存在着两个向度的后果：若维持错误交易，则会有一方受损，另一方享有额外收益；若撤销交易，则有一方避免了错误交易的损失，但另一方却因为错过了正常的交易机会而丧失了可期待的获利。[1]以淘宝为例，简要介绍互联网纠纷解决的结构化进程：淘宝最开始不参与平台上交易纠纷的解决，坚持平台企业不接触实体物品的原则。其早期的服务协议约定，如果买卖双方发生纠纷，需要诉诸司法或其他解决途径。淘宝只负责对货款进行保管，留待双方争议解决后配合执行。在客单价仅为50元的发展时期，淘宝网出现了支付宝无法顺利付款的情形。为了防止客户用脚投票，宁愿不使用淘宝平台也不采取司法方式维权，支付宝团队在2004年增加了纠纷解决的职能，提供了"交易担保"的选项。该阶段主要解决的是"退款"的操作问题，如果退款则将款项发还给买家，反之则将货款打给卖家。随着平台企业的不断发展，平台上基础设施的建设也在不断优化。

2007年开始，淘宝对因退货退款产生的平台纠纷进行结构化，试图更加灵活、高效地解决此类问题。[2]淘宝首先通过大数据对维权案例进行语义分析，梳理出针对不同品类产品的百余条"退款原因"。继而对买卖双方建构纠纷处理场景：比如买家对货品或服务不满意，就可直接选择"退款"或"退货退款"，而后上传证据。上传证据的过程同时也是举证的过程，如买家认定货品质量有问题，就可以及时上传照片。若提供的证据与声明的退款理由不匹配，则无法进入下一个纠纷解决流程。而对于纠纷解决的进程，买卖双方都是可预期的，当买家提供相应证据后，卖家需要在一定时限内"同意退款或退货申请"。这时平台企业将会依据结构化的经验对卖家进行指导，建议买卖双方协商解决，从而避免在核实买家反馈的问题属实后，直接做退款处理。而与诉讼时效制度相对应，淘宝约定了超时机制，以敦促买卖双方及时履行权利、促进纠纷的解决。这种流程的可

---

〔1〕　顾功耘："证券交易异常情况处置的制度完善"，载《中国法学》2012年第2期。

〔2〕　申欣旺："淘宝互联网纠纷解决机制——结构化维权及其司法价值"，载《法庭内外》2016年第3期。

预期缩短又与平台建立的信用体系紧密相连，淘宝对信用好的买家可以发起"极速退款"，即一旦退货的货品寄出，上传物流单号后，就可以获得淘宝先行垫付的货款。平台企业的结构化包含不同的组织部分，首先是提供了程序语言、开发平台等生产工具；然后自动化生产流程，提供便捷的支付手段；通过行为规范的制定影响用户的预期。

第三节　违反平台规范的处罚机制

在平台企业的责任履行三角中，处罚权是强度最大的一种自治机制。平台企业对违反平台规范的处罚机制是信用评价与结构化的交易撤销的后置机制。

一、平台可行使的处罚种类

平台企业可以行使的处罚权主要有四种：财产性处罚、声誉性处罚、关涉行为能力的处罚以及开除资格的处罚。如果我们将淘宝平台与证券交易所两相对照，可以得到表2-3。互联网平台以更加细致详尽的规则体系成为交易所处罚体系的升级版。平台企业可以对平台用户施加违约金（甚至是惩罚性违约金）等财产性处罚；也可以采取警示、批评等声誉性处罚。在关涉行为能力的处罚方面，平台企业对两端用户可以采取的处罚措施包括限制交易、取消交易与限制支付等方式。值得注意的是，交易所会将特定违规者界定为"不合格投资者"，继而对其采取一系列限制交易行为的措施；而互联网平台也会对违规行为先行扣分，继而根据一段时期内的扣分结果来裁定最终的行为处罚方案。因此"认定为不合格投资者"与"扣分"等的行为既是关涉行为能力的处罚措施的前奏，也是一种声誉性处罚。平台企业最为严重的处罚措施就是开除成员的交易资格、终止交易身份，以及永久性禁入。与证券交易所的退市制度相对应，阿里巴巴自2015年确立了清退商家的公示制度后，2015年、2016年与2017年分别永久关闭了店铺26家、22家与36家。

表 2-3　平台企业处罚权的具体表现形式

处罚形式	证券交易所	淘宝
声誉性处罚	口头与书面警示；通报批评；公开谴责	公示警告〔1〕；扣分〔2〕
关涉行为能力的处罚	暂停或者限制交易权限；限制投资者账户交易；对账户进行重点监控，暂停交易、取消交易；暂不接受相关主体提交的上市申请文件、信息披露文件等〔3〕	下架商品〔4〕；搜索降权〔5〕；搜索屏蔽〔6〕；限制参加营销活动；商品发布资质管控〔7〕；监管账户〔8〕；限制发布商品、删除商品；与支付相关的强制措施〔9〕；限制买家行为；限制网站登录、限制使用阿里旺旺、限制留言、限制使用交互平台功能；关闭订单、限制发货〔10〕

---

〔1〕 公示警告，指在淘宝网会员的店铺页面、商品页面等，对其被执行的处理进行公示，或通过口头或书面的形式对会员的不当行为进行提醒或告诫。参见《淘宝网市场管理与违规处理规范》附录二：定义第 11 条。

〔2〕 扣分是淘宝创设的一项兼具声誉性与关涉行为能力的处罚方式。违规行为成立后，淘宝网对会员进行扣分，违规行为的扣分在每个自然年度内累计。当扣分达到节点时，淘宝网对会员采取相应的节点处理措施。详情参见《淘宝网市场管理与违规处理规范》第 12 条。

〔3〕《上海证券交易所纪律处分和监管措施实施办法（2022 年修订）》第 8 条。

〔4〕 下架商品，指将会员出售中商品转移至线上仓库。参见《淘宝网市场管理与违规处理规范》附录二：定义第 15 条。

〔5〕 搜索降权商品，指调整商品在搜索结果中的排序。参见《淘宝网市场管理与违规处理规范》附录二：定义第 15 条。

〔6〕 搜索屏蔽商品，指商品在搜索结果中不展现。参见《淘宝网市场管理与违规处理规范》附录二：定义第 15 条。

〔7〕 商品发布资质管控，指会员在特定类目或属性下发布商品时，须按系统要求上传真实有效的资质信息。参见《淘宝网市场管理与违规处理规范》附录二：定义第 14 条。

〔8〕 监管账户，指会员店铺及店铺内所有商品信息无法通过搜索、店铺或商品链接等方式查看。参见《淘宝网市场管理与违规处理规范》附录二：定义第 14 条。

〔9〕 卖家绑定的支付宝收款账户的管控措施（简称"支付宝账户管控措施"），指淘宝指示支付宝对卖家淘宝账户绑定的支付宝收款账户采取的限制措施，如取消收款功能、取消提现功能、禁止余额支付、禁止余额提现、冻结支付宝余额、延长交易账期等。参见《淘宝网市场管理与违规处理规范》附录二：定义第 16 条。

〔10〕 限制发货，指限制会员操作处于"买家已付款，等待卖家发货"状态的交易。关闭订单，指关闭会员订单，包括未付款、已付款未发货等状态的订单。参见《淘宝网市场管理与违规处理规范》附录二：定义第 14 条。

续表

处罚形式	证券交易所	淘宝
开除资格	使特定公司退市；取消会员资格；取消交易参与人资格	查封账户〔1〕；关闭店铺〔2〕

一方面，平台企业处罚权的行使可能极其严厉，以致对平台用户的日常经营活动、名誉、职业发展甚至是生计都产生影响；另一方面，处罚权的频数也可能非常之高，这也体现了平台企业的惩戒强度。

二、平台处罚权的性质

在明确了交易行为的处罚权种类后，一个随之而来的问题就是平台处罚权的权力来源与权力性质。网络平台在缺乏公权力授权的情况下是否只通过用户协议就获得影响深远的处罚权，其权力来源又应该如何认定？关于平台企业的处罚权来源，一般认为有三种理论：特别权力关系说、违约责任说以及社团罚的理论。

首先，特别权力关系说是基于"个人同意或法律上的特别规定，为了达至公法上的特别目的，一方在必要范围内获得对另一方的支配权能，另一方负有服从义务的关系"。〔3〕有学者认为传统平台如证券交易所等行使处罚权的权源就来自特别权力关系说，〔4〕从而可以解释交易所与上市公司、会员与消费者间不完全平等的关系。但该种学说正因其较强的包容性而过于概括与抽象，缺乏相应的确定性与解释力。〔5〕

其次，占据主流位置的是违约责任说。平台企业与两端用户签订了不同类型的协议，平台基于违约责任行使处罚权的逻辑就很容易理解。对于

---

〔1〕 查封账户，指永久禁止会员使用违规账户。参见《淘宝网市场管理与违规处理规范》附录二：定义第 13 条。

〔2〕 关闭店铺，指删除店铺，下架店铺内所有出售中的商品，禁止发布商品，并禁止创建店铺。参见《淘宝网市场管理与违规处理规范》附录二：定义第 14 条。

〔3〕 吴万得："德日两国特别权力关系理论之探讨"，载《政法论坛》2001 年第 5 期。

〔4〕 卢文道：《证券交易所自律管理论》，北京大学出版社 2008 年版，第 87 页。

〔5〕 伍劲松："论特别权力关系"，载《华南师范大学学报（社会科学版）》2004 年第 4 期。

用户而言，只要在平台上进行交易就意味着必须遵守平台的相关规则。淘宝规则也是以《淘宝平台服务协议》《天猫服务协议》与《大淘宝宣言》为核心的权力来源。《大淘宝宣言》明确了参与方的基本权利与义务，《淘宝平台服务协议》是明确淘宝网与会员间服务关系的文件，会员在注册时均需认可，具有合同效力，受法律保护。淘宝规则是对淘宝用户增加基本义务或限制基本权利的条款，但问题在于平台企业的处罚行为是否就是一种私法上的契约权利，或者违约责任？在入场交易或者接受平台服务时，平台用户所需签订的协议多是格式条款，只能选择是否同意，而没有权力对其进行修改。"不能被当事人约定排除适用的强制性规范具有共同的证伪作用，构成了契约权利的消灭。"[1]离开淘宝与京东并不像离开美国去俄罗斯，重要平台的退出意味着削弱了数字时代的参与权。

最后一种揭示权力来源的理论是社团罚的相关学说。如果违约责任说的问题在于平台企业与两端的用户间并非平等主体，签订的协议也不是出于双方的自愿与意思自治，那么社团罚的理论就可以对此种理解做一补充。社团罚的机理是每个人都有结社权，可以为了共同的目的或利益来组建社团。社团设立后就变成了独立的个体，其利益可能会与成员的利益发生冲突。这时为了保证社团的章程得到遵守，社团目的得以实现，就必须对其成员作出的违反章程的行为予以制裁。[2]社团罚从类型上说是谴责性的表现，从性质上认定是一种纪律罚。主体有选择社团的自由，但是一旦选定，就被推定为应该履行参与责任。"社员加入社团就表示需要受这种有限制的合乎章程规定的纪律性约束。"[3]如果用社团罚的理论来解释平台企业处罚权的来源，则可以理解为平台企业是一个自愿组织，但是成员与用户一旦选择加入，就必须接受平台规范的约束。

---

〔1〕 孙学致："契约自由、'契约自由权'与契约权利——一个私权逻辑理论视角的分析"，载《吉林大学社会科学学报》2006 年第 5 期。

〔2〕 宁昭："论德国法上的社团罚"，中国政法大学 2009 年硕士学位论文。

〔3〕 方洁：《社团处罚研究》，法律出版社 2009 年版，第 183~184 页。

第三章
平台企业因自我规制
产生的四重风险

平台风险是平台风险治理的前置性问题，正随着"平台对人类社会运行的深度嵌入而成为现代风险社会的重要命题"。[1]自我规制本就是为了使平台企业降低运营成本、控制风险，但平台企业仍可能产生各种弥散性的风险。其中既有因平台技术原因产生的风险，也有平台规制行为导致的系列风险。自我规制可能存在规制懈怠（降低规制标准）、规制过程中的侵权、规制过程中被利益集团俘获等问题。绝大多数平台企业是私人主体，不受公法制约，但是私法意义上的规制又无法达到相应的规范强度。[2]平台企业既然是市场，就有可能出现市场失灵，这就产生了第一重的市场风险；如果自我规制无法很好地应对市场失灵，其规制目标无法精准实现，就会产生第二重的制度风险。平台企业处于技术快速迭代的领域，无法避免第三重意义上的技术与系统风险。又因为平台企业的自我规制构建了新的规制主体，可能产生基于决定的损害后果，[3]即第四重意义上因风险防控措施产生的额外风险。

由于互联网平台产生了形形色色的风险，企业家、金融家、经济学家，甚至是国家元首纷纷表示对其发展的警惕与敌意。平台巨头被比作20世纪初的托拉斯巨头、"大而不能倒"的技术巨擘。正如腾讯公司法务部平台策略中心总监李平所说，"现在一出现诸如摩拜单车的安全、滴滴的安全、淘宝的打假等互联网行业的问题时，不管是政府、媒体、自律组织、受害者还是侵害者都倾向于把关注放置于平台之上"，[4]这也就形成了所谓的"平台焦点现象"。当聚焦于互联网平台的自律规制是否有效时，需要对不同类型的平台企业进行归纳梳理，对它们产生的共性风险进行探究。

---

〔1〕 孙逸啸："网络平台风险的包容性治理：逻辑展开、理论嵌合与优化路径"，载《行政管理改革》2022 年第 1 期。

〔2〕 See McAllister, Lesley K, "Harnessing Private Regulation", *Mich. J. Envtl. & Admin. L*, 3 (2013), 291.

〔3〕 Luhmann, Niklas, *Risk: A Sociological Theory*, Walter de Gruyter, 1993, p. 23.

〔4〕 参见李平："平台治理的挑战与思考"，载腾讯研究院：《网络法论丛（第 1 卷）》，中国政法大学出版社 2018 年版，第 223~229 页。

第一节　风险话语与其类型化

　　工业化、信息化的发展、全球化浪潮以及科学进步等诸多的现代性（甚至是后现代性）因素，使"风险"从众多的词语中凸显出来，成为刻画现代社会图景的有力武器。风险已经成为现代社会的重要组成部分，甚至逐渐演变成社会不可或缺的一种背景辐射。"风险"这一话语在不同情形下被不同主体所使用，其指代的具体含义也需要进一步厘清。风险涉及的内容极其广泛，涵盖了健康风险、环境风险、安全风险或金融稳定风险，乃至政策指令的风险。政府将其称为"公共风险"，学者们则称其为"社会风险"。

一、风险话语的流变

　　"风险"一词最早出现于中世纪，与航海保险有关。风险在当时指代某种客观危险的可能性，比如神的行为、不可抗力、狂风骤雨或海洋风险。[1]这个概念排除了人的过失与责任因素，不能归咎于错误行为。随着现代化进程的发展，风险的含义也随之发生变化，认为人类进步与社会秩序演进的关键在于科学探索与理性思考。在面临大规模城市化与工业化造成的社会动荡时，概率学与统计学可以提供鉴别与计算偏离标准的手段，理性的计数与排序可以对社会紊乱予以治理。[2]于是风险演化成为系统造成的，能够从统计学角度描述的，可预见的后果。[3]19世纪以来，风险的概念不再限定于自然领域，也存在于"人类的行为中，存在于他们的相互关系中，以及与他们所处的社会彼此联系的事实中"。[4]现代人通过"风险"

---

〔1〕　See Luhmann, N. , *Risk*: *A Sociological Theory*, Aldine de Gruyter, 1993, p. 226.

〔2〕　See Hacking, I, *The Taming of Chance*, Cambridge University Press, 1990, p. 112.

〔3〕　See Beck, U. , "From Industrial Society to the Risk Society: Questions of Survival, Social Structure and Ecologial Environment", *Theory*, *Culture & Society*, 9. 1 (1992).

〔4〕　Ewald, F. , Burchell G. , Gordon, C. and Miller, P. (eds), *The Foucault Effect*: *Studies in Governmentality*, Harvester/Wheatsheaf, 1993, p. 226.

一词已经消除了真正意义上的"非决定性"或"不确定性",用可计算的神话将一个非确定性的宇宙彻底改造成了一个可管理的宇宙。[1]

这时风险是一个中性的概念,指某些事情发生的可能性,与其相联系的损失与收益的规模有关。其中既有"好"的风险,[2]也有"坏"的风险。[3]20世纪末,风险与不确定性以及"好风险"与"坏风险"之间的细微差别已经逐渐消失。在当代话语中,对好事情的允诺被转给了其他术语。风险语言被放到专门的词汇名单中,表达关于不想要结果的政治话语。而当代社会对风险话语的迷恋也标志着"现代性与其自身的缺陷与局限达成和解"。[4]

许多学者洞穿了风险话语的变迁。贝克精准地把握了不同时期的风险研究主题:在前现代社会(前工业主义)时期,包括自然灾害、饥荒、幻术等威胁被认为是不可估量的,可以被归咎为外在的、超自然的原因。到了现代社会早期,风险变为了"可确定的、可计算的不确定性,是社会选择的结果,因此必须被权衡、认识与应对"。[5]在现代社会,风险逻辑正在被颠覆或悬置。现代主义者的风险计算过程在"风险社会"中失败了。后现代社会的风险由于非地域化的本质与其潜在的长期影响而不易计算,没有哪个机构可以真正预防或弥补风险带来的影响,更别提精准地认定责任以及对损害进行补偿。科学的计算开始越来越多地被政治团体与活动家所挑战。[6]这时风险又返回到"不可估量的不安全性"的概念。值得注意的是,前现代社会中的威胁是一种真实的超自然的概念,而现代社会的风险是人类有责任控制的,并且在原则上能够被规避或改变。更为吊诡的是,后现代时期的风险发生很大程度上源自人类知识的增长(而不是因之得到缓和)。

---

[1] Reddy, S., "Claims to Expert Knowledge and the Subversion of Democracy: the Triumph of Risk over Certainty", *Economy and Society*, 25.2 (1996).

[2] 保险的模型就是机遇博弈的模型,机遇与损失并存。

[3] See Douglas, M., *Risk and Blame*: *Essays in Cultural Theory*, Routledge, 1992, p. 23.

[4] See Smart, B., *Postmodernity*, Routledge, 1993, p. 12.

[5] Beck, U., *Ecological Politics in the Age of Risk*, Polity Press, 1995, p. 77.

[6] See Beck, U., *Ecological Politics in the Age of Risk*, Polity Press, 1995, pp. 125-126.

这也与吉登斯对风险在两个阶段间转换的论述有异曲同工之妙。在第一个阶段中，风险被看作"基本的微积分学"，是通过精密的风险计算，来促进确定性与秩序的方法，是一种"将未来置于控制之下"的方法。[1]社会保障制度的实施、福利国家的建立等都有助于控制风险。[2]而在第二阶段中，风险无法被精确地计算，但可以发展具备不同可行程度的应对风险的"措施"。所以"风险"逐渐开始与规制、治理等话语紧密联系在一起。

二、从概率上的风险到基于决定的风险

（一）科学技术取向下的风险——概率上的风险

虽然日益增长的风险已成为社会的焦点所在，但尚无一种方法能够综合各种定义与分类给定一个风险的概念。[3]不同学科提供了关于风险概念的大量真知灼见。关于风险的界定，"一种是技术取向的，将风险看作一种概率，采用期望频数进行统计；一种是'经济—社会—文化'取向的，将风险看作一种社会后果"。[4]

认知科学视角下的风险产生于诸如工程学、统计学、精算主义、经济学等领域，将风险或危害及其可能发生的概率推算结合在一起，将风险定义为"不良事件（危害）发生的可能性及后果的产物"。[5]该视角主要关注如何有效地识别或计算风险，注重区分现实和概率。[6]风险的定义至少

〔1〕 Giddens, Anthony, "Living in a Post-Traditional Society", *Reflexive Modernization: Politics, Tradition and Aesthetics in the Modern Social Order*, 56 (1994).

〔2〕 Giddens, Anthony, "Risk Society: the Context of British Politics", *The Politics of Risk Society*, (1998).

〔3〕 Farizo, K. M., Stehr-Green, P. A., Simpson, D. M., & Markowitz, L. E., "Pediatric Emergency Room Visits: A Risk Factor for Acquiring Measles", *Pediatrics*, 87 (1991).

〔4〕 张海波："社会风险研究的范式"，载《南京大学学报（哲学·人文科学·社会科学版）》2007年第2期。

〔5〕 Bradbury, Judith A., "The Policy Implications of Differing Concepts of Risk", *Science, Technology, & Human Values*, 14.4 (1989).

〔6〕 Farizo, K. M., Stehr-Green, P. A., Simpson, D. M., & Markowitz, L. E., "Pediatric Emergency Room Visits: A Risk Factor for Acquiring Measles", *Pediatrics*, 87 (1991).

包含三个因素：有害结果、发生的概率和现实状态。不同学科视域下的风险分类与概念归纳也都围绕这三个因素展开，不确定性的概念化、消极效果的范围和人类知识反映现实的程度成为区分不同视角的指导方针。自然技术科学的视角主要针对技术应用中可能出现的危险进行安全防护，将技术应用的损害性尽可能降到最低，或至少控制在预定的限度内。这里的损害性影响不仅包括构成意外事件的损害，也包括例如技术设施对环境造成的不利影响。[1]对技术系统各种可能的损害或失灵状态进行量化处理和比较，主要诉诸风险公式（风险 R = 出现频率 H ×损害程度 S）。自然技术视角下的风险概念可以适用于毒物学、流行病学研究，其风险公式也可以用于保险精算学科，甚至健康与环境风险的评估都能据此模型进行预测。

更重要的是精准量化风险公式中的相关变量，这一工作是非常困难的。比如证立风险的事件需要非常频繁地出现并可以被充分观察到；证立风险和与风险相关的时间范围要是同质的；并且损害事件可以明确归结于确定的风险源。[2]在这样的条件下，适用风险公式才是恰当的。对各种因素的证明已经不容易实现，对这些因素强度的证明更加难以把握。内在致害原因与外在原因彼此交织，在不同时间段内又可能产生交叠、共生、互补等各种效果，统计与精算意义上的风险预测就会遭遇困难。因此自然技术视角下风险概念的狭窄性既是其弱点也是其优点，所提炼出的风险公式使得风险这一概念是一维的也是普遍的。[3]这一视角下的风险更多局限于物质危害的有害后果。在面临价值侵犯、遭遇不公正或者社会利益受损时，由于不同群体的风险意识与风险评价大相径庭，风险公式的运用也就显得捉襟见肘。

（二）社会科学视角下的风险——基于决定的风险

"风险，尽管在自然界中有物质基础，仍不可避免地要受社会进程的

---

〔1〕 刘刚：《风险规制：德国的理论与实践》，法律出版社 2012 年版，第 52~53 页。

〔2〕 刘刚：《风险规制：德国的理论与实践》，法律出版社 2012 年版，第 52~53 页。

〔3〕 ［英］谢尔顿·克里姆斯基、多米尼克·戈尔丁：《风险的社会理论学说》，徐元玲等译，北京出版社 2005 年版，第 68 页。

控制。"〔1〕这时需要引入社会科学的视角，将决策理论注入对风险概念的审视之中。秉持该视角的学者认为风险现如今已经成为位于社会中心的政治与文化概念，个体、群体与机构都通过风险这一概念被组织、被监控以及被管理。风险被看作能够通过人类干预而被管理的事务。风险话语与选择、负责和问责的概念密切相关。

就如同卢曼所言，唯一真实正确的"风险概念"并不存在。"风险不是客观存在的本体，而是主观认识的建构。"〔2〕任何对风险的探讨，实质上都是对主观认识风险过程的探讨。在传统思维中，我们经常要在安全的方案和冒险（risky）的方案中作出选择。〔3〕传统思维的进化版本则告诉我们绝对安全的方案是没有的，有的只是不同方案之间风险概率的高低。〔4〕在这种认识下，决定者在面临不确定的未来时的选择将是永远正确的。但是这种理性主义风险观的问题在于"它看不见它所看不见的"，也就是该种视角有着天然的盲点。〔5〕传统认识方案里作为"风险"对立面的"安全"，包含了双重的确定性：选择安全意味着不会有损失，同时意味着可能比选择风险失去了某个机会。但第二个确定性是具有欺骗性的，因为一旦人们选择了安全，就永远都不知道如果选择风险，他们会不会得到那个机会，这也就与对风险的统计学、经济学、决策学和博弈论研究的批评殊途同归。卢曼提出以风险/危险的二分代替传统意义上风险/安全的二分，风险不是基于可靠预测的成本衡量，而是基于这样一种决定：我们现在就可以预测，一旦某种损失在未来发生，我们将为现在作出的这个决定感到后悔。当潜在的未来损失是由决定带来时，该决定面临着风险。相反，当潜在的损失是由外部环境带来时，实质上就是一种危险。〔6〕当然这种认识并非卢曼一位学者的创见，事实上逐渐变得普遍化的风险意识潜在地包含

---

〔1〕 Thompson, M., & Wildavsky, A., "A Proposal to Create a Cultural Theory of Risk", *the Risk Analysis Controversy*, Springer, Berlin, Heidelberg, 1982.

〔2〕 Luhmann, N., *Risk: A Sociological Theory*, Walter de Gruyter, 1993, p. 6.

〔3〕 Luhmann, N., *Risk: A Sociological Theory*, Walter de Gruyter, 1993, p. 20.

〔4〕 Luhmann, N., *Risk: A Sociological Theory*, Walter de Gruyter, 1993, p. 19.

〔5〕 Luhmann, N., *Risk: A Sociological Theory*, Walter de Gruyter, 1993, p. 14.

〔6〕 Luhmann, N., *Risk: A Sociological Theory*, Walter de Gruyter, 1993, p. 21.

了所有由人类决定和负责的事务，并且尤为反对工业发展与科学的不受调控的创新力带来的后果。[1]

在使用风险这个概念时，我们事实上是在承认我们无法完全预知我们自己的决定所带来的后果。也就是说，我们将未来表述为一种风险，一种取决于某种决定的风险。[2]

第二节　平台企业因技术与系统故障产生的风险

互联网平台可能出现的多种风险中，最基础性的是平台在履行最基础的报价、搜索等撮合交易的活动中产生的风险。互联网平台依靠互联网技术，无需提供实体性的场所，同时掌握了巨大的信息与数据量，不仅可能出现重大交易差错等问题，还可能在一定程度上操纵搜索与定价。[3]互联网平台在撮合交易时有更深的介入度与更强的主动权，因此会产生更大的风险。对数据的占有与使用不仅是电商平台的专有权利，证券交易所等传统交易平台也会面临数据出售带来的种种质疑与风险。但由于其只交易高风险的金融产品，适格投资者才能进场交易，政府严格监管下的自我规制提供了较为全面的信息披露，因此与互联网平台无所不包的商品与服务类型，以及几无门槛的场景进入标准相比，造成的损害后果较为轻微。在平台企业从 2.0 向 3.0 的发展过程中，所遭遇的风险是呈指数级增加的。

随着平台企业所在的市场规模与容量不断扩大，由软件、硬件设备集成的基础设施系统无法从根本上避免技术故障。交易撮合、清算交收、信息与行情披露等各个环节都可能出现问题，交易系统新上线或者重大变更

---

〔1〕 Lau, C., "Risikodiskurse: Gesellschaftliche Auseinandersetzung um die definition von Risiken", *Soziale Welt*, (1989). Schroer, Di Miirkiis, and Universiiiit Münclieii, "Zeitschrift fur Sozialwissenchaftliche Forschung und Praxis", 40 (1989). 转引自刘刚:《风险规制: 德国的理论与实践》, 法律出版社 2012 年版, 第 9 页。

〔2〕 Luhmann, N., Risk: A Sociological Theory, Walter de Gruyter, 1993, p. 44.

〔3〕 证券及金融衍生品的定价依赖买卖双方的报价, 因此证券交易所在其中起到较为中性的作用。

后更是软件缺陷暴露的频发期。[1]技术故障的类型包括软件出错（包括应用软件故障、系统软件故障等）、硬件失灵（包括主机故障、网络设备故障、电源故障）、为市场技术系统运行提供服务与支持的第三方引起的技术故障、包含因人为失误因素介入的技术故障以及由自然灾害或突发公共事件引发的技术故障，[2]等等。

一、技术故障导致的交易异常风险

随着数据量级的不断递增，平台交易系统正面临着前所未有的考验。正如阿里巴巴"双十一"技术总指挥刘振飞表示，"双十一"不仅是一场全球消费者的狂欢，也是对中国互联网技术体系的实力检验。一下子几千万人涌进来买买买，这种真实的商业场景全世界一年也只有一次。[3]阿里巴巴使用了异地多活[4]、一键建站[5]、超强计算引擎，以及金融云架构等多种世界级的技术创新，从而实现了比传统平台企业用互联网技术进行交易更好的用户体验。但这并不意味着互联网平台的系统故障并不存在。交易异常可进一步区分为技术故障与人为因素引起的故障两种情况。

2017 年 Amazon 系统就频出故障，导致买家资金回流出现问题，[6]后台卡顿、排名错乱、关键词失控、订单无规律波动等问题屡见不鲜。[7]互联网技术在予交易以便利的同时，也给交易过程埋下了许多无法避免的技术漏洞。深交所 2009 年发生的顺发恒业重组上市后遭遇停牌时滞的事件即

---

〔1〕 参见陈亦聪："证券交易异常情况的法律规制"，华东政法大学 2013 年博士学位论文。

〔2〕 参见许传玺、张真理："证券期货市场技术故障民事责任问题研究"，载《法律适用》2012 年第 6 期。

〔3〕 参见"双十一淘宝没被整崩溃正是因为背后的这些神奇技术"，载 http://www.sohu.com/a/42253501_120002，最后访问时间：2015 年 11 月 17 日。

〔4〕 异地多活可实现多地数据中心像一个数据中心一样工作，即使某一处数据中心出现故障，"双十一"在线业务仍然能够快速恢复正常运转。

〔5〕 2012 年开始，聚石塔以阿里云为基础推出一整套的解决方案，对设备故障、断网断电等均有应急预案。

〔6〕 参见吴小华："亚马逊系统故障，卖家资金回流出问题"，载 http://www.cifnews.com/article/30073，最后访问时间：2017 年 11 月 3 日。

〔7〕 参见钟云莲："亚马逊系统 Bug 持续发酵，招式频出的背后真相是什么？"，载 http://www.cifnews.com/article/30430，最后访问时间：2017 年 11 月 5 日。

引发了诸多投资者的投诉。[1]2010 年华尔街出现"闪电崩盘事件"。在 DL Capital Group, LLC 诉纳斯达克一案中, 上午 10：58, 纳斯达克停止了 COCO 股票的交易, 并声明股票价格猛然下跌是由电子交易系统的"误用或者故障"引起的, 于是纳斯达克宣布取消上午 10：46 至 10：58 的所有交易。[2]而 Facebook 上市当天遭遇的纳斯达克系统故障案中, 投资机构及个人更是提起了多达 41 起, 涉案金额超过 5 亿美元的集团诉讼。[3]

当然, 也会有因为人为因素与平台反馈不及时的叠加导致交易异常情况的出现：比如 2005 年东京证券交易所出现了"J-Com 大规模错误订单事件"与"交易中断事件"。J-Com 上市当日瑞穗证券的一名交易员输错了交易价格, 在向交易所多次发出撤单指令后均被拒绝。东京证券交易所的交易系统无法连续多次接受撤单申请这一技术缺陷致使瑞穗证券的损失达到 400 多亿日元。瑞穗证券向法院起诉东京证券交易所的另一个原因是其没有及时暂停这一异常交易, 而是要求瑞穗证券自己想办法解决问题, 才使得事态迅速恶化。

二、系统漏洞导致的数据泄露风险

数据泄露是把个体暴露在无人之境。当互联网平台的系统存在重大安全漏洞时, 用户被泄露的个人信息可能被违法分子使用而造成用户财产损失。例如 2015 年 4 月至 12 月, "苏宁易购"平台疑似出现重大安全漏洞, 用户简单修改数字参数后即可随意浏览其他用户的详细信息。[4]该漏洞被电信诈骗团伙利用, 造成了众多苏宁易购用户的财产损失。[5]苏宁易购事

---

〔1〕　参见"顺发恒业最后三分钟跌 30%　股民疑深交所交易程序出错", 载 http://finance. ifeng. com/stock/zqyw/20090606/754896. shtml, 最后访问时间：2018 年 5 月 24 日。

〔2〕　DL Capital Group, LLC. v. Nasdaq.

〔3〕　肖梦黎："证券交易所行为的可诉性与民事豁免研究", 载《证券市场导报》2018 年第 9 期。

〔4〕　习宜豪："苏宁易购信息泄露漏洞被证实", 载 http://www. infzm. com/contents/114239, 最后访问时间：2022 年 3 月 16 日。

〔5〕　参见 (2016) 苏 0102 民初 1119 号、(2016) 苏 0102 民初 1123 号、(2016) 粤 1702 民初 1098 号民事判决书。

件暴露出的数据泄露问题只是冰山一角，比如最近爆出的"14亿数据在暗网暴露，90%淘宝密码可任意下载"〔1〕等新闻，许多平台网站，即便是退出账号后，仍然可以根据cookies追踪用户的浏览数据。

数据泄露带来的问题还不仅仅止于财产权的侵害，它还可能与算法结合而引发其他的严重后果。2018年3月，Facebook陷入导致8700万用户数据遭泄露的"剑桥分析"〔2〕丑闻。3月中旬，剑桥分析（Cambridge Analytica）这一数据公司利用Facebook过于宽松的隐私保护机制漏洞，在未获得明确授权下间接获取了超过8700万人的用户资料，其中约3000万份资料中包含了居住地等重要信息。这些用户在Facebook上的活动轨迹，被用于2016年美国总统大选过程中的信息操纵，向人们精准投放"量身定做"后的政治广告和宣传素材。

第三节　数据与算法引发的风险

我们每个人都被各种各样的算法所笼罩，各种超级平台收集着我们的身份信息、联系人信息、违法信息、生物数据甚至政治评论，点击"拒绝"即无法访问。算法形成了"全景敞式"的权力，每个普通人都在被"一种不间断的书写日夜跟踪"〔3〕。算法与经济社会深度融合，逐渐成为一种自带判断的区分方式。〔4〕算法的核心是基于现有行为对用户的未来行

---

〔1〕　参见郭永健："14亿数据在暗网暴露，90%淘宝密码可任意下载，隐私如何保护？"，载 http://www.sohu.com/a/225444237_563934，最后访问时间：2022年3月13日。

〔2〕　但与以往的用户数据泄露事件不同，这次丑闻中没有出现黑客行为，所有数据都是通过Facebook的第三方接口流出，这使得美国行政和司法部门将调查的重点放在了Facebook可能犯下的失职和违法行为本身上。陷入"数据泄露门"后短短两天内，Facebook股价蒸发近600亿美元。Facebook创始人兼首席执行官扎克伯格不得不出席美国国会的听证会。参见王力为等："科技巨头还是强盗大亨　全球规制苦寻对策"，载 http://weekly.caixin.com/2018-06-09/101267600.html? p0#page2，最后访问时间：2022年3月16日。

〔3〕　〔法〕米歇尔·福柯：《规训与惩罚》，刘北成、杨远婴译，生活·读书·新知三联书店2012年版，第215页、第240页。

〔4〕　解正山："算法决策规制——以算法'解释权'为中心"，载《现代法学》2020年第1期。

为进行预测，赋予相对人以数字人格，容易对其未来的机会产生影响。[1]平台通过算法实现了治理，并可能导致一种人们尽力使自己的生活方式符合算法的新模式，从而最终形成了算法对人类社会的规训。

一、数据开发产生的风险

平台生产经营的全过程均是围绕数据展开的，数据积累有助于实现低廉的数字服务价格、提升数字服务质量、获取更大数额的广告费用。平台中的数据逐渐形成了从"零散数据、集合数据、数据劳动对象、数据生产资料、数据产品、数字服务等的形态变化，最终演化为数字基础设施"，实现了数据的生成要素化、商品化与资本化。[2]数据更多作为一种劳动资料而非劳动对象存在，可以为平台企业提供生产指导，并如同地租一样为其提供数据租金。数据租金的高低与平台企业的竞争实力、技术水平呈正相关，并以用户付费、转移支付、零工抽佣等方式存在。

平台企业对数据的开发与使用会引发各式各样的风险，从最基础的保护不力导致的数据泄露，到提供数据服务以获取新的利润增长点而引发的歧视性定价的风险。随着科技水平的不断发展，哪怕表面上中性的商品或服务的"搜索服务"也暗含着平台企业的主观意志，从而引发各式的风险。算法实质上是一种"将输入数据通过复杂计算转化为期望的输出数据的编码过程"，[3]是为了解决某个问题而采取的一系列步骤。[4]但是算法可以分为"中性算法"与"定向算法"，在此只讨论后者引发的诸多风险。

数据开发与使用引发的风险并非互联网平台所独有，随着数据和信息技术服务成为平台新的利基，数据收费服务以及其引发的数据的歧视性使

---

〔1〕 虞青松："算法行政：社会信用体系治理范式及其法治化"，载《法学论坛》2020年第2期。

〔2〕 石先梅："互联网平台企业垄断形成机理：从数据竞争到数据租金"，载《管理学刊》2021年第6期。

〔3〕 Gillespie, Tarleton, "The Relevance of Algorithms", *Media Technologies: Essays on Communication, Materiality, and Society*, 167 (2014).

〔4〕 张凌寒："风险防范下算法的监管路径研究"，载《交大法学》2018年第4期。

用也引发了各种新式风险。由于互联网平台掌握的数据量级（金融衍生品的购买人群远不能与电子商务、生活服务类平台所拥有的客户群体相较）、数据的质量与复杂性（证券交易所只能收集到用户对于金融产品买卖的账户级数据与订单级数据，而平台企业由于涉及的服务类型多种多样，可以采集到用户的各类信息，从而作出对用户个体近乎完整的画像）呈指数级递增，因而可以更有针对性地对用户进行策略性地操控，因此会带来更大的风险。

二、算法失真

算法只是对社会进行模仿，却无法真正实现对真实生活世界的复刻。平台主导的信用评分体系多通过数字表示，信用分值来自对用户单个操作的数据收集与对其未来行为的类型化预测。简单数值较难准确表达用户的预期情绪与精准行为，[1]更无法与真实世界的信用水平画等号，这一点与传统征信系统类似。有效的信用系统必须仔细跟踪、报告用户行为的各个方面，确定哪些行动与声誉系统最为相关。这也就引发了新的悖论：若要提升评分的精准性，就需要收集用户更多更全面的数据，但这又会引发平台权力的进一步侵入，强化评级用户的弱势地位。

平台主导的信用评分有着征信系统固有的不透明、任意评估与差别性影响等问题。[2]征信机构出于商业秘密通常拒绝提供评分系统的细节，被评分者与监管者无法真正理解评分过程，更遑论对其底层算法进行监督与审计。虽然不同机构在目标上有所不同，但是显著的评分差异表明了相当比例任意评估的存在。从某种程度上看，平台信用评分是在一个不完全严谨的信息收集过程之后得出的。[3]平台架构者还需要解决信用评级中不真实报告与报告偏见的问题，用户可能通过刻意规避不良评价的方式进行不

---

〔1〕 Randy Farmer, "Web Reputation Systems and the Real World", *The Reputation Society: How Online Opinions Are Reshaping the Offline World*, (2011).

〔2〕 Danielle Keats Citron & Frank Pasquale, "The Scored Society: Due Process for Automated Predictions", *Wash. L. Rev.* 89 (2014).

〔3〕 Joe Nocera, *Credit Score is the Tyrant in Lending*, N. Y. TIMES, 2010, at B1.

真实的报告，也可能在某些情形下更倾向于发布反馈。前者是不真实报告，而后者则属于报告偏差，从而降低了平台声誉评价的可靠性。

三、算法歧视

现阶段已经逐渐成为这样一个世界：对于同样的商品，我们能看到的售价与邻居、朋友以及住在城市另一边的家人获得的报价不尽相同，甚至是同一个家庭内不同设备在浏览同一样商品或服务时获得的报价也不尽相同。通过收集个人数据并追踪人们的日常行为，商家可以更好地预测个体消费者的消费偏好，我们距离一个"完美行为歧视"[1]的时代已经为时不远。"算法不停地旋转和降维你的数据集，直到它能读懂你、透视你。算法的高维理解完胜你对自己的了解，但它们并不具备完美的预测能力和公平公正的态度。"[2]

(一) 歧视性定价

互联网平台中存在着一直被质疑，却很难被证明的差别性定价策略（也就是为大家所熟知的"大数据杀熟"），这一定价策略源自 Amazon 实施的差别定价的实验。[3] Amazon 刚公布将对消费者在网站上的购物习惯和行为进行了跟踪和记录后不久，消费者和媒体就开始怀疑 Amazon 利用其收集的消费者资料作为其价格调整的依据。Amazon 的首席执行官贝佐斯亲自出马进行危机公关，指出 Amazon 的价格调整是随机进行的，价格试验的目的仅仅是测试消费者对不同折扣的反应，Amazon "无论是过去、现在

---

〔1〕　[英] 阿里尔·扎拉奇、[美] 莫里斯·E. 斯图克：《算法的陷阱　超级平台、算法垄断与场景欺骗》，余潇译，中信出版集团 2018 年版，第 69 页。

〔2〕　[瑞典] 大卫·萨普特：《被算法操控的生活　重新定义精准广告、大数据和 AI》，易文波译，湖南科学技术出版社 2020 年版，第 19 页。

〔3〕　2000 年，Amazon 为了在 2300 万注册用户上实现更多的利润，9 月中旬开始了著名的差别定价实验。试验当中，Amazon 根据潜在客户的人口统计资料，在 Amazon 的购物历史、上网行为以及上网使用的软件系统确定报价水平。例如，名为"泰特斯"（Titus）的盘片对新顾客的报价为 22.74 美元，而对那些对该盘片表现出兴趣的老顾客的报价则为 26.24 美元。通过这一定价策略，部分顾客付出了比其他顾客更高的价格，Amazon 因此提高了销售的毛利率。参见刘向晖："网络营销差别定价策略的一个案例分析"，载《价格理论与实践》2003 年第 7 期。

或未来，都不会利用消费者的人口资料进行动态定价"。[1]

这可以说是平台企业运用私人数据进行价格歧视的开端，接下来面对微博、知乎上平台用户现身说法的案例，滴滴 CTO 张博、携程大住宿事业部 CEO 陈瑞亮、飞猪官方微博纷纷表明立场，使用了"从来没有、永远也不会利用大数据损害消费者利益"这一熟悉的话语模式。但是，这与民众的切身体会并不吻合。根据图 3-1，在知乎话题"如何评价大数据'杀熟'？"这一问题下，截至 2020 年 12 月 30 日，已经超过 1.9 万的关注量。知名作家王小山连发两条微博指责阿里巴巴旗下的飞猪旅行运用大数据杀熟。[2]用户更加信赖自己的亲身经历，比如老用户比新用户价格高，高级别账号比低级别账号或者普通浏览价格高，不购买商品却多次浏览只会使价格变得更贵。

图 3-1 对"大数据杀熟"的评价

除了消费者的个体感知，也有相关研究证实了上述现象：科恩等人对 Uber 出租车叫车程序的定价进行实证研究后，认为 Uber 通过加成算法的定价策略透明度不足。相隔不远的消费者就同样出行里程会收到大相径庭的报价，因此对顾客和司机并不公平。[3]对 Airbnb 的研究也得出了类似的

---

〔1〕 刘向晖："网络营销差别定价策略的一个案例分析"，载《价格理论与实践》2003 年第 7 期。

〔2〕 参见屠敏："为什么阿里飞猪、滴滴、携程都被质疑滥用大数据杀熟？"，载 https://www. huxiu. com/article/266330. html，最后访问时间：2018 年 10 月 11 日。

〔3〕 See Cohen, Peter, et al., *Using Big Data to Estimate Consumer Surplus：The Case of Uber*, No. w 22627. National Bureau of Economic Research, 2016, pp. 3-6.

结论。[1]在对消费者数据的研究中已经找到了价格歧视的证据：对于不同地域的消费者，同一产品的价格差别很大。[2]根据图3-2，对于平台企业而言，运用大数据影响"需求曲线"可以使利润总量增高。"大数据杀熟"或者是价格歧视意味着平台企业不满足于只用需求价格 P 来赚阴影部分的利润，而是尽量让消费者 A 用 P1 价格购买，消费者 B 用 P2 价格购买，最后商家的总利润变成了阴影部分与浅灰部分的叠加。

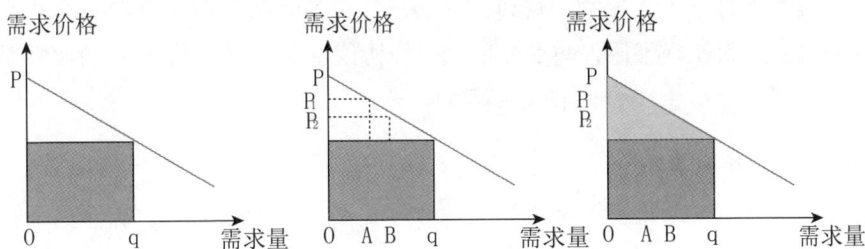

图 3-2　商家利润变化

（二）不均等待遇

除了明显的差别性定价，歧视性待遇的问题也层出不穷，即平台会赋予付费用户以较高的待遇。比如费城证券交易所提供的 PHOTO 历史数据服务与纳斯达克证券交易所提供的 TotalView 市场数据服务。[3]通过购买付费的数据服务，交易者可以获得更具有优势性的市场信息。比如纽约证券交易所就高增长板制定的 ArcaBook 数据服务可以为用户实时提供订单簿中所有的限价订单，而不限于最优报价订单。费城证券交易所提供的 PHOTO 历史数据服务可以向用户提供每一期权系列在特定月份的历史交易数据。[4]TotalView 则可以为纳斯达克证券交易所的付费用户提供深度数据，

〔1〕　See Fradkin, Andrey, et al., "Bias and Reciprocity in Online Reviews: Evidence From Field Experiments on Airbnb", *Sixteenth Acm Conference on Economics & Computation*, 2015.

〔2〕　Mikians, Jakub, et al., "Crowd-assisted Search for Price Discrimination in E-commerce: First Results", *Proceedings of the Ninth ACM Conference on Emerging Networking Experiments and Technologies*, 2013.

〔3〕　Net Coalition & Secs. Indus. & Fin. Mkts. Ass'n v. SEC 715 F. 3d 342 （2013）.

〔4〕　SEC Release No. 34-63351, Nov. 19, 2010.

而在此之前 OpenView 订阅用户可以免费享受该项数据的订阅服务。[1]

2015 年出版的畅销书《高频交易员》揭示了数据付费造成的新的风险。该书介绍了交易所向付费的高频交易员提供便利，使其可以先获得市场的交易数据，并先于其他投资者成交。因此引发了大批普通投资者的诉讼。在 Lanier v. BATS Exch., Inc.[2]一案中，原告起诉了美国所有的交易所，认为交易所向"优先级客户"提供"专有数据传输宽带、传输协定以及主机代管服务"等便利，使得优先客户在交易行情获取与订单成交上获取先机，从而违反了原告与交易所的用户协议中有关以"公平"和"非歧视"的方式提供市场数据的约定。[3]

（三）算法偏见

平台运用自动化决策算法会产生波纹式渐次扩大的影响。算法当然会存在"偏见"：一方面，算法使用的大量数据本就来源于社会本身，这种镜像式的结构自然也会将社会中的歧视与偏见如实地带入算法。比如当贷款公司将征信系统的数据分析源逐渐拓展到淘宝、eBay 等的交易评价、微博与 Facebook 的好友人数，以及 LinkedIn 的人脉对象时，居住在富裕板块的人会更容易获得贷款，而女性申请者则会获得较低的额度。[4]另一方面，作为技术的算法也是一种生命体，技术与发明技术的人类间存在所谓的"相夫差异"，[5]因此算法会产生新的偏见。比如在招聘算法中通勤时间长的员工该项的评分就会为负值，而少数族群由于经济条件上的弱势会居住在远离市中心的地方，就会降低其录用率从而实质上构成对该群体的

---

〔1〕 SEC Release No. 34-62907, Sept. 14, 2010.

〔2〕 地区法院一审：Lanier v. BATS Exch., Inc., 105 F. Supp. 3d 353（S. D. N. Y., 2015）；巡回上诉法院二审：Lanier v. Bats Exch., Inc., 838 F. 3d 139（2d Cir., Sept. 23, 2016）。

〔3〕 谢贵春："金融危机以来美国证券自律监管的司法审查研究"，载《证券市场导报》2017 年第 12 期。

〔4〕 美国 Movenbank，国内支付宝的花呗、京东白条等都在应用此类技术。参见林洹民："自动决策算法的法律规制：以数据活动顾问为核心的二元监管路径"，载《法律科学》2019 年第 3 期。

〔5〕 舒红跃："现象学技术哲学及其发展趋势"，载《自然辩证法研究》2008 年第 1 期。

歧视。[1]算法编写者可能会利用数据主体弱点进行数据杀熟，或者根据敏感信息（如政治倾向）等进行结果操纵。接连出现的"算法丑闻"以数字的形式加以呈现，可能成为随意关闭使用者的未来机会之门的"杀伤性武器"。[2]

四、算法控制

首先，平台通过算法逐步实现了对购物过程的控制。比如平台企业提供的搜索工具本意是帮助用户在一个大量信息不对称的世界里找到方向。搜索工具可以滤掉过多的信息负荷，努力将搜索结果缩小到相关范围内，但是完美的"中性搜索"并不存在。深植于这些商业模式中的激励措施可能会影响搜索排名，将用户偏好和平台的商业利益割裂开来。受到"超级巨星经济学"的影响，[3]消费者倾向于购买排名靠前的产品，因此就如何登上淘宝热门搜索有一系列的攻略。[4]乌尔苏针对 Expedia（亿客行）的酒店预订数据所做的实证研究也证实了排名靠前的酒店点击率更高。[5]

其次，平台企业还试图通过算法探知用户与劳动者的隐秘需求，从而实现控制。数据搜集只是手段，通过算法系统对数据进行有效处理才是最终目标。"你把数据拷问到一定程度时，它自然就会坦白一切。"[6]Amazon早在 2013 年 12 月即获得"预期递送"（anticipatory shipping）的新专利，使公司基于过往购物记录与其他信息，在客户点击"购买"之前就开始递送商品。[7]

---

[1] 张玉宏、秦志光、肖乐："大数据算法的歧视本质"，载《自然辩证法研究》2017 年第 5 期。

[2] ［美］凯西·奥尼尔：《算法霸权　数学杀伤性武器的威胁》，马青玲译，中信出版社 2018 年版，第 21 页、第 179 页。

[3] See Rosen, Sherwin, "The Economics of Superstars", *American Economic Review*, 71.5 (1981).

[4] 参见陈永伟："平台经济的竞争与治理问题：挑战与思考"，载《产业组织评论》2017 年第 3 期。

[5] See Ursu, Raluca M, "The Power of Rankings: Quantifying the Effect of Rankings on Online Consumer Search and Purchase Decisions", *Marketing Science*, 37.4 (2018).

[6] 徐恪、李沁：《算法统治世界　智能经济的隐形秩序》，清华大学出版社 2017 年版，第 164 页。

[7] 陈思："亚马逊'预期递送'新专利　用大数据预测用户需求"，载 https://3g.163.com/tech/article/9IS5MFI6000915BF.html，最后访问时间：2022 年 4 月 16 日。

最后，算法还实现了对劳动过程的控制。平台潜移默化地对骑手数据进行分析，并将结果反作用于骑手，从而生成了新的基于算法的劳动秩序。"数字控制不仅削弱着骑手的反抗意愿，蚕食着他们发挥自主性的空间，还使他们在不知不觉中参与到对自身的管理过程中。"[1]数字平台构建了一个看似无人监管的灵活的、个性化的工作环境，实则是将劳动者暴露于无时无刻不在的隐形监督之下。

更为重要的是，平台通过算法系统构建了人的数字化行为履历，可能形成评分社会与排序社会，从而固化偏见，给主体贴上难以移除的标签。平台信用评价机制容易被包装成平等、民主的参与性行为，而忽略其作为处罚行为前置条件的权力属性。

第四节　平台垄断：真的风险还是被虚构的风险

互联网平台这种新的企业形式在极短时间内占据巨大的市场份额，甚至可能形成"一家独大"的局面。若只根据反垄断的理论来分析，该种企业会使得市场上的商品供给更少、价格更高，从而最终导致市场的无效率运作。[2]但考虑到平台企业兼具"企业"与"市场"双重角色的特点，就会产生另一种思考的维度：分割的市场会限制要素的有效配置，导致资源的错配。[3]"真正的问题在于市场被太多的平台所分割，最优秀的平台不能完全胜出。"[4]因而解决这一问题的方法就在于提供一个统一、整合性的市场。如果尽可能多的用户在同一个平台上进行交易，那么所产生的跨边网络外部性会达到最大，从而可以实现更多的交易量。

一方面，互联网平台的原生特点使得垄断并不容易实现：跨边网络外

---

〔1〕　陈龙："'数字控制'下的劳动秩序——外卖骑手的劳动控制研究"，载《社会学研究》2020 年第 6 期。

〔2〕　参见王日易："论反垄断法一般理论及基本制度"，载《中国法学》1997 年第 2 期。

〔3〕　参见王磊、邓芳芳："市场分割与资源错配——基于生产率分布视角的理论与实证分析"，载《经济理论与经济管理》2016 年第 11 期。

〔4〕　陈永伟："'剥削者'抑或'守望者'？——对平台竞争和治理的再思考"，载《中国改革》2018 年第 2 期。

部性在赋予平台企业增长奇迹的同时，也带来了与之相匹配的竞争威胁。跨边网络外部性会在平台两边产生"回振效应"，但是这种"回振效应"是双向的，既会让平台用户数量像"滚雪球"一样迅速增长，也可能造成"雪崩式"的下降。平台企业间的竞争形式也与传统企业不尽相同：多归属的存在限制了占据市场高份额的平台企业的行为，消费者在淘宝、京东、网易严选间可以用脚投票、随意切换。另一方面，"平台包抄"[1]与"跨界竞争"的现象普遍存在：较为典型的案例就是"美滴大战"：滴滴在对 Uber 进行并购后，在网约车市场一度处于竞争对手无处可寻的地位，但是一家做网上订餐的企业——美团却突然进军这一市场。与此同时，滴滴也立刻试水外卖业务，跨界竞争就此形成。平台用户的异质性也使得平台企业难以形成垄断：潜在用户的异质性程度越高，平台就更容易差异化，平台的多样性就更强，集中程度也越低。基于上述原因，即使某个平台企业在某一时间达到了较高的市场占有率，也很难实现垄断。

　　淘宝与京东间的"猫狗大战"[2]就是个很好的例证。作为电商平台的淘宝与京东，如果在合理协商的情况下与商家签订合同，约定只得在某一个平台进行交易，那么就不应认定为涉嫌滥用优势地位。当然，如果存在平台企业一方利用锁定后台等方式限制用户，则应认定为不正当竞争。因此其要义还是在于平台与商户间签订的协议是不是双方基于平等地位下自由意志的表现。[3]这种"二选一"的行为称为排他性交易行

---

　　〔1〕　"平台包抄"是战略管理中的一个名词，指的是平台企业利用其在一个市场上的优势去参与另一个市场的竞争。

　　〔2〕　2015 年 11 月，京东向国家工商行政管理总局实名举报阿里巴巴扰乱电子商务市场秩序。声称阿里巴巴曾向商家传递若参加淘宝天猫商城的"双十一"主会场活动，就不能再参加其他平台的会场活动；对于已经和其他平台达成合作意向的，要求商家直接退出，否则将在流量等方面进行制裁或处罚。同时哥弟、鄂尔多斯、lily 商务时装、初语等众多服饰品牌在社交平台上发声，指责京东在未经自己同意的情况下，强拉品牌参加促销活动。参见寇佳丽："京东淘宝大战二选一涉嫌违法"，载 http://www.sohu.com/a/156533953_ 611223，最后访问时间：2017 年 7 月 12 日。

　　〔3〕　参见"双 11'猫狗站队大战'购物不应'二选一'"，载《质量与认证》2015 年第 12 期。

为，[1] 它既可能限制竞争，损害消费者的福利，也可能降低交易成本、激发创新，并减少搭便车问题，从而使竞争变得更有效。另外，具有市场属性的平台企业，其本身也有义务维护市场秩序。平台企业挑选市场中的商户，要求它们只能在一个市场经营的行为，在很大程度上也可被视为一种维护市场秩序，加强市场管理的举措。

第五节　平台因自我规制产生的额外风险

平台企业的额外规制风险可视为一种归咎于决定的风险，是由平台企业的规制行为所造成的。平台企业的规制风险可以分为三个层次：第一个层次是由于规制不足、审核不严造成权利侵害的风险。第二个层次是由于平台企业在对用户进行自我规制时，设置了相关制度，但未能实现制度目标时的治理风险。[2] 第三个层次出现在平台企业的自我规制与政府规制进行衔接时产生的风险，自我规制可能触碰了传统上由政府进行规制的治安领域，从而遭遇了新的风险命题。

一、审核不足导致的失察风险

（一）对平台用户准入资格审查不严导致的风险

平台规制不足造成的风险又可以继续细分，其一是对两端用户的资格审查不严造成的风险，其二则是对交易行为管控不严造成的风险。互联网平台会出现因未严格核实商户的准入资格而对消费者产生的侵权风险。例如饿了么与美团外卖等网络订餐平台普遍存在无证经营、外卖作坊办假证、借用他人证件入驻网络订餐平台、操作不遵守卫生规范等诸多行业乱

---

〔1〕　参见蒋岩波："互联网企业排他性交易行为的反垄断规制"，载《电子知识产权》2013年第10期。

〔2〕　Black J. ，"The Emergence of Risk-based Regulation and the New Public Risk Management in the UK"，*Public Law*，(2005). Rothstein，H. & Downer，J. ，"Risk in Policy Making：Managing the Risks of Risk Governance"，*Report for the Department of the Environment*，*Food and Rural Affairs*，(2008).

象，更是频频爆发食品安全问题。[1]而外卖平台之所以存在该类问题，平台的规制疏忽是首要原因：平台既存在把关不严，一味追求规模的问题，也受制于投入不足，管理人手有限的困境。更为严重的是，一些平台企业存在"监守自盗"，即自家业务员帮助商家制作假证的情况。由于网络订餐平台对平台商户资质的规制不力，监管部门多次进行立案调查，甚至给予行政处罚。[2]

（二）对交易行为规制不严导致的风险

平台企业同样也存在着因为对平台上交易行为规制不严所产生的各类风险。具体而言，包括对交易机制的制度设计不够完善，或者是对交易内容合法性与真实性的规制并不到位，等等。对交易内容合法性与真实性的规制不到位也是平台企业经常出现的一类规制风险：根据艾瑞数据网依据38 026 份样本作出的调查，消费者在利用电子商务平台交易时最不满意的一项原因就是"商品质差，为仿制品"，占比达 49.3%[3]（详见图 3-3）。2015 年，国家工商行政管理总局发布《关于对阿里巴巴集团进行行政指导工作情况的白皮书》，指责阿里巴巴纵容平台用户销售侵权和违禁商品。虽然国家工商行政管理总局并未直接进行行政处罚，但仍然导致阿里巴巴仅仅四天就蒸发了 367.53 亿美元的市值。这一连锁事件使得许多投资者起诉阿里巴巴涉嫌证券欺诈。[4]

---

〔1〕　参见李栋："外卖平台调查：三大平台 30 家餐厅仅 15 家有资质"，载 http://www.xin-huanet.com/food/2016-03/15/c_ 128800875.htm，最后访问时间：2018 年 11 月 17 日。林丽鹏、齐志明："外卖店，你的证照呢？——暗访百度、美团、饿了么等餐饮外卖商家"，载 http://shipin.people.com.cn/n1/2016/1125/c85914-28894969.html，最后访问时间：2018 年 11 月 17 日。

〔2〕　上海市食品药品监督管理局因饿了么未核查部分餐饮服务提供者许可证的真实性和有效性、未签订书面合同、未保存相关审核资料而对其行政处罚。参见《上海拉扎斯信息科技有限公司网络食品交易第三方平台提供者未对入网食品经营者进行实名登记、审查许可证案》（沪食药监（总）罚处字［2015］第 2320155063 号），北京食品药品监督管理局宣布已经固定证据，并将立案调查相关网络订餐平台。

〔3〕　艾瑞咨询：《2016 年中国网购用户行为及偏好研究报告》。

〔4〕　徐维维、王峰："阿里巴巴如何打这场官司"，载《21 世纪经济报道》2015 年 2 月 4 日，第 2 版。

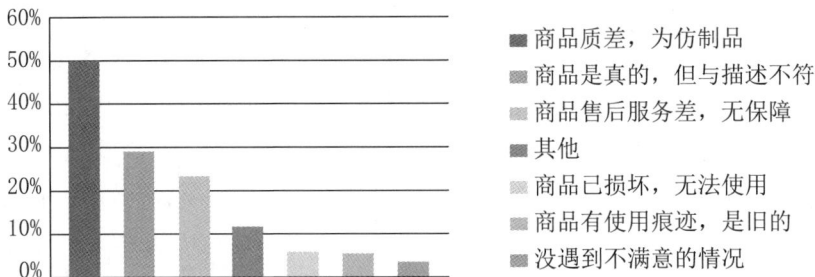

图3-3　消费者网购中不满意的因素

针对 2018 年 3 月发生的知名作家六六投诉京东事件，[1]《人民日报》发文指出，电商平台不仅是"沟通者"，而且同商场、超市、展销会的举办者、柜台出租者一样，都是经营者。不仅要遵守《消费者权益保护法》有关互联网平台的规定，而且应承担其规定的所有经营者义务。[2]

二、自我规制目标未实现产生的制度风险

平台企业在履行自我规制职能时，会创设一些新的制度以实现自我规制目标，但是这些制度的创设可能产生新的风险。若想实现自我规制的规制目标，减少制度风险，需要秉承如下原则：其一是自我规制机构需要服从公共利益而非企业自身的利益行事，如果自我规制只是"轻触"（light touch）违规行为，则可能更容易使该类行为发生反弹[3]。其二是对自我规制手段的有效执行。由于缺乏保证实施的强制力，自我规制很容易落入"没有牙齿的老虎"这一境地。自我规制需要制定一个容易理解且能够达到的规制目标：规制者应明确说明如何通过自律规则的制定与实施来履行

---

〔1〕　消费者程女士通过某知名电商平台全球购商户购买某国外品牌护腰枕，官网售价109.95 美元，而商家实际发货为另一款护腰枕，官网售价只有 33.6 美元。经程女士多次维权，商家解释称发错货，同意退货退款。因为该电商平台宣称"正品保证""假一罚十"，程女士申请电商平台介入，要求加倍赔偿，不料被平台拒绝。叶鸣："消费维权，电商不可推责（生活漫步）"，载《人民日报》2018 年 3 月 30 日，第 17 版。

〔2〕　叶鸣："消费维权，电商不可推责（生活漫步）"，载《人民日报》2018 年 3 月 30 日，第 17 版。

〔3〕　Bartle, Ian, and Peter Vass., *Self-Regulation and the Regulatory State：A Survey of Policy and Practice*, Centre for the Study of Regulated Industries, University of Bath School of Management, 2005.

其义务，并且对预期的规制效果与实际的规制效果进行准确的测算。若上述规制效果未能实现，就会出现新的风险。

互联网平台会设置类似的自我规制手段，如电子商务平台上的"优选"等标识也意味着平台设定了一种更高的认定标准。与此同时，互联网平台还构建了一种新的自我规制手段——消费者评价体系，这一点是传统平台企业并不具备的（或者说并未成型为一种行之有效的自我规制手段）。消费者评价制度一定程度上能够克服信息不对称、降低交易成本，建构互联网中的信任体系。消费者评价制度还可以对经营者的行为予以约束：经营者为了获得消费者的好评，会加强自律约束，有限度地争取经济利益，在交易条款上可能作出让步以实现买卖双方的双赢。[1]

消费者评价体系并非完美无缺。相关实证数据表明，消费者评级中存在着策略性的行为，诸如双向评级中的勾结和互惠行为[2]等。[3]并且消费者评价属于公共产品，感到沮丧的消费者不太可能返回平台参与评级，因此会出现评级量不足[4]的问题。更为严重的则是虚假评价盛行的风险：在百度上输入"好评返现"与"刷单"等关键词，均有超过200万条搜索结果。广东省消费者委员会做的调查显示：98%的用户在网购时遇到过"好评返现""好评有礼"的情况。另外，恶意差评与差评骚扰层出不穷。据阿里巴巴消费者体验发展事业部统计，差评骚扰投诉约占其整个消费者投诉的8%。[5]也就是说消费者评价制度存在被滥用的风险。

还有诸多因素会影响消费者评价信息的有效性，比如评价过程中的认知偏差、消费者对评价信息的错误认知以及信息功能的时间局限，等等。[6]

---

〔1〕　Michael Luca, "Reviews, Reputation, and Revenue: The Case of Yelp. com", *Working Paper* 12-016, *Harvard Business School*, 2011.

〔2〕　See Cullen, Zoë, and Chiara Farronato, "Outsourcing Tasks Online: Matching Supply and Demand on Peer-to-peer Internet Platforms", *Job Market Paper*, (2014).

〔3〕　See Bolton, Gary, Ben Greiner, and Axel Ockenfels, "Engineering Trust: Reciprocity in the Production of Reputation Information", *Management Science*, 59. 2 (2013).

〔4〕　See Miller, Nolan, Paul Resnick, and Richard Zeckhauser, "Eliciting Informative Feedback: The Peer-prediction Method", *Management Science*, 51. 9 (2005).

〔5〕　参见何春中："淘宝网出新规严惩恶意骚扰"，载《中国青年报》2016年7月15日，第4版。

〔6〕　参见应飞虎："消费者评价制度研究"，载《政法论丛》2018年第1期。

用户在进行评价时可能会受到锚定效应〔1〕、从众行为等的影响。消费者评价只能针对经营者过去的声誉状况作出标示，但也会存在经营者获得好评后短线经营，随即消失或关闭，从而给消费者利益造成损害的情况。〔2〕另外，在收集了海量的消费者评价信息以后如何对其展现这一问题上，也可能会出现平台权力的滥用。消费者评级是衡量质量和保护消费者权益的可靠措施。有些平台的评级系统相当稳健有效，而另一些评级则饱受偏差之扰。因此互联网平台会因消费者评级的制度设计不够完善或者审查制度不够健全而招致新的风险。

三、与政府治安管理衔接的规制风险

平台企业的自我规制还可能触犯或者抵达传统的政府规制领域，从而引发新的治理风险。比如短租平台 Airbnb 涉足的领域是由政府进行规制的领域，政府此前会规范租房市场以防止租户利用租赁的房屋从事违法活动。网络上短租平台最具颠覆性的力量就是他们的用户可以规避居住空间的多种法则。〔3〕平台将市场从社区移到云端（cloud），从而屏蔽了规制者、房东和邻居对非法活动的监督。平台促成的大量活动本身可能破坏基础法律和规制框架的稳定性。〔4〕尽管平台企业不主张违反或逃避法律，但它们也不负有监控通过网站进行的租赁活动的合法性这一义务。

另外一个由政府进行规制的领域则是滴滴与 Uber 涉足的打车领域：滴

---

〔1〕 锚定效应是指人们对某个对象进行估值时，会通过对一个初始值的调整来确定最后的答案，而调整往往很不充分，不同的初始值都会产生偏向于初始值的估测值。See Tversky, Amos, and Daniel Kahneman, "Judgment Under Uncertainty: Heuristics and Biases", *Science*, 185. 4157 (1974).

〔2〕 参见李大林："广东消委会正式向淘宝发函：好评返现涉嫌违法", 载 http://news. cntv. cn/2015/08/26/ARTI1440568832565118. shtml, 最后访问时间：2022 年 3 月 16 日。

〔3〕 See Trevor Dunn, "How to Fix Toronto's Short-Term Rental Problems in 2017", CBC News (3 January 2017), online: <www. cbc. ca>. Chris O'Brien, "Paris Residents Urged to Use City's Open Data Site to Rat Out their Airbnb-Abusing Neighbors", Venture Beat (10 May 2016), online: <venturebeat. com>. The burdens borne by hotel operators as compared to short-term rental hosts are also discussed in: City of Toronto, Developing an Approach to Regulating Short-Term Rentals (Toronto: City of Toronto, 11 October 2016) at 9, www. toronto. ca/legdocs/mmis/2016/ex/bgrd/ backgroundfile-97235. pdf.

〔4〕 See Katz, Vanessa, "Regulating the Sharing Economy", *Berkeley Tech. LJ*, 30 (2015).

滴顺风车在很短时间内就发生了两起年轻女乘客被奸杀的恶性案件。[1]而在顺风车事件发生一个月内，上海市交通委执法总队三次进驻滴滴执法检查，提出了 17 项整改要求：包括限期清理注册于该平台的空号牌车辆与非沪牌沪籍车辆，上传全量实时数据，落实上海地区平台乘客安全保障措施，禁止不合规车辆及驾驶员在上海地区平台注册等。但是，滴滴提交的却是"无汇总统计、无序号、无页码的纸质材料"，经随机抽查，95 条信息中就有 68 条信息与网约车规制平台数据不匹配。[2]而美国同类型的平台企业 Uber 的司机涉连环枪击案，但作为平台企业的 Uber 拒绝提交涉案者的手机通信记录和社交网络档案。[3]因此当平台的自我规制与政府的治安规制产生重叠时，就可能出现两种权力的冲突，从而产生新的风险。

四、平台产生额外治理风险的原因

(一) 双重角色带来的利益冲突

平台企业具有企业[4]和市场[5]的双重性质，既要实现营利性目标，还要制定交易规则，规制交易过程，以确保市场公共性目标的实现。因此，平台企业既是市场中的"逐利者"，也是市场的"守望者"，而这两者之间不可避免地存在冲突。平台企业产生的风险不仅仅来自自身，更多的则是来自其规制职责的行使，因此考察利益冲突对平台规制责任的影响就

---

〔1〕　参见贾世煜等："郑州警方：空姐顺风车遇害案告破　嫌疑人当晚接单后退出滴滴并注销滴滴打车软件：日前被打捞尸体确认为犯罪嫌疑人"，载 http://www.xinhuanet.com/finance/2018-05/13/c_ 129871034.htm，最后访问时间：2022 年 3 月 17 日。

〔2〕　参见"上海第三次检查滴滴：未收到具体整改计划，数据未全量接入"，载 http://finance.sina.com.cn/chanjing/gsnews/2018－09－21/doc－ifxeuwwr6827997.shtml，最后访问时间：2022 年 3 月 17 日。罗水元："多部门再次进驻滴滴执法检查　滴滴上传全量实时数据将进一步比对"，载 https://news.sina.com.cn/o/2018－09－30/doc－ifxeuwwr9789135.shtml，最后访问时间：2022 年 3 月 17 日。

〔3〕　参见"美'优步'司机枪杀 6 人，不误接活"，载 http://news.haiwainet.cn/n/2016/0223/c3541839-29662355.html，最后访问时间：2022 年 3 月 16 日。

〔4〕　See Macey, Jonathan, and Hideki Kanda, "Stock Exchange as a Firm: The Emergence of Close Substitutes for the New York and Tokyo Stock Exchanges", *Cornell L. Rev*, 75 (1989).

〔5〕　See Pirrong, Craig, "A Theory of Financial Exchange Organization", *The Journal of Law and Economics*, 43.2 (2000).

显得尤为重要。

对于传统类型的平台企业，商业利益与公共利益的冲突解决已经不仅是理论上的推演，而是被纳入了一些国家与地区的法律。澳大利亚2001年《金融服务改革法案》中对获准经营市场者的义务有如下规定：对获准经营市场者，"（a）必须在确实可行的合理范围内，尽一切可能必要的措施，保证市场是公正、有序和透明的市场；（b）遵守许可包含的条件；（c）对监督市场有适当的安排，解决商业利益和按照（a）的要求经营市场之间的冲突……"[1]平台企业双重角色间的利益冲突具体体现为以下两点。

1. 对所投入规制资源的影响

规制市场需要投入大量的资金，包括聘请专业人员、完善监控技术，等等。互联网平台也需要雇用庞大的人力进行日常的维护与规制。企业面临向股东提供投资回报的巨大压力，良好的规制收益却难以量化。若投入大量规制资源，可能会在同质的平台企业中失去竞争先机。

"朝向低端"的理论形塑着竞争背景下规制资源的投入水平。平台企业可能会因为营利目标而放松规制，比如交易所降低或放宽上市标准的行为不仅可以增加上市收入，也可以提高股票的交易量。[2]同样，交易所也会放松对上市公司持续性要求的严格规制，或者不愿意暂停或终止那些交易非常活跃的股票的交易。[3]除了放松上市规制，平台企业也会倾向于不愿意对市场参与者或者异常交易行为开展调查或展开严厉的执行措施。因为这些参与者正是交易所的收入来源，"严格执行规则一方面会直接减少交易所的收入，另一方面，过多违法行为的披露将对平台的声誉造成严重

---

〔1〕 Financial Services Reform Act 2001, Part 7. 2, Division 3-Regulation of Market Licensees, 792A. 转引自谢增毅："公司制证券交易所利益冲突与公司治理的完善"，载《经济法研究》2006年第0期。

〔2〕 See John C. Coffee, "Privatization and Corporate Governance: The Lessons from Securities Market Failure", *Journal of Corporation Law*, 25. 1 (1999). Stephen J. Choi, "A Framework for the Regulation of Securities Market Intermediaries", *Social Science Electronic Publishing*, 1 (2004). Karessa Cain, "New Efforts To Strengthen Corporate Governance: Why Use SRO Listing Standards?", *Colum. Bus. L. Rev*, 619 (2003).

〔3〕 Marcel Kahan, "Some Problems with Stock Exchange-Based Securities Regulation", *Virginia Law Review*, 83. 7 (1997). Robert A. Prentice, "Regulatory Competition in Securities Law: A Dream (That Should Be) Deferred", *Ohio St. L. J.* 66 (2005).

影响，从而影响投资者的信心"。[1]上述成熟理论也很容易适用到互联网平台，它们既可能因为维护声誉的考虑而提升规制资源的投入，更可能因为利益冲突使得规制市场的水平"朝向低端"。

2. 使用规制权力实行歧视待遇

平台企业日渐成为交易信息和技术的提供者，因此可能将免费的交易信息与数据商业化，或者如前所述为付费的"优先客户"提供便利，使其可以先获得市场的交易数据，并先于其他投资者成交。互联网平台在这一点上体现得尤其明显：平台提供的搜索工具本意是过滤掉过多的信息负荷，努力将搜索结果缩小到相关范围内，从而帮助用户在信息不对称的世界里找到方向。但由于利益冲突的存在，平台运营商会有选择地使用收集到的数据，以调节平台一侧或更多侧的行为。互联网平台的商业模式立基于销售利润（对零售商而言）、销售佣金（对交易市场而言）或广告收入，因此平台的营利目标会影响搜索排名。当相关产品的特色很多时，搜索排名必然要考虑为这些特色分配的权重。搜索引擎为产品与服务赋予的权重大概率不同于个人用户所设定的权重。这种情况就像传统的线下超市在陈列产品时会利用摆放方式使自己大力促销的产品吸引消费者的注意力，从而牺牲了消费者对其他产品的关注。市场目标希望平台企业充当"管道"，实现"搜索中立"以及搜索的"准确性和客观性"。而企业目标则着力于"编辑"，即不可能存在搜索中立，任何排名都代表着平台搜索引擎对最佳排名的看法。[2]

（二）规制能力与规制责任的不匹配

对于互联网平台这一类新生事物，一般会经历创新、商业化、创造性的无秩序和规范化的历史周期。[3]从最开始的监控真空到日趋严格的责任要求，再到日渐宽泛的责任范围，平台企业需要承担的规制职责越来

---

〔1〕 李响玲："论新趋势下的证券交易所自律监管"，华东政法大学 2012 年博士学位论文。

〔2〕 See Grimmelmann, James, "Speech Engines", *Minn. L. Rev*, 98 (2013).

〔3〕 See Farshchi, Mahtab A. "Ruling the Waves: Cycles of Discovery Chaos, and Wealth, From the Compass to the Internet." *Business History* 45. 1 (2003): 178-181.

越多。

首先，现行法律对平台责任的规定经历了从"明知"到"应知"的转变。《互联网信息服务管理办法》《食品安全法》《广告法》以及《民法典》与《电子商务法》均对平台的行政与民事责任进行了相关规定。规制部门在实施上述规定时又对平台需要承担的责任做了进一步扩张：《网络交易监督管理办法》第29条规定，网络交易平台经营者应当对平台内经营者及其发布的商品或者服务信息建立检查监控制度，《网络交易平台经营者履行社会责任指引》还要求平台企业及时上报"苗头性、倾向性、危害性严重的问题"。[1]《网络食品安全违法行为查处办法》规定平台需要建立主动监控体系，[2]例如设置专门的机构或者指定专职人员，对平台上的食品经营行为及信息进行检查。[3]《食品安全法》规定要对经营者的真实身份与资质进行审核，这就需要平台企业根据用户提交的内容与线下的实际情况是否一致进行判断。《电子商务法》第27条第1款也规定，电子商务平台经营者应当要求申请进入平台销售商品或者提供服务的经营者提交其身份、地址、联系方式、行政许可等真实信息，进行核验、登记，建立登记档案，并定期核验更新。从《互联网信息服务管理办法》到《食品安全法》《广告法》，直至《电子商务法》，法律对于平台的行政责任的归责日益严格：从平台企业发现"明显"违法才需要承担责任，到"应知"或"明知"且不需要明显违法，[4]再到需要定期对经营者身份进行核验更新。我国的法律法规对平台责任的规定是行政责任严于民事责任，而这与国际通行的惯例并不相同。比如欧盟法律就规定，平台只要不"明知"第三方的行为构成行政违法甚至犯罪，均可以获得责任的豁免（但是在民事侵权上，可以推定平台知道侵权的发生而需要承担责任，因此平台对用户

---

〔1〕《网络交易平台经营者履行社会责任指引》第17条第2款。

〔2〕参见《网络食品安全违法行为查处办法》第10条。平台对平台上的违法行为需要建立食品安全自查和食品安全投诉举报处理等制度，强调建立自查制度，意味着平台需要建立主动监控体系。

〔3〕《网络食品安全违法行为查处办法》第14条第1款。

〔4〕赵鹏："私人审查的界限——论网络交易平台对用户内容的行政责任"，载《清华法学》2016年第6期。

行政违法的注意义务低于一般民事侵权应承担的责任强度）。

其次，平台企业在施行"通知—删除原则"时容易遭遇实施困境。事实上，面对海量的信息，平台无法履行普遍性的审查义务，[1]这一点在各国的立法实践中也形成了共识。平台只需要在收到权利人与执法部门通知，平台上进行的相关行为涉嫌违法时，及时采取措施进行删除或者阻止访问即可免责，[2]这也被称为"通知—删除原则"。[3]我们可以针对这一原则的适用做一些讨论，以证明平台在对何种行为构成违法的判断上力不从心。

阿里巴巴统计的数据显示，2016年阿里巴巴全平台知识产权投诉商品量达2000万以上，其中申诉成立率高达49%，涉及20多万卖家，总成交金额达到5亿以上。也就是说，至少有20多万卖家差点被冤枉，幸亏通过申诉及时挽回了损失。[4]

阿里巴巴集团平台治理部资深经理谷俊说：

> 我们发现有这样的一些权利人，他们通过伪造身份材料、伪造权利证明或者作出虚假的投诉，利用我们的投诉平台和投诉机制发起投诉，发起投诉的同时，他们会在另一端联系商家，直接做敲诈勒索，说你给多少钱我就把这个投诉撤掉，也有威胁的，说你这个价格卖得太便宜了，如果不把价格调高了就利用投诉系统对你进行投诉。也有一些渠道清理，说你的商品不是从我这里进货的，你要不从我这里进批货，我就利用这种投诉方式把你删了。也就是说，其实有这么一拨人，利用阿里巴巴的投诉系统，利用我们法律赋予的这套知识产权保护的方式和方法，对平台和商家进行伤害。[5]

---

[1]　参见张新宝、任鸿雁："互联网上的侵权责任：《侵权责任法》第36条解读"，载《中国人民大学学报》2010年第4期。

[2]　See OECD, the Role of Internet Intermediaries in Advancing Public Policy Objectives, 2011, pp. 10-17.

[3]　See Anupam Chander, "How Law Made Silicon Valley", *Emory Law Journal*, (63) 2013.

[4]　王卡卡："阿里全平台产权投诉商品量超2000万　总成交影响五亿元以上"，载https://xueqiu.com/S/BABA/81395075，最后访问时间：2018年11月17日。

[5]　孙莹："阿里称平台遭遇大量恶意投诉　20多万卖家差点被冤枉"，载http://www.xinhuanet.com//2017-02/19/c_1120491408.htm，最后访问时间：2018年11月17日。

针对淘宝、闲鱼上大量的虚假投诉、恶意投诉和假冒投诉，权利人只需提供一个初步的证明材料，平台企业就需要进行删除。这其实是一种破坏平台生态[1]的行为，可能会造成被投诉人、用户以及平台的损失。"通知—删除原则"的适用对平台能力是一项巨大的挑战。援引 eBay 上发生的一例案件可以发现，美国将法院的命令或者是禁令作为适用"通知—删除原则"的重要前提，从而实现了对平台审核责任的减负。法院认为"平台不具有专业知识和资源判断专利是否侵权，在权利人没有提供法院的命令和禁令的前提下平台无法判断，因此不删除是有正当理由的"。[2]

---

[1] 参见朱银玲："阿里下达封杀令 这回恶意投诉者慌了神"，载 http://zjnews. zjol. com. cn/zjnews/zjxw/201702/t20170208_ 3046271. shtml，最后访问时间：2018 年 11 月 17 日。参见韦青青："连马化腾签名都被伪造？阿里封杀恶意投诉和勒索"，载 http://tech. 163. com/17/0207/11/CCLTNRTO00097U7R. html，最后访问时间：2018 年 11 月 17 日。

[2] 原告认为 eBay 的一个商家侵犯了他的专利权，随即提出投诉。投诉材料中除了主体资料，还有原告的专利证明条件，但并未提供法院的命令或禁令。eBay 认为该投诉是不合格的，就没有删除相关侵权链接。法院也判定 eBay 并未侵权。参见李平："平台治理的挑战与思考"，载腾讯研究院：《网络法论丛（第 1 卷）》，中国政法大学出版社 2018 年版，第 223~229 页。

第四章
平台企业自治与他治间的互动

第一节　自我规制的核心：平台权力

> 如果把平台与平台上的其他私主体视为网络空间的链接节点的话，那么它们就是存在"不平等"关系的"枢纽节点"与普通节点。[1]
>
> ——艾伯特-拉斯洛·巴拉巴西
>
> 权力意味着在一种社会关系里哪怕遇到反对也能贯彻自己意志的任何机会，不管这种机会是建立在什么基础之上。[2]
>
> ——马克斯·韦伯

　　平台权力的兴起是平台风险生成的基本动因，可以从平台权力兴起于权力驯化角度进行观察。[3]网络空间里只有节点，没有国家。就像巴洛所言，"网络世界由信息传输、关系互动和思想本身组成，没有特权与偏见。""任何人都无需强迫保持沉默或者顺从。"[4]互联网的初衷是建构一个"去中心化的空间"，但在《网络空间独立宣言》发表20年后，互联网世界似乎又重新"中心化"了，这些凌驾于其他"普通节点"之上的"枢纽节点"就是平台企业。网上平台企业是否获得了支配性的、对其他参与主体具有影响力的"权力"？如果是，这些权力存在的基础是什么？网络平台企业是依靠互联网获得了这些权力，还是平台企业本身就隐含着获得权力的可能性？网络平台企业是类似于"实践直接民主的希腊广场"，

---

　　〔1〕〔美〕艾伯特-拉斯洛·巴拉巴西：《链接：商业、科学与生活的新思维》，沈华伟译，浙江人民出版社2013年版，第85页。

　　〔2〕〔德〕马克斯·韦伯：《经济与社会》，林荣远译，商务印书馆1997年版，第81页。

　　〔3〕孙逸啸："网络平台风险的包容性治理：逻辑展开、理论嵌合与优化路径"，载《行政管理改革》2022年第1期。

　　〔4〕参见〔美〕约翰·P.巴洛："'网络独立宣言'"，李旭、李小武译，载《清华法治论衡》2004年第0期。

还是更像"展现（奴隶主）支配的古罗马斗兽竞技场"？[1]平台企业的自我规制建构出了平台权力，从而成了新的规制者与决策者，也就打开了风险的大门。

一、权力概念的变迁：从"统治"到"互动"

"权力"的拉丁语是 potere，意为"能够"或具有做某事的能力。英文的 power 与法文的 lepouroir 也都侧重指有影响、支配、操纵他人的能力与力量。[2]权力在社会科学中是犹如"能"在物理中一样的基础概念。[3]正如福柯所言，"在任意两点的关系中都会产生权力。权力无处不在"，[4]对权力的争论也是无处不在。霍布斯将权力定义为"获得未来任何明显利益的当前手段"。[5]韦伯认为权力是"将某人之意志强加于别人行为之上的可能性"。[6]丹尼斯·朗则认为权力是"某些人对其他人产生预期效果的能力"。[7]权力既是一种体现强制力的手段，更是一种能力。当然，权力也是"一种生产性实践"。[8]

既然权力内涵的定义如此错综复杂，对权力概念的界定也可能因模糊而失去意义。权力话语的内涵是随着历史发展与理论更新而不断转变的：霍布斯、洛克与孟德斯鸠的权力制约观还是着眼于国家权力的内部。到马克思、后马克思主义者，[9]权力基本等同于统治的不同形式。然而后现代

〔1〕周辉：《变革与选择私权力视角下的网络治理》，北京大学出版社 2016 年版，第 46 页。

〔2〕参见邓正来主编：《布莱克维尔政治学百科全书》，中国政法大学出版社 1992 年版，第 595 页。

〔3〕[英]伯特兰·罗素：《权力论：新社会分析》，吴友三译，商务印书馆 1991 年版，第 14 页。

〔4〕[英]Jorge Larrain：《意识形态与文化身份：现代性和第三世界的在场》，戴从容译，上海教育出版社 2005 年版，第 126 页。

〔5〕[英]霍布斯：《利维坦》，黎思复、黎廷弼译，商务印书馆 1985 年版，第 62 页。

〔6〕[美]莱因哈特·本迪克斯：《马克斯·韦伯思想肖像》，刘北成等译，上海人民出版社 2002 年版，第 307 页。

〔7〕[美]丹尼斯·朗：《权力论》，陆震纶、郑明哲译，中国社会科学出版社 2001 年版，第 3 页。

〔8〕Deleuze Gilles, "*Foucault, Minneapolis*", University of Minnesota Press, 1988.

〔9〕Nash Kate, *Contemporary Political Sociology*, Malden：Blackwell. 2000.

以来的理论发展促成了权力主体的广泛化（使得权力主体从国家向社会，从社会组织向社会个体转变）。[1]在从国家权力向社会权力聚焦的过程中，权力的内涵不再是国家色彩浓重的"强制力"，而逐渐开始为"能力"要素所替代。布迪厄在"场域"理论中展开的社会权力观就认为，每个社会行动者都是权利主体，也就是权力的拥有者。他们时刻都在通过运用权力以影响周围的环境，来实现自己的利益需求。因此"每一个权力主体都在进行着统治与反统治、支配与反支配的权力斗争"。[2]吉登斯更是提出"几乎在所有的社会关系中，权力都是一种要素"。权力是一种使自己的利益或者是关心的事情受到重视的能力，哪怕这种重视会遭受别人的抵制。[3]在福柯那里，权力是弥散性的，是生产性的："这种行动可以表述为一个开放的变量清单，这些权力关系构成了针对行动的行动：煽动、催生、诱惑、减轻或加大难度、扩充或限制、增大或减少可能性。"[4]随后拉图尔又将权力区分为"扩散性的权力"与"翻译性的权力"。[5]权力至此变成了一个关系性的概念，也可以认为权力理论经历了一种"从统治到互动"的变化过程。[6]

　　权力学说有"利益冲突"与"合法化"两种论说路径。其中"合法化"路径以帕森斯、阿伦特等人为代表，[7]强调把"权力"转变为"权威"进行讨论，以排斥强制性权力为表征。[8]如果说"利益冲突"路径

　　〔1〕　参见张广济、计亚萍："社会学权力理论内在进路述评"，载《社会科学战线》2011 年第 1 期。

　　〔2〕　［法］皮埃尔·布迪厄、［美］华康德：《实践与反思——反思社会学导引》，李猛、李康译，中央编译出版社 2004 年版，第 133 页。

　　〔3〕　［英］安东尼·吉登斯、菲利普·萨顿：《社会学》，赵旭东等译，北京大学出版社 2015 年版，第 402 页。

　　〔4〕　Deleuze Gilles, "*Foucault, Minneapolis*", University of Minnesota Press, 1988, p. 70.

　　〔5〕　Latour, Bruno, "*The Powers of Association, In Power, Action, and Belief*", Routledge & Kegan Paul, 1986, p. 276.

　　〔6〕　李钧鹏："何谓权力——从统治到互动"，载《华中科技大学学报（社会科学版）》2011 年第 3 期。

　　〔7〕　参见李猛："日常生活中的权力技术：迈向一种关系/事件的社会学分析"，北京大学 1996 年硕士学位论文。

　　〔8〕　参见［美］彼德·布劳：《社会生活中的交换与权力》，孙非、张黎勤译，华夏出版社 1988 年版，第 147~148 页。

有助于理解权力的表现形式，那么"合法性"路径则赋予了权力学说更丰富的内涵，更有助于解决其背后的问题。在总结了主要的权力学说后，郭道晖教授指出，"权力是一种社会关系。某个主体能够运用其拥有的资源，对他人发生强制性影响力、控制力，促使或强迫对方按权力者的意志和价值标准作为或不作为的行为，此即权力"。[1]

二、权力的核心要素：不对称的控制能力与资源占有

当权力学说不断扩展，对权力概念的解释逐渐泛化以后，与"强制力"松绑后的权力概念，也就很难与"影响"等一系列语词作区分。因此笔者认为，本书涉及的"权力"仍然强调的是"一种不对称的控制"，[2]是一方对于另一方施加的意志力上的影响或支配。"权力的行使最终有赖于在不顺从的场合施加否定性裁决的能力。"[3]但是这种不对称是"双向度"的，不同于公权力或者国家统治的单向性，"权力"既可能是 A 对 B产生的控制，也可能是 B 对 A 施加的影响，这有赖于 A 与 B 在某个特定场域中的位置与占据的资源。也就是说权力是一种交错的复杂关系网络，在其中的每个主体都可能实施权力，也可能受权力支配。

资源优势的占有和运用构成了权力产生作用的基础。社会与自然中资源分布的不平等产生了不同主体间基于资源的相互依赖的权力关系。[4]某些主体一旦获得了另外一些主体需要的资源，就可能得到相对于对需要该资源的主体的权力。当然，不同主体所需的资源是异质性的，如果获得了对方急需而又难以替代的资源，就可以形成更强大的权力。[5]当谈及国家

---

[1] 四种关于权力的主要学说分别是，（1）影响力说；（2）强制力说；（3）变更关系说；（4）法律支配力说。参见郭道晖："权力的特性及其要义"，载《山东科技大学学报（社会科学版）》2006 年第 2 期。

[2] L. 科塞尔："权力概念：理论的发展"，顾晓鸣译，载《社会杂志》1985 年第 5 期。

[3] L. 科塞尔："权力概念：理论的发展"，顾晓鸣译，载《社会杂志》1985 年第 5 期。

[4] Harrison, Jeffrey S. , et al. , "Resource Complementarity in Business Combinations: Extending the Logic to Organizational Alliances", *Journal of Management* 27. 6 (2001).

[5] Barney, Jay B. , "Resource-based Theories of Competitive Advantage: A Ten-year Retrospective on the Resource-based View", *Journal of Management* 27. 6 (2001).

权力或者公权力时，对国家暴力机器的垄断就是明显的资源优势。而对于平台企业来说，权力基础的主要来源是经济实力和传统的市场资源，[1]网络平台的资源优势还包括技术资源与信息资源等。资源只有在一定的社会关系中被用来向其他主体施加控制时，才能被称为权力。

平台企业具有独特的市场优势，平台上的用户可以选择进入或者退出这个平台，但是一旦进入，就必须遵照平台设置的规则进行交易活动，甚至连获得救济的方式都需要遵照平台方的规定。在网络平台企业中，技术架构以一种不可拒绝之势支配了用户的活动：网络空间的软件与硬件构成的对行为的一整套的约束的实质可能有所不同，但都是进入网络空间的前提条件。在一些网站，用户必须输入密码方可获准进入，而在另一些地方则无需验证身份。某些网站用户从事过的活动会有痕迹，借此将特定的活动与作为用户的"你"联系起来。在某些地方，用户可以选择一种只有接收者能听懂的语言（也就是加密语言），在另一些地方，加密就不被允许。代码、软件、架构或协议设置了这些特性，这些允许某些行为或者约束另一些行为的特性是代码写作者的选择。在这个意义上，代码就如同现实空间的架构，也就是一种规制。[2]在网络空间中，代码即法律，一切活动的展开都必须依靠一定的技术工具实现，不掌握技术就无法开展任何活动。[3]网络平台企业设置定向广告时的择出机制（opt-out）也可以很好地证明这一点：平台企业实际上在获得用户同意前就默认用户若不反对即视为授权对信息继续处理，[4]从而可以采集用户的浏览搜索记录，并以获得的特定的偏好信息进行有针对性的广告投放。

具有资源优势的平台企业对其他主体的行为或权利产生的影响体现在

---

〔1〕 参见苗锡哲、程浩："市场资源定义及价值分析"，载《管理观察》2009年第10期。

〔2〕 ［美］劳伦斯·莱斯格：《代码2.0：网络空间中的法律》，李旭、沈伟伟译，清华大学出版社2009年版，第43~68页。

〔3〕 参见周辉："平台责任与私权力"，载《电子知识产权》2015年第6期。

〔4〕 参见美国《消费者隐私权利法案（草案）》第103条（b）款规定，个人信息处理行为产生不合理的隐私风险时，机构应为用户提供控制或选择机制，虽未明确规定同意的具体机制，仍可推断为默认用户若不反对即视为对信息继续处理的授权（择出机制：opt-out）。这一机制将更大的风险转嫁给了用户而非机构。

下列几个方面：一是直接压缩其他私主体的权利范围或损害其他私主体权利的完整性，比如对隐私权的侵犯；二是限制其他私主体的选择权，或者引导其他私主体作出一定的行为，该行为会使得引导方受益、第三方利益受损；三是制定（并执行）为其他私主体所遵循的非正式规范，进行类似公权力的立法行为或裁判行为。

三、权力主体的扩展：从国家到私主体

权力包括国家权力与社会权力，或者是公权力与私权力。公权力是主权者为了维护统治秩序和社会秩序而由国家机构运用其所拥有的立法、行政与司法资源，对社会实施的"支配力、强制力和其他国家行为能力"。[1]社会权力则是社会主体运用其所拥有的社会资源对社会和国家产生的影响力与支配力。[2]社会权力或者私权力较容易被忽略。法国大革命摧毁了各种中间制度，创造了共同体与公民之间的直接联系。所有的中间权力、等级与社团都被忽略了。它们或是沦为私人领域，或是为政治所抑制。[3]"社会自由固然受到明确的保障，但仅被理解为个人的自我实现，与政治以外的超个人的、集体的或者制度的过程并无关系。复杂的社会秩序仅仅被看作个人行动的结果。"[4]个人被视为其自主空间之中的法律创制者。[5]"社会团体要么被贬低为国家的拟制，要么被消解为个体的契约行为。"[6]最近的一系列社会理论的发展使我们逐渐认识到现代非国家

---

[1] 国家权力与社会权力的界分在历史上就已经存在，恩格斯将社会权力称为"国家权力的萌芽"。参见中共中央马克思恩格斯列宁斯大林著作编译局编：《马克思恩格斯选集》（第3卷），人民出版社1995年版，第218～219页。

[2] 参见郭道晖：《法理学精义》，湖南人民出版社2005年版，第178～198页。

[3] ［德］贡塔·托依布纳：《宪法的碎片》，陆宇峰译，中央编译出版社2016年版，第15～40页。

[4] ［德］贡塔·托依布纳："民族国家的部门宪法"，陆宇峰译，载《清华法治论衡》2014年第2期。

[5] ［德］贡塔·托依布纳：《宪法的碎片》，陆宇峰译，中央编译出版社2016年版，第23页。

[6] ［德］贡塔·托伊布纳："企业社团主义：新工业政策与法人的'本质'"，仲崇玉译，载《南京大学法律评论》2006年第1期。

社会秩序的多元性：各种社会秩序从而不再被单纯看作拥有自主能力的个体的行动产物，而是被认为各自拥有不同的逻辑制度。[1]

　　一直以来，公司作为私权力的主体一直在社会生活中扮演着重要的角色。公司作为一种"毛细管权力"，依赖于科学技术的发展，弥散在社会机体之中。甚至有学者针对公司权力的扩张提出了"私人政府"理论，得出了宪法原则应该向私人组织转移的结论。[2]17世纪诞生的英国的东印度公司是一个"逐步发展为主权强力机构的商业实体的历史。它们从印度土著王公的手里获得特权，并向别人授予这种特权"。[3]而现代社会的诸多大型公司更是已经成为"确立生活准则和公民生活模式的机构。它们引导、形成、指挥并且决定我们社会的发展前景"。公司这种形态已经日渐成为一种权力的中心，国家是其唯一的竞争者。它实际上享有"私人政府"的地位，与政府分享主权。[4]有学者将公司看作一个"次国家，可以生产社会和政治支配却没有有效制约的政治体"。公司在人口与领土、经济权力等各个方面与国家相似，[5]同时享有与国家相类似的制宪权、合法化机制、立法机制、行政机制与执法机制。[6]

　　在接下来的章节里，笔者会详细讨论平台企业对于处罚权的设定与执行，从中挖掘平台企业的权力属性。接下来分析网络平台企业较之传统交易机构的一项新兴权力——"数据权力"。[7]虽然数据是交易活动中自然形成的，但是平台企业对数据的搜集、编辑与使用等行为使得数据不仅有

---

　　[1]　Durkheim, Emile, and G. Simpson, "Emile Durkheim on the Division of Labor in Society", *American Journal of Sociology* 11 (1933): pp. 123-33.

　　[2]　Dahl, Robert Alan, *After the Revolution? Authority in a Good Society.* Yale University Press, 1990, pp. 80-100.

　　[3]　[英] 依凡·亚历山大：《真正的资本主义》，杨新鹏等译，新华出版社2000年版，第103页。

　　[4]　[美] 伯纳德·施瓦茨：《美国法律史》，王军等译，法律出版社2011年版，第172页。

　　[5]　Garrett, Allison D., "The Corporation as Sovereign", *Me. L. Rev.* 60 (2008), p. 129.

　　[6]　Latham, Earl, "Commonwealth of the Corporation", *Nw. UL Rev.* 55 (1960), p. 25.

　　[7]　网络空间中平台与平台上拥有不同信息资源和技术资源的主体事实上的地位并不相同。传统的商业模式是，卖方提供商品和服务，买方提供金钱作为对价，只要意思自治即可。而在线上空间内，这一关系不再清晰具体，享受服务的一方通过新的机制弥补成本、获取利润，诸如基于收集个人信息的定向广告推送等。

价格（体现为搜索中的"竞价排名"），而且有价值（体现为数据信息的可交易与定向广告等），从而使得平台对数据资源的使用构成了"数据权力"。当然，平台企业的权力并不是没有边界的，它还会与其他主体的权力（特别是公权力）产生冲突，并且会随之作出调整。笔者会以政府规制下的交易所的规则制定为参考系，讨论 Airbnb 的平台规则与国家法的互动关系，讨论平台权力与国家权力的彼此划界与相互影响。最后一部分笔者讨论了网络平台企业的新型自我规制形式（消费者评价与在线纠纷解决）的规制机制与规制效果。

第二节　刚性权力：交易规则中的处罚权

"在现代社会，我们发现除国家之外的团体对其成员甚至成员以外的制约与强制可能比国家的强制更具有压迫性。"[1]无论是传统的证券交易所还是网络平台企业都会对用户行为进行评价，并且对违反平台规则的行为作出惩戒。处罚行为的出现是平台权力最明显的表现方式，也是平台方因其所具有的资源优势，可以不顾其他主体的抵制而实现自己意志的最显著方式。这种权力施行的初衷在于"强行贯彻由其成员所提出的行为规范"。[2]任何权力的行使都会产生正向与负向两种影响。平台企业的处罚行为不仅仅涉及用户的"财产、名誉和职业发展，在极端情况下还会对当事人的生计产生严重后果"。[3]

平台企业处罚权的权力来源与性质固然重要，但是平台企业对两端用户实现处罚权的过程与影响更为关键。网络平台企业用一系列的规范圈界定了自己与平台用户的权利义务关系，并且设置了明确的处罚机制。在没有证券交易所背后的国家权力进行背书的情况下，平台用户依然心甘情愿地接受这些看似不平等的格式合同，其中缘由才最能展现出平台企业的权

---

〔1〕黎军："论司法对行业自治的介入"，载《中国法学》2006年第4期。
〔2〕[德]卡尔·拉伦茨：《德国民法通论》，王晓晔等译，法律出版社2003年版，第228页。
〔3〕[德]卡尔·拉伦茨：《德国民法通论》，王晓晔等译，法律出版社2003年版，第231页。

力运行过程。

首先，资源优势与用户黏性构建了处罚权的基础。平台企业的处罚权最能够体现自我规制的特性：自我规制意味着存在这样一种假设，平台方可以通过对用户的违规行为施加终止合同的威胁以维系其规制目的。[1]因为极少数优质的平台企业，诸如天猫、京东等大型电商平台，掌握了绝对性的消费者资源，具有极高的商业价值，因此用户的退出成本大于平台企业的损失成本。另外还需要考虑用户黏性的问题，也就是用户对网络应用服务的依赖。一旦用户适应该种平台提供的服务，转移到其他平台就会有一个新的适应过程。由于经济成本与习惯驱动，网络平台企业的用户就会基于这种"黏性"怠于变换平台。在这种情况下，用户只能遵守平台规则，否则就会面临平台企业的处罚，甚至面临被逐出市场的风险。

其次，平台的处罚权体现了预防与威慑是处罚权的价值取向。处罚的作用在于对未来违规行为的威慑，[2]就如同贝卡里亚指出的那样，"对犯罪而言，最强有力的约束力量不是刑法的严酷性，而是必定性。即使是最小的恶果，只要成了确定的，就总是会令人心悸"。[3]违法行为如此，对平台规范的违反行为也是如此。处罚兼具一般预防与特殊预防的双重目的，后者旨在威慑接受处罚的特定个体，前者则可以警告其他成员。

最后，平台企业用处罚权的形式体现对交易主体的控制力。平台通过财产性处罚实现了经济控制；通过诸如限制交易、取消交易等关涉行为能力的处罚实现了物理性的控制与信息性的控制；并且平台企业通过声誉型处罚实现了对平台用户的社会控制。

对行为的限制与对金钱的剥夺是较为明显的影响，但即便是看似不那么严重的声誉处罚也会给平台用户造成量级很大的影响。以上市公司遭受

〔1〕 Gadinis, Stavros, and Howell E. Jackson, "Markets as Regulators: A Survey", *S. Cal. L. Rev.* 80 (2006), 1239.

〔2〕 [英] 吉米·边沁：《立法理论——刑法典原理》，孙力等译，中国人民公安大学出版社1993年版，第26页。

〔3〕 [意] 贝卡里亚：《论犯罪与刑罚》，黄风译，中国大百科全书出版社1993年版，第59页。

证券交易所的公开谴责为例，一旦上市公司发生了违规失信的行为，并且该行为受到交易所的查处，交易所会公布谴责决定，而金融资源终端、财经网站、自媒体以及其他各种媒体就会发布新闻稿，就该公开谴责决定进行传播。那么该公司的股东、其他投资人、债权人、商业对手以及规制者都会得知该消息，从而引起一系列震动。对处罚产生的反应包括短时期内的股价冲击，融资难度攀升，董监高的职业声誉受到严重影响，等等。这还仅仅是程度最轻的公开谴责，如果是通报批评的处罚等级，市场会给予更强烈的反应。

第三节　柔性权力：基于数据的隐微的控制权

如果说交易规则中的处罚权是平台企业权力表达的一种"显学"，那么"数据权"就更像是一种"隐微术"。就像福柯所说，重要之处在于"权力是在什么形式下，通过什么渠道、顺着什么话语最终渗透到最微妙和最个体化的行为中去，它沿着什么道路直达罕见的或几乎觉察不到的欲望形式，还有，它又怎样穿透和控制日常的快感"。[1]平台企业是两类或两类以上用户直接进行互动的场所。平台运营商推动并观察着用户们的互动，从中提供信息服务，以帮助一方用户匹配另一方用户。在这一过程中，平台企业实现了数据的搜集、使用与控制优势。

一、平台数据的类型变迁

网络平台企业上存在的是大量非标数据，处理难度呈指数级攀升。更为重要的是，网络平台企业的信息与数据搜集可以链接到个人，具有"可识别性"，因此商业价值更高。美国《消费者隐私权利法案（草案）》认为个人信息是"能够连接到特定个人或设备的信息"，紧接着列举了诸如邮箱地址、身份证号、电话号码、指纹等具体类型。能够以合理方式连接

---

〔1〕［法］米歇尔·福柯：《性经验史》，余碧平译，上海人民出版社 2002 年版，第 9 页。

到上述信息的也属于个人信息的范畴。[1]如果将个人信息划分为隐私信息、间接信息与加工信息，那么诸如购物信息、聊天记录等间接信息可以通过分析加工后定位到具体的个体，而加工信息则因为经过脱敏处理后变得"匿名化"，从而难以追溯。但经过数据中间商或者超级平台的技术还原后，仍可能识别出加工信息中的"特定主体"，加工信息又会变为隐私信息与间接信息。欧盟《通用数据保护条例》（GDPR）要保护的是自然人的"个人数据"，只要该信息能被用于识别个人身份即为个人数据，如姓名、地址、电子邮件地址、电话号码、生日、银行账户、汽车牌照、IP 地址以及 cookies 等。诸如健康、宗教信仰、政治观点、性取向等更是属于高敏感级别的个人数据，而这些数据都成了平台企业的囊中之物。

互联网的初始设计是基于分散开放的结构以及匿名的互动活动。然而随着科技的进步，平台企业已经可以在消费者不了解或者没有明确同意的基础上追踪各个网站上数以十亿计用户的行为，并将这些行为关联起来。平台企业通过对用户数据大范围、无休止地搜集从而为定向广告、搜索排名等付费项目奠定基础。

二、关于数据的两个悖论：保护隐私和获得更完备的服务

（一）数据的便利与隐私悖论[2]

平台企业的"数据权"之所以是一种"隐微的权力"就在于数据搜集源自用户在平台上的正常活动，消费者深陷享受便利与保护隐私的悖论中很难作出选择。白宫前首席信息官佩顿（Theresa Payton）曾经提出了一个"隐私同心圆"的概念模型：传统社会时，个人应对自然风险的能力较弱，需要放弃隐私抱团取暖。随着生产力的进步，个人可以一定程度上独自应对风险，对隐私的强调才变成一种潮流。在互联网时代，个人隐私或个人

---

〔1〕　参见范为："大数据时代个人信息保护的路径重构"，载《环球法律评论》2016 年第 5 期。
〔2〕　Acquisti, Alessandro, Curtis Taylor, and Liad Wagman, "The Economics of Privacy", *Journal of Economic Literature* 54. 2（2016）: pp. 442-492.

信息能够用来换取更多的经济利益，被视为不可侵犯的那部分隐私范围再度变小。因此人的隐私同心圆的大小是随着时代而变迁的。[1]只要给消费者选择，他们就能保护好自己的隐私的想法是天真的，哪怕最在乎隐私的人，也会以个人信息来交换一些好处。[2]

爱尔兰政府的数据保护专员迪克森（Helen Dixon）负责在欧盟范围内监督 Facebook 对欧盟《通用数据保护条例》（GDPR）的执行。在她看来"外泄门"爆发后，Facebook 注册用户数不减反增的情况，恰好证实了"隐私悖论"——尽管人们声称自己的数据不被利用很重要，但他们仍然会很随便地让出这一控制权。[3]

（二）数据的范围与隐私悖论

平台企业与范围经济密切相关：范围经济可以更加完善地将平台市场不同侧的用户匹配起来。平台企业的范围经济至少包括两种含义：一是规模较大的数据库效率远高于规模较小的数据库；二是相互联通的数据库可以提供更多深度信息，且处理成本低于独立的数据库。[4]因此规模更大、多样性更强的数据库提供的深层信息通常多于规模较小、分离的数据库，这就意味着掌握更多个人数据的平台才能够给用户提供更好更便利的体验。范围经济支撑了"数据整合程度越高，效果越好"的观点。这时就产生了第二个悖论：在数据产生、收集、分析、交易以及使用的长链条中，究竟是应该鼓励平台公司进行秘密的、持续的数据交易以获得对特定用户群体最完备的画像，从而提供更有针对性的服务，还是应该限制平台企业通过合并进一步扩展自己的数据库，并且严格遵守关于数据二手使用的规定？

---

〔1〕［美］特蕾莎·M. 佩顿、西奥多·克莱普尔：《大数据时代的隐私》，郑淑红译，上海科学技术出版社 2017 年版，第 2 页。

〔2〕 Athey, Susan, "Single Crossing Properties and The Existence of Pure Strategy Equilibria in Games of Incomplete Information", *Econometrica* 69. 4（2001）：pp. 861–889.

〔3〕 参见王力为等："科技巨头还是强盗大亨　全球监管苦寻对策"，载《财新周刊》2018年第 23 期。

〔4〕 Rosen, Sherwin, "Specialization and Human Capital", *Journal of Labor Economics* 1. 1（1983）：pp. 43–49.

另外，数据交易、隐私购买的多元化市场已经存在，这些市场既有隐藏在"用户同意"下的公开"市场"，也有数据交易的"黑市"。[1]但产生数据的消费者却不能进入这些市场，他们既无法买回，也无法出售自己的数据。在数据的交易中，能够追踪到个人的信息与数据很容易被其他方复制获取，从而进行二次利用。毫无疑问，平台企业在这种过程中起到了推波助澜的作用，比如越来越多的网络平台企业可以通过个人的社交媒体账号登录。用户在享受便利的同时（不用重新注册账号），却在知情同意的框架下暴露了自己更多的个人信息（社交账号的个人信息深度、对好友信息的链接性都优于电子商务平台）。

三、平台企业建构的"数据权力"

平台企业对用户数据的收集与使用不可避免，提供给消费者更多便利与减少个人信息的曝光之间本就存在着难以解决的悖论。但其实平台企业对于数据权的建构不仅发生于这一个面向：平台行使权力的对象既包括消费者，也包括生产商、服务提供商、其他竞争性的平台，甚至包括政府机关等多个主体。平台塑造的权力图谱既可能表现为"权力"，也可能体现为"特权"或者"豁免权"，每一种表现都以不同的方式影响着权力的相对方。平台企业以一种隐微的方法建构了这种关系性的权力，这种建构出的新型"数据权力"多数时候并不表现为一种传统意义上的"压制"与"审查"，它更像是沿着一种近乎察觉不到的、以同意为前提的形式，渗透到"最微妙和最个体化的行为中"的活动。平台企业的数据权力既是控制，也是影响；既是诱导，也是激发。

---

〔1〕　数据黑市的报道有很多，比如"代查各类信息，只有你想不到，没有我查不到"等的广告在网络聊天平台上随处可见，并且在数据买卖的黑色产业链中，还可以进行"个人定制"，"每月花费10元可以随时定位某一个特定手机号、每月花费1000元可以随时定位某些手机号"。参见姚雪青、倪俊仿："除掉个人信息交易'地下黑市'"，载《中国城市报》2018年10月15日，第7版。"揭秘个人信息买卖黑链条：不法分子一天卖千条信息"，载 http://www. xinhua-net. com//yuqing/2016-09/27/c_ 129300827. htm，最后访问时间：2022年3月17日。

（一）用户协议建构了数据权的性质

数据与信息究竟是应该作为债权、物权抑或知识产权来加以保护尚未有定论。《民法典》中已经将"数据"纳入"民事权利"一章，但是数据究竟是何种权利，又应该如何进行保护都没有进一步加以明确[1]。"数据""大数据"与"个人信息"的概念有所交叠，但是并不相同。个人信息属于人身权，而数据与大数据则属于财产权。平台企业获得的在挖掘、云存储、云计算与应用方面的大数据应该与一般数据作出区分。大数据的根本目的在于精准预测，[2]是根据"特定目的"针对大量不特定主体进行的数据挖掘。[3]首先需要针对大数据可能归属的权利类别，在物权、债权与知识产权中进行制度选择。债权路径可能会导致优势平台建构较高的"数据壁垒"，从而进一步造成数据垄断。在知识产权路径中，如果将大数据的权利比拟为"著作权"，则可能面临解释力弱，并且严重抑制创新的问题。如果将大数据认为是一种商业秘密，[4]那它就只是一种"法益"，而非"权利"，[5]从而可能会导致保护力度不足。[6]物权路径的接受度较低，也存在不可回避的问题。

虽然法律上的权利归属尚不明确，但是由平台起草的用户协议用平台规范形塑了"数据权"的架构，明确了这种权利的形式与实质。可以说，平台的用户协议是在法定权利止步的地方前行，为商业秘密的保护提供了

---

[1] 《民法典》第 111 条对个人信息保护规则作出了规定，该条规定了信息的依法取得，保护信息安全，禁止信息非法买卖、提供和公开等内容。但是该条规定只是从消极层面认可了应该对个人信息进行保护，并未从正面规定个人信息权。《民法典》第 127 条规定："法律对数据、网络虚拟财产的保护有规定的，依照其规定。"

[2] ［美］埃里克·西格尔：《大数据预测》，周昕译，中信出版社 2014 年版，第 2 页。

[3] 周林彬、马恩斯："大数据确权的法律经济学分析"，载《东北师大学报（哲学社会科学版）》2018 年第 2 期。

[4] 如果数据是"商业秘密"，那么就应该认定为知识产权，需要满足"不为公众所知悉、能为权利人带来经济利益、具有实用性并经权利人采取保密措施"这三项条件。许可："数据保护的三重进路——评新浪微博诉脉脉不正当竞争案"，载《上海大学学报（社会科学版）》2017 年第 6 期。

[5] 美国《反不正当竞争法》、德国《反不正当竞争法》以及 TRIPS 协议，都没有将商业秘密权利化。

[6] 曾世雄：《民法总则之现在与未来》，中国政法大学出版社 2001 年版，第 61 页。

手段，使其成为事实上的财产安排，从而对很多利益相关方（尤其是与平台所有者没有直接关系的主体）产生了影响。用户协议（或者叫数据访问协议）本质是一份不可协商的格式合同，虽然以契约形式呈现，但在操作上是强制性的。平台企业据此塑造了私人行为的秩序，甚至对法律的基本权利与义务进行了重新排序。[1]

（二）利用创新与技术话语塑造特权

面对规制部门、媒体与公众时，平台企业提出了一个精心策划的叙述，将数据处理与"创新"联系起来，并把隐私和"创新"作为棘手的对立面。[2]平台公司常常宣称自己拥有"史无前例的""专有的"或者是"专利的"数据分析技术。这样的论断将个人数据的所有权置于数据精炼厂的中心，交给那些创造以前不存在价值的平台企业，使之获得了特权。作为数据经济参与者的平台系统地设计了数据的收集策略：围绕广泛的推定同意来组织其信息收集活动，以绕过早期法律规范中隐私和数据保护框架造成的障碍。

平台企业针对收集的数据信息提出了新的隐喻——信息实验室，即通过连续不断的行为实验构建的去政治化的创新场所。信息实验室是平台搭设的基础设施，信息服务提供者在其中进行实验，以了解哪种类型的信息最有用，对消费者的需求最敏感，并通过提供这些信息进行创新。[3]平台企业当然认识到他们在获取利润过程中对信息环境进行的操纵，但他们将

---

〔1〕　Radin, Margaret Jane. *Boilerplate*：*The Fine Print*，*Vanishing Rights*，*and the Rule of Law*. Princeton University Press, 2012, p. 66.

〔2〕　Julie E. Cohen, "The Surveillance-innovation Complex：The Irony of the Participatory Turn", *Social Science Electronic Publishing*（2014）.

〔3〕　Google 的首席经济学家解释说，Google 和竞争的搜索引擎均在他们的用户上运行数百万个实验，旨在确定他们如何响应信息，以便优化搜索结果。Hal R. Varian, "Beyond Big Data", *Business Economics* 49. 1（2014）：pp. 27-31. 2014 年，一篇由 Facebook 数据科学家合著的论文描述了一个大规模的实验，其中 Facebook 改变给用户推送的新闻条目，继而使用自动语篇分析工具分析用户随后的讨论，以测试新闻稿件对他们情绪状态的影响。Adam D. I. Kramer, Jamie E. Guillory & Jeffrey T. Hancock, Kramer, Adam D. I., J. E. Guillory, and J. T. Hancock, "Experimental Evidence of Massive-scale Emotional Contagion through Social Networks", *Proceedings of the National Academy of Sciences of the United States of America* 111. 24（2014）, 8788.

其美化为发现人类行为的运作真理的过程。平台利用信息实验室实现了包括预测技术、目标营销[1]、感官主义与信息瀑布等应用与活动。出于盈利的动机驱使，平台企业将它们包装成了追求科学技术真理的产物。

平台企业用科学进行包装的另一项活动是搜索排名，即根据信息的价格决定信息的呈现等级。[2]真正的搜索中立是不存在的，任何排名都代表着搜索引擎对最佳排名的看法。尽管线上平台有强大的数据收集能力，但它们的搜索功能常常效率低下。搜索竞价似乎是实现平台收入最大化，并且维持买方激励措施的最优方式。[3]于是平台企业就在科技外衣的包裹下，为每一项通过搜索展现出的商品数据标注了价格。平台企业创设了一个崭新的，力量强大的反规制领域，用技术与专业消解了政府对此进行规制与问责的可能性。

（三）对数据访问的准入控制

平台的运营与竞争是围绕着两种互补意义上的访问控制而展开的。用户与消费者通过访问平台寻求基本的商业连接，而平台则通过用户访问创建维持竞争所必需的数据。其结果就是生成了一个看起来简单，但实际上暗藏玄机的数据访问协议。该协议的副产品就是数据在事实地位与法律地位两个维度上的一场悄然进行的革命。平台企业为了维护自己的优势地位，

---

〔1〕 淘宝自 2015 年就开始全面展开定向广告的推送，每个人在移动端与 PC 端的淘宝界面看到的精选产品都是不同的。阿里巴巴集团给出了近一百种用以准确定位推送的参数，比如年龄、性别、购物车内的内容、收藏记录、购买力，等等。2013 年 12 月，Amazon 获得"预期递送"（anticipatory shipping）的专利，使其甚至能在用户单击"购买"按钮之前就可以递送商品。Amazon 认为，订购和收货之间的时间延迟可能会"削弱用户从电子商务企业购买物品的热情"。该技术通过分析用户以往的订单、产品搜索、愿望清单、购物车、退货甚至用户的鼠标指针停留在某件商品上的时长来减少发货时间和用户光顾实体店在内的其他商家的次数。这一技术可以将海量用户信息的优势转化为竞争优势。覃征等编著：《电子商务概论》，高等教育出版社 2017 年版，第 481 页。

〔2〕 百度根据竞价排名申请了专利（专利号：02117998.0）：这是一种利用搜索引擎发布信息并按竞价排名的方法，该方法是通过计算机互联网络，利用设置在服务器上的软件系统而实现，其特征在于，将信息发布到互联网搜索引擎中，并按照信息提交者设定的每次点击金额进行排序，从而生成结果页面。参见周辉："技术、平台与信息：网络空间中私权力的崛起"，载《网络信息法学研究》2017 年第 2 期。

〔3〕 Einav, Liran, Chiara Farronato, and Jonathan Levin, "Peer-to-peer Markets", *Annual Review of Economics* 8（2016）: pp. 615-635.

避免被竞争对手超越，自然就会致力于将收集的数据和算法逻辑定义为专有区域。信息经济时代，数据与算法已经演化为一种新型的利润提取模式，成为继劳动、土地和资本后的第四生产要素。平台企业同时也会使用数据访问协议来维护自己的可辨识度，也就是说平台企业一方面从用户处提取数据信息，另一方面对第三方供应商、用户和广告商屏蔽基本的数据操作知识。

　　虽然用户协议（包括隐私声明与数据访问协议等文本）本身只是"话语"，但是长达几十数百页的晦涩文本对于普通用户而言，除点击"同意"之外别无他法。但这份用技术语言定义行为参数的协议蕴含着巨大的规范力量。[1]用户协议执行的封闭性原则同样适用于平台处理与开发商及商业伙伴的关系：个人与公司都可能丧失在平台上对自身数据使用的控制。平台企业凭借着数据收集和数据分析茁壮成长，并通过这一点来抵制供应商对平台的利益要求。如 Facebook 承诺不与广告客户共享用户数据是真的；它向广告客户精确提供针对其数十亿用户的推断需求和愿望的画像，但从不直接提供数据或算法本身。[2]平台企业运用技术控制与合同控制的双轮驱动将自己的逻辑施加到了平台内各方主体的行事准则之上。

（四）对数据信息的封锁权力

　　平台不仅形塑信息，还可能为了某些利益阻拦或者封锁信息。主权国家与知识产权所有者将拦截能力编码到网络的底层逻辑和硬件层中，并将拦截义务强加给诸如平台的网络中介机构。在霍菲尔德语中，这种安排被最恰当地归类为改变他人的法律义务，并使之对其他主体的不遵守行为承担责任的权力。[3]另外，平台会阻止其他企业（特别是刚成立的创新公

---

〔1〕　Nicholas Blomley, "Disentangling Law: The Practice of Bracketing", *ANN. REv. L. & Soc. Sci.*, 2014, p. 133. Nicholas Blomley, "Performing Property: Making the World", 26 *CAN. J. L. JURIS.* 23: pp. 39-40 (2013).

〔2〕　Benjamin Edelman, "Does Google Leverage Market Power through Tying and Bundling?", *Social Science Electronic Publishing* 11. 2 (2015): 365. Christian Sandvig, Seeing the Sort: The Aesthetic and Industrial Defense of "The Algorithm", MEDIA-N (2014), http://median. newmediacaucus. org/artinfrastructures- information/seeing-the-sort-the-aesthetic-and-industrial-defense-ofthe- algorithm.

〔3〕　陈彦宏："权利类属理论之反思——以霍菲尔德权利理论为分析框架"，载《法制与社会发展》2011 年第 6 期。

司）对平台收集到的数据进行抓取，或者对竞争对手发布的信息进行屏蔽。由于平台数据涉及数据安全、用户隐私以及平台利益各个方面，平台方会通过平台协议、Robots 协议〔1〕、API 限制〔2〕以及技术保护措施等手段控制或者限制数据的抓取。平台企业方的数据优势来源于前期持续不断的投入，后进入市场者的主体在平台授权存在障碍的情况下非法抓取平台方的数据，会直接触及平台方的核心资源。

数据的抓取与反抓取难以避免，已经出现了一系列的司法案件。在新浪微博诉脉脉非法抓取微博用户数据案，〔3〕大众点评诉百度抓取用户点评信息案〔4〕以及 hiQ v. LinkedIn〔5〕等涉及各大平台企业的国内外司法案件中，法院大都支持了平台方的诉求，认为数据是平台的核心资源，判处数据抓取方涉嫌不正当竞争。甚至仅仅浏览该网站或者是进行搜索但并未进行注册的相关用户也应该遵守这些规定。〔6〕法院倾向于认为，只要有足够的网页提示（比如在网页的底部出现了相关提示），即使并未注册成为该网站的用户，相关主体也应当遵守此规则。其中隐含着，一个熟练运用电子工具抓取数据的人就被认为能够清楚了解多数网站对此类行为的禁止性规定，因而更应该遵守相关规定。〔7〕

除了数据抓取，平台企业还出现了新型的对数据进行封锁限制的行

---

〔1〕 Robots 协议，又称"网络爬虫排除标准"，是爬虫对网站内容进行抓取时第一个需要访问的文件，该文件将列明哪些可以抓取，哪些不可以抓取。

〔2〕 API 协议，又称"开放者协议"，API 是指将自己的网站服务加以封装，以供第三方进行使用的一种技术。

〔3〕 许可："数据保护的三重进路——评新浪微博诉脉脉不正当竞争案"，载《上海大学学报（社会科学版）》2017 年第 6 期。

〔4〕 北京百度网讯科技有限公司与上海汉涛信息咨询有限公司不正当竞争纠纷上诉案，(2016) 沪 73 民终 242 号。

〔5〕 田小军："从流量为王到数据为王，如何对待未来新石油（数据）"，载腾讯研究院：《网络法论丛（第 1 卷）》，中国政法大学出版社 2018 年版，第 79~85 页。

〔6〕 Century 21 Canada Limited Partnership v Rogers Communications Inc, 2011 BCSC 1196 at 10, 338 DLR (4th) 32. also Dell Computer Corp v Union des consommateurs, 2007 SCC 34 at 100–01, (2007) 2 SCR 801; Ticketmaster Corp v Tickets. com, Inc, 2003 WL 21406289 at 6 (Cal Dist Ct 2003).

〔7〕 Canadian Real Estate Association Inc Sutton (Qudbec) Real Estate Service Inc, (2003) JQNo 3606 at 44, 2003 CanLII 22519 (QC CS).

为，如今日头条 2018 年针对腾讯提起的诉讼，认为腾讯 QQ 空间多次拦截、屏蔽今日头条的网页链接，腾讯安全管家作为安全软件也对今日头条网页进行拦截。在新浪微博诉脉脉非法抓取微博用户数据一案中，法院在审理中提出了数据流动与使用的三重授权原则，即"用户同意+平台同意+用户同意"的原则。平台同意是数据抓取的前提，由此可以认为平台企业建构了一种对数据信息进行封锁限制的权力。

第四节 平台权力与公民私权利的互动

在线平台企业会通过各种机制来降低交易成本，提升交易数量。在诸多自我规制的举措中，有一些是权力性质非常鲜明的，但也有一些机制的设立初衷并不是权力性的。随着平台的演化发展，这些机制渐渐出现了一些"权力属性"。因此可以将其称为处于权力与非权力夹缝间的自我规制机制，消费者评价制度就可以作为一个有解释力的证明。

一、消费者评价的设立初衷：降低事后交易成本

前文提到的网络平台企业可以通过搜索降低事前的交易成本。相对于传统的平台企业而言，线上的交易不受时间、地点的限制，可以短时间内处理巨大数量的商品与服务选择，这在一定程度上减少了信息成本。平台也可能利用搜索工具推送的结果来影响或者诱导消费者的选择（就像大型超市会在出入口摆放大量的促销产品来影响消费者的注意一样），但是如果消费者对所需要的产品与服务有明确的认知，或者说消费者只是通过网络平台企业的搜索工具进行"定向搜索"，那么定向广告与搜索排名就不会产生太大影响。已有实证研究表明，电商平台排名靠前的商品点击率较高，但实际成交的订单量往往与搜索排名无关。[1]因此，网络平台企业可以减少消费者进行交易时的一部分事前成本。

---

〔1〕 Ursu，Raluca M.，"The Power of Rankings：Quantifying the Effect of Rankings on Online Consumer Search and Purchase Decisions"，*Marketing Science* 37. 4（2018）：pp. 530–552.

基于陌生人之间的线上交易往往会带来另一个问题——消费者事后风险的提升。根据图4-1，在网络平台企业不存在时，消费者处于A的位置，他通常选择熟悉场所的大型超市采买日常用品。这时虽然需要面对一个较高的事前信息成本，但事后不确定性较低。大型超市用信誉背书，从而降低了消费者的事后风险。但如果消费者在线上购买商品，可以享受更丰富的产品品类，但同时也需要承受商品货不对板、临近到期，甚至买到假货等事后风险，于是他的位置就会转变到 A*。

A* 显然也不是一个有吸引力的位置，于是网络平台企业引入了一个新型的自我规制机制来帮助消费者降低事后的交易风险，使得消费者的交易成本曲线从 a'-a″ 移到了 b'-b″，消费者的位置也就从 A* 移到了 B*，享受到更多的便利的同时，却承担了更少的风险。而降低事后信息成本的机制就是消费者评价制度。该制度让购买过特定商品或者服务的消费者对同一产品作出评价，一定程度上解决了信息不对称的情况，从而在虚拟的网络空间建构了信任。可以说，买家秀与卖家秀之间的巨大差异重塑了线上交易的真实。

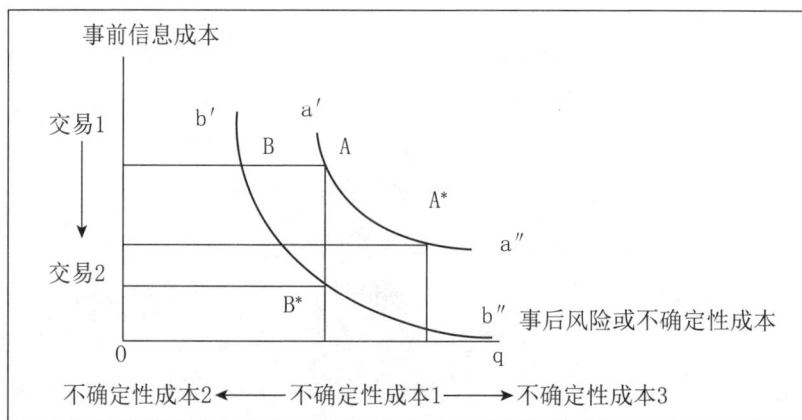

图4-1　事前信息成本与事后信息成本的权衡[1]

---

[1]　Martens, Bertin, "An Economic Policy Perspective on Online Platforms", *Bertin Martens* (2016) *An Economic Policy Perspective on Online Platforms*, *Institute for Prospective Technological Studies Digital Economy Working Paper 5* (2016).

二、消费者评价的影响：塑造了"信誉"的价值

传统交易中，规制者也会通过设定一系列的规制标准来解决信息不对称问题。比如酒店建立了星级体系，证券交易所会将蓝筹股与创业股作出区分。而消费者评级则是用基于消费经历作出的分散化的评价形式对规制机构制定的集中式的标准进行挑战。消费者的评价更简明、更直观，同时也更有说服力。与此同时，消费者评价制度变成了一种社交控制机制，使得平台中的各种用户可以借此进行自我规制。[1]当交易双方完全陌生时，消费者评价就是一种能够促进普遍信任的共享型筛选机制。[2]

当消费者评价将"信誉"变成了一种价值，一种可以影响销售特定商品或服务能力的价值，它就可以左右消费者的购买欲望，从而成为对商家的一种威慑力量。这种初衷使降低信息不对称的制度摇身一变成了一种价值资源。于是，商家找人刷单与炒信就变成一种常态。"有图不一定有真相"，许多电商平台的好评多是同类型产品照片的复制粘贴，时常发生撞图。文字评价也大多风格相似、句子冗长。更有许多针对新手进行的"刷单培训"。[3]当然对于消费者评价的价值获取是双向的，既有花钱雇人刷好评，也有针对竞争对手雇用的"职业差评师"，从给差评、投诉商品下架，直到使特定商家封店等可以使竞争对手线上信用破产的各种方法。基于消费者评价产生的信誉变得有价值后，商家与消费者就会针对评价制度建构各种策略性行为。

三、权力生成：对消费者评级的规范与操纵

一旦信誉变得有价值，数据变得有价格，权力就从夹缝中被生产出

---

〔1〕　Abdul-Rahman, Alfarez, and Stephen Hailes, "Supporting Trust in Virtual Communities", *System Sciences*, 2000. *Proceedings of the 33rd Annual Hawaii International Conference on*. IEEE, p. 2000.

〔2〕　Corritore, Cynthia L., Beverly Kracher, and Susan Wiedenbeck, "On-line Trust: Concepts, Evolving Themes, a Model", *International Journal of Human-computer Studies* 58. 6 (2003): pp. 737 - 758.

〔3〕　陈艺丹："'双11'就要来了！小心有商家花钱刷'买家秀'，一条'好评'赚30元"，载 http://www.xinhuanet.com/politics/2018-11/07/c_ 1123678716.htm，最后访问时间：2018 年 11 月 17 日。

来。鉴于消费者评级造成的乱象，平台企业生成了两种不同向度的权力。如果说商家与消费者针对评价作出的种种诱导性行为还只是一种自发性的平等主体间的行为，那么平台上特定管理主体的介入就会生成一种凌驾于平台用户之上的权力。一方面，在对消费者评级的操纵市场化后，网络平台企业上的管理员与商家合谋，用删差评刷信誉的方式谋取非法利益。如果说诸如淘宝等网络平台企业是一个封闭社会，那么类似"淘宝小二"等角色则承担着监督管理、组织促销、发布广告、处理投诉等多重权力，他们近乎掌握着淘宝商家的生命线。拥有"神一般权力"的部分"淘宝小二"帮助商家刷信誉、删差评，成了腐败高发的群体[1]。一旦消费者评价能够被权力所引导，以致产生各种偏差，那么设立这一机制以进行信息披露的初衷就无法实现。

另一方面，平台企业意识到了对消费者评价的操控，并作出了相应的补救措施。阿里巴巴集团发表一封名为"坚持透明诚　信捍卫大家的淘宝"的公开信，在信中披露了之前"淘宝小二"和网商贪腐问题调查的进展，表示警方已经刑拘涉案人员或采取强制措施，相关网商的淘宝店和（或）天猫店已被永久关闭，淘宝网将"永不与之合作"。阿里巴巴集团成立了廉政部，将制度反腐作为一项持久战，并且在《淘宝网评价规范》中，规定了对违规评价、恶意评价、不当评价、异常评价的处置方式，包括有权对相关评价进行删除或屏蔽，视情形对评价人采取身份验证，以及限制评价、限制买家行为等处理措施。Amazon 也制定了《共同体导引》这份对于消费评价的指导性文件，其中明确规定"通过提供错误、误导、不可靠内容而企图操纵评价的行为被严令禁止。如有违反，将被限制使用Amazon 账户"。这个时候另一个向度的权力就此生成，淘宝网对违规评价的删除、屏蔽与处理实际上是对交易双方自主平等评价的一种"权力性干预"。网络平台企业将平等主体间自由意志展现的消费者评价认定为一种公共产品，从而拥有了对于市场上该产品的整肃与管理权。

---

〔1〕　席大伟："阿里巴巴：数名小二被批捕刑拘"，载《成都商报》2012 年 5 月 5 日，第 16 版。

第五节　平台权力与政府公权力的互动

平台企业"无中生有"地构成自治，但是又从未彻底自治，他治的因素总是存在。特别是公权力在对平台企业自我规制的塑造上存在着非常多的可能：政府可能授权发起或者直接参与某种自我规制；也可能对某种自愿型的自我规制进行许可或批准；有些情形下政府不会明确表态，只是隐晦地用行动对自我规制予以限制。[1]政府既可能在自我规制产生前就施加影响，也会在自我规制运行后对其进行修正或者补足，以作为公民权利保护的最后屏障。而本书谈及的权力互动属于后一种情形：平台企业出于市场竞争与吸引更多优质用户资源的需要进行自我规制，但并不意味着政府就不会对平台的自律过程加以干预。

对政府而言，对平台企业自我规制的干预也有两种选择，或者直接用行政命令加以干预；或者通过形成一种强大的外部压力，促使平台的"毛细血管权力"逐步实现有效的自我设限。政府直接干涉的方式在一定程度上高估了立法者的认知能力和权力行使能力。立法者可以为自我规制进行划界，但无法在其内部进行支配。"将问题政治化……最容易摧毁复杂莫测的社会自我组织过程。"[2]因此，政府最好自我克制，只对平台作出纠正性的干预，而不要试图塑造它们已经形成的自律性的基础规范。更好的方法则是包括国家权力、媒体、公共讨论等在内的外部行动者通过间接的"压力"对平台企业的自我规制进行干预，也就是采取一种使自律组织进行学习性调适的外部影响力。由于直接进行的规范转换效果甚微，行之有效的方法就是通过改变认识结构来促成外部压力和内部调适的互动。笔者在该部分将通过 Airbnb《服务条款》的制定与修改过程描述政府通过施加压力迫使平台公司进行自我规制的修正。在这个过程中，平台企业能够理

---

[1] Ian, Bartle and Peter Vass, "Self-Regulation within the Regulatory State: Towards a New Regulatory Paradigm", *Public Administration* 85.4（2010）: pp. 885-905. Anthony, Ogus, "Rethinking Self-Regulation", *Oxford Journal of Legal Studies*, 1998（15）: pp. 97-108.

[2] [德] 贡塔·托依布纳:《宪法的碎片》，陆宇峰译，中央编译出版社 2016 年版，第 34 页。

解指向自己的社会预期，但又无需将所有的社会预期照单全收。社会与国家的要求弥补了自我规制的狭隘视野，并提升了自我规制的质量。

一、平台规范对国家权力的排除

Airbnb 涉足的房屋短期租赁是一个传统意义上由国家权力进行规制的领域，各个国家的政府制定了有关房屋所有权、租赁与纳税等大量相关的法律。线上短租平台最具颠覆性的力量就是他们的用户可以规避居住空间的多种法则。[1]尽管平台企业不主张违反或逃避法律，但它们也不负有监控通过网站进行的租赁活动合法性的义务。平台促成的大量活动本身可能对基础法律和规制框架的稳定性造成破坏。[2]平台将市场从社区移到云端（cloud），从而屏蔽了规制者、房东和邻居对非法活动的监督。虽然 Airbnb 这样的平台公司本身并未给住房的公共政策带来新的挑战，但它们确实加剧了这些挑战。

（一）规避与遵守

Airbnb 这样一个短租平台通过与房东、房客之间分别签订用户协议构成了一个高度规范的规制框架。Airbnb 2016 年加拿大版用户协议里用大写字母在序言里标示着如下内容：

> 特别是，房东应该了解在他们所在城市的法律是如何运作的：有些城市存在限制接待短期客人的相关行政规定。在许多城市里，房东必须登记获取许可才能进行住客的接待。某些类型的短期预订可能被完全禁止。但是不同地方的政府在执行这些法律时差别很大，惩罚可能包括罚款或其他强制执行方式。房东在准备接待住客前应该审查清

---

〔1〕 E. g. Trevor Dunn, "How to Fix Toronto's Short-Term Rental Problems in 2017", CBC News (3 January 2017), online: <www. cbc. ca>. Chris O'Brien, "Paris Residents Urged to Use City's Open Data Site to Rat Out their Airbnb-Abusing Neighbors", VentureBeat (10 May 2016), online: <venturebeat. com>. The burdens borne by hotel operators as compared to short-term hosts are also discussed in: City of Toronto, Developingan Approach to Regulating Short-Term Rentals (Toronto: City of Toronto, 11 October 2016) at 9, online: <www. toronto. ca/legdocs/mmis/2016/ex/bgrd/ backgroundfile-97235. pdf>.

〔2〕 Vanessa Katz, "Regulating the Sharing Economy", *Berkeley Tech. LJ* 30 (2015): p. 1067.

楚当地的法律。[1]

当阅读该条款时，我们就会发现其中的矛盾之处，甚至可以从中发现平台企业对现行法律与行政法规规制的质疑："某些类型的短期预订可能被完全禁止"似乎暗示了政府对该问题的过度规制；"但是不同地方的政府在执行这些法律时差别很大"似乎在提示房东不仅要注意当地的法律，还要关注法律的执行程度，如果法律的执行非常宽松，就可以忽视相应的法律规定。最后，"房东在准备接待住客前应该审查清楚当地的法律"提示了房东仅仅需要审查（review）当地的法律，而非遵守当地的法律。

而在 2017 年加拿大版用户协议中，Airbnb 就修正了相关表述：

> 房东需要识别、理解和遵守相关的法律法规。房东需要完成法律要求的许可、注册等短期住宿服务的先决条件。[2]

（二）免责与排除

在 2018 年 Airbnb《服务条款》中仍然可以发现通过用户协议对国家权力的审查进行规避，或者事前声明免责的诸多条款。Airbnb 首先声明"在互联网上核实用户有困难，我们不对确认任何会员的身份承担任何责任"，然后在"在适用法律允许的条件下，我们可以（但无义务）对用户的身份背景进行核查"。[3]即便 Airbnb 对平台上的用户做了相应的身份确认与背景调查，仍然会"拒绝以任何明示或默示的形式保证调查将发现会员先前的不当行为，或担保会员未来不会从事不当行为"。[4]

---

〔1〕 Scassa, Teresa, "Sharing Data in the Platform Economy: A Public Interest Argument for Access to Platform Data", *UBCL Rev.* 50（2017），1017.

〔2〕 Scassa, Teresa, "Sharing Data in the Platform Economy: A Public Interest Argument for Access to Platform Data", *UBCL Rev.* 50（2017），1017.

〔3〕 Airbnb《服务条款》2.4，https://zh.airbnb.com/terms，最后访问时间：2018 年 11 月 17 日。

〔4〕 Airbnb《服务条款》16，https://zh.airbnb.com/terms，最后访问时间：2018 年 11 月 17 日。

在《服务条款》中，Airbnb 还作出了因平台服务引发的纠纷约定仲裁、放弃陪审团审理、不参与集团诉讼或代表人诉讼等规定。[1]基于《服务条款》作为格式条款的强制性规定，用户必须同意《服务条款》成为注册用户才能使用 Airbnb 平台进行预订，因此 Airbnb 一定程度上使用平台权力排除了司法的介入。更加吊诡的是，Airbnb 一方面认为用户只能提起仲裁，而不得进行诉讼，但是另一方面认为《服务条款》"不得解释为限制 Airbnb 向任何有管辖权的法院申请要求用户履行或禁止从事特定行为的命令的权利"。同时平台要求因《服务条款》引发的争议应该提交地点在北京的中国国际经济贸易仲裁委员会，且仲裁程序使用英语进行。[2]

二、国家权力对平台权力的形塑

(一) 政府的数据共享与平台的数据专有

政府对短租领域的传统规制包含了数据收集的职能：房东的许可申请程序、政府对从业者进行的检查与执行程序等都会生成数据。这些数据与对商业机构的日常管理息息相关，政府在获得数据的情况下才能对相关主体的活动进行分析。在开放的数据环境中，用户与公众均可以获得相同的数据，从而以知情的方式参与政策制定与资源分配等的辩论。

原来由政府控制房屋租赁的相关信息与数据，现在被平台企业存储在专有的云端，基于知识产权的法律规定与用户协议的规定不予公开。[3]如果说政府是通过要求企业登记、申请许可、缴纳税款、接受检查等方式收集其管辖范围内的企业数据，那么平台企业收集的更多是房东与房客的个人信息。也就是说，平台收集了比政府规制过程多得多的信息。例如可供出租

---

〔1〕 Airbnb《服务条款》19.4，19.4，19.11，https://zh. airbnb. com/terms，最后访问时间：2018 年 11 月 17 日。

〔2〕 Airbnb《服务条款》19.11，https://zh. airbnb. com/terms，最后访问时间：2018 年 11 月 17 日。

〔3〕 线上平台受益于全球市场的经济自由主义。作为科技公司的平台企业受到国际条约的保障，特别是在加强知识产权的保护以及数据、资本跨国界的自由流动等方面。

的房屋是哪一处，租赁价格、地点与大小、受欢迎程度和配备设施，等等。此外平台还会收集房东与房客对彼此的评论，以及产生冲突的数据。与 Uber 只需要公开一小撮数据就可以提供服务不同，Airbnb 需要用户在网上公开各种信息后才能用平台进行交易。

平台数据的专有性、非透明性以及规避政府进行市政数据收集的规制机制，意味着对于政府、房东与建筑公司来说，获取哪些房子是可以出租的、这些可以出租的房子是什么性质等信息是非常困难的。因此，尽管平台要求房东遵守相关法律，但其提供的技术壁垒以及为其用户提供的种种规避政府注册要求和信息登记的手段可以使房东在某种程度上免受法律的问责。

（二）数据的反抓取与共享难题

平台企业对于数据的反抓取实际构成了一种封锁性权力。平台企业往往在其服务条款中列明了数据使用的相关要求。Airbnb 的条款中就载明，"访问和查看 Airbnb 平台上或通过 Airbnb 平台提供并可供您访问的任何集合内容，仅供您个人和非商业使用"。[1]平台限制的不仅是数据访问与查看的权限，还明确禁止任何形式的数据提取（包括自动的数据抓取）。但问题在于除了平台的潜在竞争者与其他投资商[2]会因为商业需要进行数据抓取，政府与研究者、记者等公众人士也需要通过信息抓取方式来获取数据。Airbnb 等平台不但会对抓取行为进行 IP 限制，[3]Airbnb 的发言人 Alison

---

〔1〕　2017 年使用说明 5.4 第 2 款。

〔2〕　Teresa Scassa, "Information Law in the Platform Economy: Ownership, Control and Reuse of Platform Data", in Finn Makela, Derek McKee & Teresa Scassa, eds, *Law and the "sharing Economy" Regulating Online Market Platforms*, Ottawa: University of Ottawa Press, (forthcoming in 2018). 美国也对数据抓取的正当性产生热议，具体可见 LinkedIn 与数据抓取方的诉讼。Alison Frankel, "Data Scraper's Case v. LinkedIn Pits Free Speech Against CFAA, DMCA" Reuters (20 June 2017), online: <www. reuters. com>.

〔3〕　For example, in a comment on his website, Tom Slee notes that "Airbnb is getting more aggressive about blocking scrapes": Tom Slee (16 Aug 2015 at 10: 36 am), comment on Tom Slee, "Airbnb Data Collection: Methodology and Accuracy", online: <tomslee. net/airbnb-data-collection-methodology-and-accuracy>; Sawatzky, Short-Term Consequences.

Schumer 还宣称抓取的数据并不可信。[1]此前由行政机关负责收集的市政治安相关的信息就成为平台的"商业秘密"，而被认为是商业秘密的信息需要法庭允许才可调取，平台反数据抓取的行为实质上加重了行政执法的负担。

（三）政府权力对平台权力的妥协与嵌入

美国与加拿大的一系列调查报告显示出 Airbnb 不提供相应的短租数据给政府机构可能导致的治安危机：如果 Airbnb 不能提供更多的信息，政府甚至需要向数据公司购买数据。在相关工作无法开展的情况下，Airbnb 会继续逃脱问责。我们也已经出现了类似的平台数据非共享带来的治安管控难题：在滴滴顺风车接连发生两起女乘客被杀害案后，上海交通委执法总队三次进驻滴滴进行执法检查，并提出了包括上传全量实时数据等整改要求，而滴滴提交的却是"无汇总统计、无序号、无页码的纸质材料"，经随机抽查，95 条信息中就有 68 条信息与网约车规制平台数据不匹配。[2]数据匮乏不仅使对特定事件的理解变得困难，也很难获得对现有法律、法规的遵守情况：例如房屋出租会否被用来从事非法活动等。[3]

公权力据此要求对 Airbnb 在相关政策上作出调整。Airbnb 随即开始在 19 个国家与地区发布数据信息，[4]尽管这些数据是非常小的一部分，并且

---

〔1〕 Michael Hiltzik, "No Surprise: That Airbnb Study of Rentals in L. A. Isn't what it Seems" Los Angeles Times（30 September 2015）, online: <www. latimes. com>. See also Sawatzky, "Airbnb Listings in Vancouver", supra note 26 at 4; Reyes, supra note 42. Of course, the response to such claims is that, without proper access to Airbnb data, scraped data are the best that are available. Hillel Aron writes, "Roy Samaan, who studies Airbnb for LAANE, agrees the data scrapes are less than perfect—but that Airbnb won't release the real data, so the scrapes offer the best available estimates": Hillel Aron, "Is Airbnb Malting L. A. 's Housing Crisis Worse?", LA Weekly（11 March 2016）, online: <www. laweeldy. com>.

〔2〕 上海电视台新闻综合频道 2018 年 9 月 22 日相关报道，https://www. sohu. com/a/255493 720_ 267847，最后访问时间：2018 年 11 月 12 日。罗水元："各部门再次进驻滴滴执法检查"，载《新民晚报》2018 年 9 月 30 日，第 A08 版。

〔3〕 特定房屋是否用于非法活动不但政府无从得知，甚至房东也并不清楚。参见陶宁宁："'学生用 Airbnb 毁了我的家'，短租在中国陷入诚信之困"，载 http://tech. qq. com/a/20161223/012464. htm，最后访问时间：2022 年 3 月 17 日。

〔4〕 "Airbnb Policy Tool Chest" at 5, online: < www. airbnbcitizen. com/wp – content/uploads/2016/12/NationalPublicPolicyTool–ChestReport–v3. pdf>.

是高度选择性的。[1] Airbnb 还有针对性地提出了四种可供选择的政策工具：税收工具、好邻居工具、问责工具以及隐私与透明度工具。比如用户可以自愿与政府签订征税相关的协议，通过好邻居工具对短租过程中有问题的邻居进行投诉，Airbnb 会联络房东进行解决，如果遇到极其恶劣的情况，平台有权力下架特定房源。而在问责工具中，Airbnb 会与当地政府合作，为短租设定合适的规范：比如特定房屋一年内可以用来出租的天数，每个房东可以出租的房源总数，等等。隐私与透明度工具则包含承诺向社会公开包括年度营收、用来出租的房屋是房东唯一住房的比例的数据，等等。自 2016 年开始，Airbnb 开始每年发布执法透明度报告，[2] 可以看出要求披露账户信息的法律案件数以及平台上发生的法律纠纷数量逐年走高，但是 Airbnb 对于司法要求的披露率却一直保持在一个较低的水平，并且有下降的趋势。

表 4-1　Airbnb 半年度执法透明度

年份	法律案件数（件）	需要披露账户信息的案件数（件）	受影响的账户数（个）	披露率
2016 年上半年	188	82	172	43.6%
2016 年下半年	373	159	373	42.6%
2017 年上半年	559	229	307	41.0%
2017 年下半年	947	235	297	24.8%
2018 年上半年	1368	305	1280	22.3%

如果说 Airbnb 单方面的回应还不足以解决平台数据披露不足对地区治

---

〔1〕 Airbnb Community, Airbnb Citizen, "The Airbnb Community in Vancouver" (7 July 2016), online：<www. airbnbcitizen. com/wp-content/uploads/2016/07/VancouverReport finalcopyjune-i. pdf>.

〔2〕 2016 Airbnb Law Enforcement Transparency Report, https：//www. airbnbcitizen. com/2016-transparency-report/2017, Airbnb lawenforcement transparency report, https：//www. airbnbcitizen. com/transparency/2018, Airbnb law enforcement transparency report, https：//www. airbnbcitizen. com/transparency-2018/.

安的影响，那么 2016 年旧金山政府与 Airbnb 达成的合作模式就更值得借鉴。这种"旧金山模式"源于一场针对非法短租而与 Airbnb 进行的诉讼。最终旧金山政府与 Airbnb 达成了和解协议。旧金山政府修正了关于短租房东进行注册的冗长规定，并将此规定内置于 Airbnb 的平台规则内，房东在 Airbnb 上进行注册时就可提交政府所需的相关材料，Airbnb 每个月向旧金山政府递交房东的材料。如果政府认为房东不具备相关资质，Airbnb 需要注销其注册账户。[1]至此，政府一方面尊重平台权力行使的独立性，另一方面也将对治安保障的需求嵌入了平台的规范体系之内。政府的外部压力使得 Airbnb 这样的平台企业得以按照社会预期修正自我规制的内容范围，从而解决了数据专有与治安保障两者间的冲突。

三、国家权力对平台权力的收编

（一）政府规制下的自我规制

如果说网络平台企业与政府的权力互动还停留在此消彼长的阶段，那么证券交易所的自我规制就可以被认为是一种被政府收编的权力。证券交易所与政府规制机构共享许多类型的规制职权，是一种政府规制下的自我规制类型。自我规制机构承担着一线规制的职权，就比如对市场主体如何参与、以何种方式参与交易的规则[2]、日常的规制条例，以及对自律组织会员的管理等加以规定。而政府规制机构则主要实施对自律组织的规制，以及对自律规制无法覆盖的领域进行规制。政府在实施"原则性规制"[3]的

---

〔1〕 City Attorney of San Francisco, "Herrera Repels Legal Challenge to Short-Term Rental Law, Secures Settlement with Airbnb and HomeAway" (1 May 2017), online：<www. sfcityattorney. org/2017/05/01/herrera-repels-legal-challenge-short-term-rental -law-secures-settlement-airbnb-homeaway>.

〔2〕 伦敦证券交易所制定的自律规范涉及日常的规制条例、收购与合并、证券交易商的行动以及上市规则等各个方面。日本的证券业协会则出台了证券从业人员的行为准则、金融产品推介、广告宣传、证券公司与客户纠纷处理等涉及各个方面的约 80 个自律规定。

〔3〕 英国的金融服务管理局（FSA）则一直采取原则性的规制方式（规范所有受规制对象的 11 条原则规定），即"从重视过程控制、安全稳定的规则规制转向以结果控制、自主和效率为目标的原则规制"。

情形下仍享有对交易所制定规则的干预权。[1]

（二）交易所与政府规制部门共享规制职权

在对证券交易规制权的分配中，交易所主要负责过程规制，包括对市场交易行为的实时监控、交易规则的制定等；政府规制部门则拥有对交易资格的核准权、交易政策与规则的审核权。在对市场主体违法、违规行为的查处权分配上，政府规制部门享有调查权、执法权以及一定程度的准司法权，有时也可以作为主体提起民事或行政诉讼。而作为自律规制机构的交易所往往只享有调查权，以及对交易所成员特定行为的处罚权。更加细化来看，在政府规制占据主导的国家里，政府规制部门享有广泛的调查与处罚权，交易所仅有一定程度的调查权；而在自律规制占据主导的国家里，政府规制部门主要侧重于对违法行为的查处，交易所则获得了对违法违规行为的调查权与处罚权[2]（详见表4-2）。

表4-2　主要交易所类型区分

	政府主导型	自律型
公司制	美国纳斯达克交易所、纽交所等；加拿大交易所；日本东京交易所、大阪交易所、韩国交易所	英国伦敦交易所、德国交易所、澳大利亚交易所、瑞士交易所、荷兰交易所、新加坡交易所
会员制	中国上海证券交易所、深圳证券交易所	1986年金融大爆炸前的伦敦交易所

（三）政府规制部门享有对交易所自我规制的审查权

更为重要的是，政府规制者往往享有对交易所自我规制的干预权与对

---

［1］　1975年后美国《证券交易法》修改后的SEC是享有此类规制权的典型代表；美国1934年《证券交易法》第19条（d）款规定。转引自肖梦黎："监管竞争背景下证券交易所自律规制的司法介入机制研究——以《证券交易所管理办法》为切入点"，载《南京大学学报（哲学·人文科学·社会科学版）》2018年第6期。
　　［2］　参见上证联合研究计划第24期课题报告：《全球主要交易所治理结构研究》。

交易所惩戒行为的审查权。[1]美国、澳大利亚、日本、新加坡等多个国家或地区都规定，交易所的规则需要经过政府规制部门的批准，而政府规制部门则有权对交易所的规制进行增删修改。政府规制部门同时也有审查交易所作出的惩戒行为的权力，并可以撤销交易所作出的处罚行为。这就意味着作为平台企业的证券交易所的自我规制职权需要受到政府规制部门的全面审查。政府权力可以对平台权力进行直接干预，既可以批准也可以不批准交易所的规则与处罚决定，并能够对交易所的规则与惩戒权加以修改或撤销，这当然意味着政府权力对交易所自我规制权力的全面接管。

---

[1] 谢增毅："政府对证券交易所的监管论"，载《法学杂志》2006 年第 3 期。

第五章
通过风险问责实现公众
对平台治理的参与

第一节　风险、问责与公众参与

平台的自治暗合了分布式决策下对规范的新认知：随着网络技术的迅猛发展，法律理论需要着眼于权力分散化的趋势与自治系统的合法生产。法律不再是自上而下、建立在预设规则体系上的系统，而是一个自下而上的，灵活、异构和不完全规则的生成过程。[1]平台自治机制的生成过程与法律规范的特性并不相悖，与法律间存在某种亲缘性，在很多场合下可以相互重叠、彼此替代。

在这种情况下，法律需要清楚意识到其对网络自治系统直接干预可能产生的矛盾效应，该矛盾效应仅对社会子系统施以纠正性的干预，不可能也没有必要塑造它们的基础规范。国家直接干预的措施既低估了社会制度的自我构成潜能，也高估了立法者的认知能力和权力行使能力。[2]平台企业也必须认识到自己不是一个拥有完全决策权的"孤岛"。法律应该具有回应性，致力于公私合作间的合理划界与协调合作。

一、从责任到问责

正如施德勒所言，问责的概念包含了三重含义："问责是让权力受制于制裁的威胁之下，强迫权力以一种透明的方式运作，以及迫使权力证成自己的行为。"因此问责即意味着惩罚性[3]与强制性。一方面，"缺乏有效的矫正与惩罚，问责就是不完整的"。[4]这不但是一种对现在已经发生的不当行为的惩戒，也是一种对后来行为的威慑。问责中包含的惩罚可能是道德责备，也可能是刑罚或者民事赔偿。另一方面，问责机构需要具备

---

〔1〕 Vesting, Thomas, "The Network Economy as a Challenge to Create New Public Law", *Public Governance in the Age of Globalization*, (2003), 247-288.

〔2〕 [德] 贡塔·托依布纳："民族国家的部门宪法"，陆宇峰译，载《清华法治论衡》2014年第2期。

〔3〕 Behn, Robert D., *Rethinking Democratic Accountability*, Brookings Institution Press, 2001, p. 3.

〔4〕 Mulgan, Richard., *Holding Power to Account：Accountability in Modern Democracies.*, Springer, (2003) 18-19.

强制制裁的能力，当被问责者违背职责时，才无法逃脱被制裁的结果。[1]

(一) 问责的词源与含义

"问责"是一个较为新鲜的词汇，国内直到 2004 年才掀起一场对问责的讨论。这场讨论的起点源自 2003 年非典危机中启动的问责制，[2]以时任国务院总理温家宝将"有权必有责"写入政府工作报告为讨论高潮。另一个佐证则是 2004 年以前，国内出版的一系列包括《辞海》《汉英词典》《中国大百科全书》《中国百科大辞典》《不列颠百科全书》在内的多种工具书都较少出现"问责"一词，[3]与之相对应的"accountability"径直译为"责任"而不与"responsibility"作区分。但其实问责（accountability）确切地说是一个盎格鲁词汇（Anglican concept），不仅仅是汉语语境中无从寻觅，诸如巴西、日本、俄国，甚至于西语语系中较为相近的北欧与德国，都很难用原有语汇对"问责"一词进行准确的表述。[4]

如果需要理解问责一词的准确含义，则需要首先在英文语境下予以解读：《牛津·外研社英汉汉英词典》对 accountability 的三重含义加以界定：(1) 需要负责的特性；(2) 有责任对针对某行为或职责的指控进行说明与回答；(3) 责任、负责。accountability 的词根是 account，account 的词根则是 count。这一词汇的动词形式从法语中的 conter 演化而来，有"讲故事"的含义。[5]而 account 的名词形式则从法语的 acont 演化而来，有将算好的账目报告出来的含义。直到 17 世纪，又增加了回答和解释账目的含义。[6]因此英文中的可问责性最初是指财务与会计责任，或是可说明性。可问责

---

〔1〕 Schedler, Andreas., "Conceptualizing Accountability", *The Self-restraining State*: *Power and Accountability in New Democracies*, 13（1999），17.

〔2〕 周亚越："行政问责制的内涵及其意义"，载《理论与改革》2004 年第 4 期。

〔3〕 宋涛："行政问责概念及内涵辨析"，载《深圳大学学报（人文社会科学版）》2005 年第 2 期。

〔4〕 Dubnick, Mel., "*Clarifying Accountability*: *An Ethical Theory Framework*", Public Sector Ethics. Routledge, 2012. 78-92.

〔5〕 [英] 朱丽、于海江主编：《牛津·外研社英汉汉英词典》，外语教学与研究出版社 2010 年版，第 6 页。

〔6〕 See Onions. C. etc. ed., *The Oxford Dictionary of English Etymology*, Oxford University Press, 1982, p. 8.

性侧重于责任的来源：意指就特定行为向某些其他当事人进行解释，并说明其正当性的义务。[1]如果比较"accountability"与"responsibility"的差异，就会发现前者更侧重于责任的外部控制与技术性的控制；后者则更关注责任的道德阐释与内部控制。[2]

"问责"这个词之所以与账目说明有关，也有其时代的含义。在account 最早出现的 13—14 世纪，社会经济的发展使得君主管理的人口、财产越来越多，专业化程度逐步增强，因此管理难度也随之增加。在这种情况下，君主就需要更多专业并且专职的官员来完成这些"统计与管理工作"，这时 account 就产生了作为账目的概念。于是，与之相对应的"问责"也最早出现在行政问责与政治问责中。[3]

（二）责任与问责的连接点

问责与责任不同，问责是关系性的，[4]这种关系中包含着监督、控制或审视的内容。问责是需要回应或者说是回答的，也就是问责对象有义务对其权力运作的过程和活动进行展示、披露并作出解释和说明。在问责中，问责主体与被问责一方之间的"问"与"答"是非常重要的。这也体现出问责的外在交互性：也就是一方处于质询状态，另一方处于回应和接受制裁的状态。[5]"问责主体有权要求问责对象提供相关信息，并且对信息的真实性进行调查"，"与之相对，问责对象也有提供并展示这些信息的义务"。[6]在解释说明与证成的过程中，不能剥夺问责对象进行自我解释和辩护的权利。具备了惩罚性、回应性与强制性这三个要素，问责才能真

〔1〕　See Day, P., & Klein, R. (eds.), *Accountabilities: Five public services*. London/New York: Tavistock, 1987.

〔2〕　See Lindkvist, Lars, and Sue Llewellyn., "Accountability, Responsibility and Organization", *Scandinavian Journal of Management* 19, 2 (2003), 251-273.

〔3〕　王若磊：《政治问责论》，上海三联书店 2015 年版，第 73 页。

〔4〕　Gardner, John, "The Mark of Responsibility", *Oxford Journal of Legal Studies* 23, 2 (2003), 157-171.

〔5〕　See Mulgan, Richard. "Accountability: An Ever-expanding Concept?" *Public administration* 78.3 (2000): 555-573.

〔6〕　王若磊："问责的概念与模式"，载《理论界》2012 年第 7 期。

正施行。[1]

讨论问责时，要以责任为前提，才能产生关系性的基于多方主体间的问责。而论述责任时，实际上是对主体的作为与不作为产生的某种后果进行制裁、责备或者惩罚。出现了何种后果才需要被问责鲜有论述，笔者认为需要接受制裁、责备或者惩罚的后果是存在特定标准的，这种特定的标准就是应对风险的有效度。如果没有控制好风险，就应该为之承担责任或者接受问责。在这个意义上，风险是责任与问责产生的前提，同时也是一种更为具象的不利后果。

二、风险界定了对平台问责的范畴

自我规制与风险的关系可以分为三个层次：自我规制对于风险社会的有效回应，自我规制自身的风险问题以及风险社会下如何对自我规制进行问责。自我规制本来是要对社会中的风险进行回应约束，若规制者无法实现其组织和政策目标的风险，[2]自我规制本身也会存在着制度风险。例如英国的公平交易局在"优先次序原则"中表述道，"它将以自身工作对消费者的影响、战略重要意义与'风险'为基础，来界定工作的优先次序"。"风险"在此处被界定为实现成功结果的可能性。[3]英国金融服务局将自己担负的四重法定目标转化为七种"目标相关的风险"，从而构成风险的类型化与对风险进行评分的基础，以开展相应的监督控制。[4]将风险作为规制目标，如果实现不了对风险的控制，就会出现制度风险。

就制度风险的管理与发展运行而言，规制者首先要确定规制的目标与

---

〔1〕 世界银行专家组：《公共部门的社会问责：理念探讨及模式分析》，宋涛译校，中国人民大学出版社 2007 年版，第 7~8 页。

〔2〕 Black J. "The Emergence of Risk-Based Regulation and the New Public Risk Management in the UK", *Public Law* (2005), 512-549. Rothstein, H. & Downer, J., "*Risk in Policy Making: Managing the Risks of Risk Governance*", London: Report for the Department of the Environment, Food and Rural Affairs, (2008).

〔3〕 OFT: *Prioritisation Principles*, London: Office of Fair Trading.

〔4〕 Financial Services Authority, *Reasonable Expectations: Regulation in a Non Zero-Failure World*, 2006, London, FSA.

容忍度。比如金融规制者从未使用零失误政策。一般将其的规制目标定为"合理期待"，也就是说不能期待规制者预防所有的负面事件。与之相关的另外一个测量维度是风险偏好，金融规制中信贷危机事件表明，当政治情景发生改变时，规制者对社会风险与制度风险的"风险偏好"，会被显著地修正。金融规制中，规制的核心是遏制金融风险，使其不致发展为系统性损害。但是如果过于憎恶风险，就会抑制金融创新与竞争；而太愿意为风险兜底也会造成道德困境，从而使风险进一步增加。因此精确地界定规制非常困难。在金融危机之前，规制风险的行为中哪怕是呼吁金融机构进行自我规制的行为都很难得到政治回应。但金融危机出现后，再多的规制都不认为是一种干预。这也就是说，对金融规制的政策容许条件已经出现了变化。在互联网平台的规制中也需要注意消费者保护与推动创新两者间的平衡。

首先，风险构建了规制者的可问责性，可以说风险为问责提供了正当性基础。以风险概念为依据，将规制的目标和正当性基础予以概念化，继而根据应对社会风险与制度风险的程度对规制者进行评估。用风险界定规制者的活动，不仅需要说明他们应当做什么，还需要说明应当如何做。[1]风险不仅仅是外生于组织，并作为规制框架强加给组织的产物，同时也可以附加于组织自身，使其利用风险刻度，为组织的内部问责与评估提供工具基础。被规制者利用风险刻度来履行问责功能的含义包括：其他主体如何利用风险来"规制"规制者，对规制者加以评估，并且令其可被问责。

其次，风险界定了问责的范围与限度。不仅被规制者可以利用风险刻度来履行其问责功能，规制者也可以利用"风险"来界定其他人令自己问责的范围，或者是用风险来界定自己何种条件下可以被问责。[2]规制者在

---

〔1〕 Fisher, Elizabeth, "The Rise of the Risk Commonwealth and the Challenge for Administrative Law", *Public Law* 3 (2003).

〔2〕 ［英］罗伯特·鲍德温、马丁·凯夫、马丁·诺奇：《牛津规制手册》，宋华琳等译，上海三联书店 2017 年版，第 336～337 页。

风险背景下面对问责的主张时，并不是被动的，[1]他们会试图界定自己可问责的范围，并创设和维持自己的合法性。并非所有风险都需要被问责，应该关注哪些风险是"常态化"的，是可被容忍的。为此需要区分风险与责难两者间的关系：不可容忍的风险是"应受责难的"；当可容忍的风险发生时，不会招致任何责难。[2]风险规制框架其实也是一种转移责难的技术：当规制者没有达成相应的规制目标时，就可以用这一框架来提供辩解。[3]规制者也在明示或暗示地请求，不应将"零失败"作为评估自己责任的基准，也不应期待规制者可以预防规制体系中每一个负面事件的发生。[4]

最后，问责确定了依据何种风险标准确定责任。对于平台企业而言，自我规制本就是为了控制风险。如果通过自我规制的手段并未控制好平台企业的自身风险：既不能从制度上降低数据系统的报错失灵，也无法从主观意图上减少数据的不正当使用，那么自我规制就是需要被问责的。另外，如果平台企业因为规制缺失或者规制不足而没有对可归因于平台用户的行为产生的风险加以约束，那么平台企业也需要为之承担不同程度的规制责任。更为重要的是，平台企业可能因为要实现规制目标而产生了新的风险，比如声誉评分机制造成的炒信与刷单频出的负外部性，或者是用户在了解声誉机制的算法原理后，故意隐瞒真实信息，不断展开与算法的博弈，从而试图寻求自身利益最大化的风险。再比如平台企业为了自我规制而制定的更高水平的认证标准被技巧性地规避，从而让普通消费者出于对平台企业的品牌信任而蒙受更大的损失等风险。这些行为虽然也是平台用户参与其中的，但可以部分归因于平台自身的规制行为。因此平台企业的

〔1〕 Black, Julia, "Constructing and Contesting Legitimacy and Accountability in Polycentric Regulatory Regimes", *Regulation & Governance* 2, 2 (2008).

〔2〕 [英] 玛丽·道格拉斯：《洁净与危险——对污染和禁忌观念的分析》，黄剑波、柳博赟、卢忱译，商务印书馆 2018 年版，第 36 页。

〔3〕 Hood, Christopher, "The Risk Game and the Blame Game", *Government and Opposition* 37, 1 (2002), 15-37.

〔4〕 Davies Howard, *Regulation and Politics: the Need for a New Dialogue, or a Letter to John Redwood*, The David Hume Institute, 2005, pp. 41-46.

上述行为自然也需要被问责。

三、风险问责实现了公众参与

如果将风险认定为问责的前提，那么首先需要解决的是不同群体对风险认知的差异或者对立。风险认知中存在着决定者与被决定影响者的二元对立，[1]同时也存在着行动者的一阶观察与行动评价者的二阶观察之间的潜在冲突。[2]更为重要的是，公众与专家对风险认知的巨大差异并不兼容，这可能使规制机构产生判断上的难题。秉承经验或直觉的价值判断标准与坚持科学性标准的专家彼此间难以说服。在这种时候，很难确定谁的认知是更正确的，或者谁更应该被采信，那么较为恰当的方式就是公众参与的加入。正是因为风险的可争议性，才潜在开启了公民社会参与决策的大门。充分有效的风险沟通才可以克服不同主体间视觉上的盲点，从而使得作出的决策更加稳妥，这恰恰也是问责的基本要义。

首先，存在于行政机构与非营利组织中的公众问责多以一种非正式问责[3]的形式出现，与基于制度性文件确立的正式问责手段并不相同。民众对相关组织进行的问责主要通过"呼吁"与"舆论压力"的方式产生，要求问责对象进行回应。该种问责方式没有制度性权威的保证，缺乏相应的惩罚机制。这种问责引发的压力可能导致被问责者的声誉受到贬损。[4]从另一角度来看，在政治维度中，公众呼吁或者舆论压力可以成为正式问责的先声。如果责任主体不对此加以回应，就会增强公众对其的不信任感，从而加重问题的严重性。

其次，政府组织与非营利组织中存在的基于委托/代理理论进行的问责逻辑链过长，公众一般只能采取"呼吁"或者"舆论压力"的形式加以敦促。但如果要产生实质性的问责结果，则需要等待下次选举才可以作出

---

〔1〕　[德]乌尔里希·贝克：《风险社会》，何博闻译，译林出版社2004年版，第38页。

〔2〕　季卫东："决策风险、问责以及法律沟通"，载《政法论丛》2016年第6期。

〔3〕　王若磊：《政治问责论》，上海三联书店2015年版，第86~88页。

〔4〕　Posner, Eric A., and Adrian Vermeule, *The Executive Unbound: After the Madisonian Republic*, Oxford University Press, 2011, pp. 8-21.

自己的选择。非营利组织领域的问责也存在类似的问题，无论是委托/代理理论的修改适用，还是资源依赖理论都会出现问责过于向政府或资助方倾斜，而忽略包括"受益人"、一般公众以及合作伙伴的问责需求的问题。利益相关者理论虽然对此情形有所修正，认为只要受到影响的利益相关者都有问责的权利。但是该种理论又会面临另一个问题，即一个组织如果需要接受来自各个方面的问责，并且让问责主体都获得满意的答复，就可能左支右绌，从而存在多重问责失序〔1〕与问责优先性错置〔2〕的问题。

最后，对营利组织的问责理论有望改善公众问责难的窘境。较之利益相关方理论，消费者主权理论在对营利组织的问责上更有针对性。消费者主权理论与市场密切相关，认为消费者主宰着对市场中需求的调节，他们拥有着政府首脑都不具备的影响需求的权力。〔3〕消费者最理解自己对市场参与方的问责需求，因此应该准许他们自行判断并作出问责决定。〔4〕

在对营利组织进行问责时，遵循的是与对政府机构问责同样的逻辑。但与之不同的是，基于市场的问责比政治与行政问责甚至对非营利组织的问责更具灵活性，公众参与更容易实现。比如消费者可以自行选择对某种产品或服务的质量进行监督，而无需像选举一样只能局限在特定地区针对特定代表进行投票。与之相对应，公司章程或者平台规范可以选择自己希望进行规定或者协议的内容而无需像法律规范那样受到严格的制定程序的限制。市场中广泛存在的竞争实质上就在鼓励消费者进行选择或问责，每个消费者都有决定某种产品的成败或者某个商家存亡的机会。〔5〕

如果将对政府的问责与对营利组织的问责做一比较，就会发现政治问

---

〔1〕 Koppell, Jonathan G. S, "Pathologies of Accountability: ICANN and the Challenge of 'Multiple Accountabilities Disorder'", *Public Administration Review* 65, 1 (2005): 94–108.

〔2〕 Edwards, Michael, and David Hulme. "Too Close for Comfort? The Impact of Official Aid on Nongovernmental Organizations", *World Ddevelopment* 24, 6 (1996): 961–973.

〔3〕 ［英］马歇尔：《经济学原理》，朱志泰译，商务印书馆1981年版，第11页。

〔4〕 See Mashaw, Jerry L, "Structuring a Dense Complexity: Accountability and the Project of Administrative Law", *Issues Legal Scholarship* 5 (2005), 1.

〔5〕 Mashaw, Jerry L, "Structuring a Dense Complexity: Accountability and the Project of Administrative Law", *Issues Legal Scholarship* 5 (2005), 18–21.

责或者是行政问责中，问责主要发生在一个向度。比如选举产生的官员对选民承担政治责任，相反却不成立。但在市场逻辑中，买卖双方（也包括作为撮合交易中介的平台企业）都需要受到市场约束，而且权利与义务的规定来源于各方签订的合同或者协议。问责因而不是单向度的，而是相互的或者多向度的。又因为签订的交易协议可以在双方同意的情况下随时修订，因此市场主体相互间权利、义务与责任的调整随时可能出现。这种调整并非基于职务与身份，而是随着环境的变化与角色的转移而调整。因此对营利组织的问责更加灵活、更有回应性。与此相对应，政治与行政领域的问责是结构化的、集体性的与形式化的。而市场中基于契约的问责则是分散化的、非正式的和个性化的。市场可能会对个体行为的聚合产生影响，但集体选择并不是导致营利机构被消费者问责的根本原因。

第二节　公众对平台进行问责的内容与限度

平台企业的自我规制以应对风险为目标，如果自我规制没有对平台内产生的自身风险与规制风险进行有效的控制，并且在实现规制目标的过程中产生了新的制度风险，平台企业就需要因此而被问责。既然风险应对的有效性可以作为问责的依据与标准，那么如何认定风险的应对是否有效，谁来制定该种标准，又应该由谁来监督这一标准的实施，谁可以主张对平台的问责等就成了需要回答的问题。

问责归根到底是关系性的，[1]需要回应或者是回答的。更为准确的表达是，在一对问责关系中，问责主体进行质询，而另一方则接受质询并提供回应。这时我们就触及了问责的第一个维度，被问责方的说明与解释义务。问责在现代用语中常常与"报告义务"相关，而透明度原则则提供了"可见度"。[2]因此问责主体有权要求问责对象提供相关信息，并且对信息的真实

---

〔1〕　Gardner John. ,"The Mark of Responsibility", *Oxford Journal of Legal Studies* 23, 2 (2003), 157-171.

〔2〕　[英]罗伯特·鲍德温、马丁·凯夫、马丁·诺奇：《牛津规制手册》，宋华琳等译，上海三联书店 2017 年版，第 397~398 页。

性进行调查。与之相对，问责对象也有提供、展示这些信息的义务。[1]

在讨论如何进行问责时，首先需要明确的是问责的边界在哪里。随着规制权力的碎片化和多中心趋势，公共服务的提供也会呈现出私人化的性质。"无论是在专业知识还是资源方面，当代政府都无法与国际上的服务提供商相媲美。"[2]当私人规制机构逐渐涉足公共性的领域时，就需要对私人机构引入更高程度的问责。在要求信息披露的情境下，更为强调"透明"。既要强调输出举措的"问责"，又要强调输入举措和程序的"问责"。规制的多元也意味着对规制者的问责需要考虑更多的维度。

一、区分公开与透明

当需要对平台企业的自我规制行为进行问责时，首先需要解决两组问题：一是对自我规制的说明与解释应该到达何种程度，是仅仅公开相应的规则与执行情况，还是需要对上述情况进行透明度的说明；二是问责是应该随着规制过程展开用户主导的实时控制，还是仅仅准许政府主导的幕后审查。第二个问题将在下一章进行讨论。

在回答第一个问题时，需要对公开与透明度作一界分：在平台企业掌握各种权力（包括信息权力）的场景下，"公开"更多地体现为一种程序性的事项，相对价值无涉。作为权力主体的平台企业垄断，并且控制着信息权力，很多时候只是将"公开"作为一种工具性的手段，一种"维系和巩固控制"的必要策略。因此"公开"往往和客观的点状或块状的信息相联系，比如将平台用户协议与隐私协议予以公开的说辞。而"透明"则有明显的价值导向，[3]暗含着希望通过民主理念的进入使得无论是公权力还是私权力的运转都变得清晰可见。[4]在这个意义上，透明度追求的是一种

〔1〕 王若磊："问责的概念与模式"，载《理论界》2012 年第 7 期。

〔2〕 Dunleavy, Patrick, The Globalization of Public Services Production: Can Government Be "best in World"? *Public Policy and Administration* 9, 2 (1994), 36-64.

〔3〕 Scauer, Frederick, "Transparency in Three Dimensions", *U. Ill. L. Rev*, (2011), 1339.

〔4〕 Fenster, Mark, "Seeing the State: Transparency as Metaphor", *Administrative Law Review*, (2010), 617-672.

较为理想的状态，因此我们将对营利机构的问责也称作"开灯照亮"。[1]从另一个层面来说，"透明"直接作用于权力主体，而"公开"则以内容和信息为调整对象，因此前者更加追求信息获取的质量，而后者则关注信息获取的形式。[2]

二、风险沟通的具体要求

作为规制者的平台与承担其他参与角色的公众只有在进行有效的风险沟通时，才能理性地判断出平台的规制决策是否有问题，其决定带来的风险是否为小概率事件，或者是否由客观原因构成，从而实现公众对平台企业的问责。

风险沟通是以风险意识为前提的，风险意识越强，决定者与被决定影响者分歧越大，就越难达成共识。一般来说，作为规制者的政府往往需要在平衡公众与专家两者的风险意识间左支右绌。在感知风险时，专家与公众存在难以弥合的鸿沟，专家关注定量的统计数据，往往是迟钝的，总是盯住"结果数据"。而普通人则特别关注某些定量因素，比如风险是不是主动引起的，是否潜在可控，是否不公平地分配。可以说，公众与专家在风险意识上具有某种"竞争理性"，[3]因此每一方应该尊重另一方的洞察力和智慧。

在平台企业的自我规制中，规制者、公众与专家三方主体被化约，平台企业在很多情境下实现了专家与规制者的二位一体。平台借助技术专家的知识垄断建构了新型的权力，而这同时也构成了某些风险产生的原因。对于使用互联网技术的平台企业而言，"技术"某种程度上引发了恶性循环：人们对技术的信任导致了对决定的依赖，对决定的依赖导致了对风险的认识，风险意识的上升导致了对技术的不信任，由此人们日益对决定者

〔1〕 Fenster, Mark, "The Opacity of Transparency", *Iowa L. Rev*, 91（2005）, 885.

〔2〕 Hale, Thomas N, "Transparency, Accountability, and Global Governance", *Global Governance: A Review of Multilateralism and International Organizations* 14, 1（2008）, 73-94.

〔3〕 Slovic, Paul, *The Perception of Risk*, Routledge, 2016, 219-223.

感到不满。[1]所以在这种情况下，对于公众智慧的吸纳，以及对其风险意识的了解与沟通就显得尤为重要。比如平台企业因更换系统出现技术故障风险的概率可能是微乎其微、可以被忽略的，但是体现在可能受到损害的个体之上，就是非常大的风险。普通人考虑了数字本身可能会掩盖的因素，有其合理之处。对于潜在可能遭受风险的公众而言，痛苦与折磨是概率数字所无法遮蔽的。因此兼具规制者与技术专家双重身份的平台企业，更应该重视心理学上的"双重加工理论"，即关注双重认知系统，"系统Ⅰ"涉及迅速的、联想性的、直觉性的认知活动；而"系统Ⅱ"涉及计算性的或者统计性的认知活动，通常是缓慢的、复杂的。这时作为规制者的平台企业如何跳出专家思维，就风险意识、风险分析以及风险评价与公众进行充分有效的沟通就有其深远意义。

若想在平台企业的自我规制过程中实现有效的风险沟通，至少要考虑以下四个方面的沟通：自律规则的创设程序，也就是导致创设规制规则（标准）的决策程序；自我规制的规则本身；在自律规则的制定与修改过程中实施的信息收集（如何收集被规制者接受规制活动的相关信息，以及如何将这些信息反馈到规则制定与行为修正中）[2]以及自我规制规则的执行。四个维度的分析核心在于审视平台企业"如何通过可见的、合理的和正当的方式作出决定"，较之以往只关注规制规则的制定过程的沟通与问责方式有其优越性。

第三节　公众与平台企业间的风险沟通图谱

如果对平台企业的问责要从规则"公开"移动到追求规制的"透明度"，尤其重视公民与平台企业间的风险沟通，那么就需要渐次回答以下问题：在平台企业的自我规制中，是否存在自律规则？用户是否知晓相关

---

[1] Luhmann, N, "1990. Technology, Environment and Social Risk: A Systems Perspective", *Industrial Crisis Quarterly* 4, 3 (1990), 223–231.

[2] See Hood, Christopher, Henry Rothstein, and Robert Baldwin, *The Government of Risk: Understanding Risk Regulation Regimes*, OUP Oxford, 2001.

规制规则？用户是真的理解了规则的含义还是仅仅点击了"同意"？如果用户知晓相关规则，那有没有参与自我规制规则制定或者修改的可能性？

一、规则是否存在以及用户知晓规则的可能性

平台企业通常会就两端用户的交易行为制定绵密的规范网络，用户在进入平台进行交易时是否知晓相应规则的存在，是进行问责时第一个亟待解决的问题。互联网平台与传统平台企业最大的不同就是前者存在对个人信息的广泛收集与多角度利用。消费者在市集上与生产者进行交易时并不需要提供自己的个人信息就可以完成购买行为，而投资者在证券交易所进行交易时也只需要提供基本的身份信息与账户信息，在需要购买高风险的金融衍生品种时还需要通过风险测试与金融知识测试。但是在互联网平台进行交易时，用户除了登录时必须提供的个人基本信息，还会因为浏览、搜索与购买行为，甚至是购买后的评价内容而向互联网平台泄露大量的个人信息。但与此同时，互联网平台的规则公开水平却不容乐观。

笔者以互联网平台对个人信息的采集规则是否公开、透明为切入点，来观察平台企业的自我规制规则是否存在，并且为用户所知晓。许多学者已经就互联网平台的隐私声明的公开程度作出了分析，笔者对截至2018年6月的数据进行统计，根据中国站长之家的网站排行榜，笔者选取了排名前300名的电商网站，[1]就其对个人信息的收集情况做了统计分析。

在排名前300名的电商网站中，明确提供了隐私声明的占到总数量的71%，其中包含个人信息的收集目的占到55%，包含个人信息的收集方式的占到55%，而包含个人信息的收集范围的则有58%。因此互联网平台规则的可得性与公开性并不乐观。

如果考虑到隐私政策的可见性，可以发现300家电商网站中在主页上有隐私政策声明的仅有62%，标题包含"隐私"字眼的占90%，包含在服务协议中的则有77%。还需要考虑的一个因素是隐私声明在页面中的位

---

〔1〕 http://top. chinaz. com/hangye/index_ shopping_ dianshang. html，最后访问时间：2020年6月30日。该网站记载的排名情况时有变化。——作者注

置，这与可得性密切相关。在 300 家电商网站中，多数隐私声明放置在不容易被察觉的网页底部，占比达到 90%，而公布在相对醒目的页面顶端的只有 4%，在页面中部的有 6%。并且在统计的样本中，还有 6% 的网站链接隐私声明显示为无法打开。在可以打开的链接中，用户点击一次可以看到隐私声明内容的占到 77%，用户需要点击 2 次才能看到的占比为 23%。这些数据充分体现了服务协议的制定者并不希望用户理解甚至阅读这些条款。

二、用户是真的理解了规则的含义还是仅仅点击了"同意"？

一方面，并非所有的网站都提供了容易获取的隐私声明的链接（事实上哪怕在隐私采集并不是特别敏感的电商类网站，隐私声明的公开仍然不容乐观）。另一方面，对于公众而言，面对注册时需要确认的长达几十上百页的隐私声明，似乎除点击"同意"之外别无他法[1]（如果不点击"同意"继而跳转到下一步，就只能选择"不同意"从而无法使用该平台）。机构发布的冗长艰涩的声明给平台用户造成了沉重的负担，"用户协议与隐私声明远不是为人类设计的"。[2]有研究表明，如果认真阅读每一份用户协议与隐私声明，每个用户一年大约需要花费 244 小时的时间。因此更为常见的选择就变成了既不阅读也不理解其内容。复杂技术的叠加与择出机制 opt-out 的使用使得用户很多时候是"未知情同意"而非"知情同意"。[3]而当这一原则应用到互联网平台的用户协议、隐私声明等一系列文本中时，就会面临用户是否拥有连自己也不了解的信息挖掘与使用技术的授予权。[4]在这个意义上，用户协议其实不再是用户与平台间通过合意订立的合同，而更像是一种单方悬挂于网页不明显处的一种公告。

可以考虑到另一种极端情况，如果用户开始更加理性地参与到合同订

---

〔1〕 肖梦黎："大数据背景下个人信息保护的更优规制研究"，载《当代传播》2018 年第 5 期。

〔2〕 See Landau, Susan, "Control Use of Data to Protect Privacy", *Science* 347. 6221（2015）：504-506.

〔3〕 王莉："大数据时代社交媒体'数据隐私'的合理使用——知情同意、未知情同意与参与式同意"，载《编辑之友》2018 年第 10 期。

〔4〕 知情同意权最初起源于医疗领域，意指病人在接受治疗时有"被如实告知"的权利。Hansson, Sven Ove, "Informed Consent out of Context", *Journal of Business Ethics* 63, 2（2006），149-154.

立的过程中，认真审读每一份用户协议，并且不断要求平台企业进行更全面的信息披露以获得知情权，[1]其结果会变成用户协议的篇幅越来越冗长，补充条款与释义条款越来越多，从而更加影响用户体验。用户既然要么选择接受要么选择退出，就只能被动接受平台企业的一切告知。[2]

三、用户如果明确知晓相关规则，是否参与了规制的制定与修改?

知情同意对于平台用户而言是必要而不充分的，规则制定的每个环节都应该有民众与利益相关方的参与。在规则/协议制定环节、修改环节如何进一步增强民众参与、风险问责都是应该进一步考量的问题。

（一）　规则/协议制定环节：强制的协议管辖

在讨论用户协议的具体制定是否存在公民参与时，先讨论一个饶有趣味的案例。被告王某从京东商城订购了两台标价为 0 元的海尔空调（0 元的错误标价系网站工作人员的工作失误造成），[3]被告的住所地和合同履行地都在上海。原告京东世纪公司根据协议规定在网站所在地北京市海淀区法院提起诉讼。被告提出管辖权异议，认为既可适用约定管辖也可适用法定管辖。[4]在此案件中，北京市海淀区人民法院经审理认为，该用户协议是一种格式合同。根据 1999 年《合同法》对格式条款的解释原则，法院应采用对提供者不利的解释，因此该协议中的管辖条款无效。线上交易客单价低，用户分散，如果遵照用户协议中对管辖权的约定，则会给消费者增加高额差旅费、时间与精力上的巨大耗费等负担，对消费者而言是显失公平的。

无独有偶，各种互联网平台在制定用户协议时不约而同地用格式合同的方式对管辖进行"约定"或者直接排除司法管辖。滴滴在用户协议中规定，访问或接受服务过程中发生的争议应当协商解决，协商不成的，由实际服务提供者或实际网络信息服务提供者所有地有管辖权的法院诉讼解

---

[1]　胡凌："论赛博空间的架构及其法律意蕴"，载《东方法学》2018 年第 3 期。

[2]　[美] 欧姆瑞·本·沙哈尔、卡尔·E. 施奈德：《过犹不及　强制披露的失败》，陈晓芳译，法律出版社 2015 年版，第 63 页。

[3]　李颖："网站用户协议中协议管辖条款的效力"，载《人民司法》2009 年第 8 期。

[4]　(2008) 海民初字第 30043 号。

决。而实际上滴滴出租、专车、快车、顺风车、代驾以及巴士等不同的业务分属天津、北京、杭州等地有管辖权的法院管辖。[1] Airbnb 中国在用户协议中明确因平台服务引发的纠纷约定仲裁、放弃陪审团审理、不参与集团诉讼或代表人诉讼等规定[2]，争议应该提交地点在北京的中国国际经济贸易仲裁委员会，且仲裁程序使用英语进行。[3]

（二）规则/协议修改环节：单方面进行的修改

在对互联网平台的用户协议进行考察时，会发现单方滥用协议条款变更修改权利的现象普遍存在。比如《亚马逊购物应用程序许可协议和使用条款》[4]第 14 条载明："我方可自行决定修改本使用条款并将修改发布到我方网站上或仅在应用程序内部发布。您在修改生效日期后对服务或应用程序的继续使用将被视为您同意接受修改条款约束的证据。"用户如果未能注意到更改条款（根据前面论述的内容，用户很难注意到条款的修改），就默认用户同意了条款的修改。也可以将这种条款认定为"择出"的用户控制条款，即没有明示反对就默认为同意。

而《滴滴软件使用协议及隐私政策》[5]在一般原则部分对平台用户提出了更加苛刻的要求：以下规则适用于所有滴滴用户或浏览者，[6]因业务政策调整，可能被随时修改。您应经常访问本页面以了解目前的条款，因为这些条款与您密切相关。这些条款的某些条文也可能被滴滴平台上某些页面上或某些具体服务明确制定的法律通告或条款所指代。您应该了解

---

〔1〕 http://static. galileo. xiaojukeji. com/static/tms/didi-service-items. html，最后访问时间：2022 年 3 月 17 日。

〔2〕 参见 Airbnb《服务条款》19.4，19.4，19.11，https://zh. airbnb. com/terms，最后访问时间：2018 年 11 月 17 日。

〔3〕 参见 Airbnb《服务条款》19.11，https://zh. airbnb. com/terms，最后访问时间：2018 年 11 月 17 日。

〔4〕《亚马逊购物应用程序许可协议和使用条款》，载 https://www. amazon. cn/gp/help/customer/display. html/ref=aw？ ie=UTF8&nodeId=200634080，最后访问时间：2019 年 11 月 17 日。

〔5〕《滴滴软件使用协议及隐私政策》，载 http://static. galileo. xiaojukeji. com/static/tms/didi-service-items. html，最后访问时间：2019 年 11 月 17 日。

〔6〕 包括滴滴出租信息平台、滴滴专快车信息平台、滴滴顺风车信息平台、滴滴代驾信息平台、滴滴租车信息平台，以及其附属游戏中心及滴滴商城等。

这些内容，一旦接受本条款，即意味着您已经同时详细阅读并接受了这些被引用或被取代的条款。一方面，滴滴可以单方面随时对用户协议及隐私政策进行修改，这部分修改可能并不会直接出现在该协议内容上，而是被页面上的其他通告或条款直接替代。另一方面，用户需要经常访问该页面以获得相关修改信息，否则即被认定为同意修改。

　　然而这种情况会随着公众的积极问责参与而发生改变。比如《2016 淘宝/天猫平台用户格式条款审查报告》上认为《天猫国际用户服务协议》第 1 条第 4 款违反了 1999 年《合同法》第 8 条的规定：[1]公司有权根据需要不时地制订、修改本协议及/或任何有关规则，并以网站公示的方式进行公告，不再单独通知您。变更后的协议和有关规则一经在网站公布后，立即自动生效。[2]2018 年 9 月生效的《天猫国际服务条款规则》就在第 2 条第 3 款作出了修改：天猫国际有权根据业务需要酌情修订任何条款，并以网站公告的形式进行更新，不再单独通知予您。经修订的条款一经在天猫国际网站公布，即产生效力。如您不同意相关修订，请您立即停止使用服务。如您选择继续使用服务，则将视为您已接受经修订的条款，当您与公司发生争议时，应以最新的条款为准。[3]虽然仍未就用户对修改的参与作出实质性的修订，但是较之此前的默认生效条款，给予了用户可以"择出"的选择。

　　平台企业单方面修改协议内容的规定并不是一个新问题，传统平台企业便已经存在。要注意区分其修改的是交易规则还是平台与用户的服务协议。比如证券交易所单方面修改交易规则时，可以选择对公众意见进行征求，但无需得到普遍同意。但若是一份用户与平台间签订的协议，理论上应该获取双方的认可。如果确实因为线上平台的技术更迭十分迅速而无法

---

〔1〕　1999 年《合同法》第 8 条：依法成立的合同，对当事人具有法律约束力。当事人应当按照约定履行自己的义务，不得擅自变更或者解除合同。依法成立的合同，受法律保护。

〔2〕　中国电子商务研究中心：《2016 淘宝/天猫平台用户格式条款审查报告》，载 http://www.100ec.cn/detail--6413078.html，最后访问时间：2018 年 11 月 17 日。

〔3〕《天猫国际服务条款规则》，载 https://rule.tmall.hk/rule/rule_detail.htm? id＝2916&tag＝self，最后访问时间：2019 年 11 月 17 日。

与每个用户单独重新订立新的合同条款，那么也应在修改实施七日前（重大规则变动的公示期限应该更长）在网页醒目位置公开并采取适当措施通知平台两端用户，听取其意见和建议，从而保障消费者的知情权利以及商家的经营权利。

四、平台企业主动进行的风险沟通及其效果

国家对拥有"毛细管权力"的平台企业进行的直接干预可能低估了社会制度的自我构成潜能，高估了立法者与行政人员的认知能力和权力行使能力。就像欧盟《通用数据保护条例》（GDPR）施行以来造成的种种极端后果一样，立法者可以封锁平台企业行为的边界，但无法在其内部进行支配。更为合理的一种回应是形成强大的外部压力，迫使"毛细管权力"逐步实现有效的内部自我设限与外部问责机制。正因为问责过程是需要回应的，是一方处于质询地位而另一方提供回答的流动的过程，因而平台企业也会根据外部压力不断调整修正自己的问责机制。堪称互联网平台自我规制公开典范的淘宝正在沿着第二种路径逐步拓展公民参与平台规制的可能性。

（一）规则制定阶段的公众参与：规则众议院

针对互联网平台的规范会不断迭代这一事实，淘宝在 2015 年 6 月设置了淘宝规则众议院，即淘宝规则在正式发布前对外公开征集意见的场所，成为规则议员后就可以对规制中新增或变更的要点进行投票或发布意见。买家和卖家都可以成为规则议员，淘宝还将招募高级议员与专家议员。以《淘宝网"免费换新"服务标准》为例，淘宝网在 2018 年 9 月 25 日至 2018 年 10 月 2 日进行了意见征集。在规则众议院进行征集的过程中，买卖双方均可参与，可以选择"支持"此次变更或者选择"可再评估"，如果选择后者，则需要提交相关理由。在此次意见征求中，淘宝网宣布多数用户支持此次规则调整，在"可再评估"的意见反馈中，无有效意见，因此"免费换新"条款的修改就宣告施行。

（二）规则执行阶段的公众参与：大众评审制度

大众评审制度则应用于规则的执行与裁判环节：2012 年 12 月 18 日淘

宝正式推出大众评审制度，2013 年 9 月 23 日《淘宝网大众评审公约（试行）》正式生效。[1]"如支持任何一方的评审员均不足 16（含本数）人，则构成无效判定，淘宝网将人工介入对该违规行为及交易纠纷的判定处理"，且大众评审员的评审裁决为一裁终局。[2]

淘宝在 2013 年 9 月制定并公告了《淘宝网大众评审公约（试行）》后，于 2014 年、2015 年又分别对该公约进行了修改。涉及修改的内容包括评审员招募条件、评审员退出机制以及对评审员进行的任务派送三个部分。如果说大众评审制度代表着公民参与到平台企业自我规制的执行过程之中，那么公约修改的内容会对公民如何参与的条件进行限制。对于准入、退出等条件的修改会影响公民参与规制执行过程的基础部分。在涉及评审员招募条件的修改中可以发现，参与大众评审的准入条件变得更为严苛了。会员注册时间的要求从满三个月变成满一年，对买家和卖家的准入又增设了信用等级、会员等级、纠纷率以及违规情况等指标。对评审员退出机制的修改也显示出了类似的趋势。2014 年对《淘宝网大众评审公约（试行）》进行修改时还增设了评审员的冻结机制：如评审员在一定任务量内如果存在判定结果不客观的情况，其评审员的判定资格将被冻结 90 天。陪审员接受的任务数也逐渐出现了与信用等级挂钩的情况。任务的派送从系统随机进行派送变为每个陪审员根据不同的信用等级设置每天可参与的任务总量。

第四节　平台治理中风险沟通的不足与优化

一、平台风险沟通机制的实效分析

互联网平台主动设定的风险沟通机制呈现出分布不均的态势，极少数

---

　〔1〕　大众评审制度的基本流程是，报告→通知报名成功→成为大众评审员→进入任务广场（也就是许多待裁定的任务池）→挑选任务→查看任务详情→进行投票→投票成功等待结果→任务结束，查看结果→对结果有疑义，发起举报。大众评审适用于因卖家违规引发的行为以及买卖双方存在争议的交易款项归属或资金赔偿纠纷。《淘宝网大众评审公约（试行）》第 2 条。

　〔2〕　《淘宝网大众评审公约（试行）》第 11 条第 3 款。

头部平台积极探索有益的公民参与模式，但绝大多数平台囿于架构与盈利模式等限制仍然回避这类有效举措。并且，风险沟通机制的设立通常缺乏审慎性、周全性的考虑，没有统一的路线规划与目标设定。

首先，平台企业的风险沟通机制通常并非专门为了用户利益而设计。大众评审等制度的推行以至于不断修正恰恰印证了平台企业在不断探索公民参与的方式。类似制度的设立初衷是希望尽可能减少平台工作人员介入的纠纷数量，以降低所需的人力资源，附带着将一定的控制权转交给用户。在这种机制设计下，平台希望资信更好的用户参与到评审中来，以此提升判断准确度。然而，这种平台单方面设置的准入限制可能会影响消费者参与的整全性，甚至于忽视部分消费者的利益。

其次，平台主导的风险沟通过程未能清楚地区分技术专家与普通用户的风险认知差异，"公众提出的价值问题无法得到专业群体的有效回应，专家对问题的回答也没有切中要害，难以安抚民众的焦虑"。[1]

再次，平台现有的风险沟通缺乏相应的制度设计，未能有效区分评先评估与风险管理。比如在平台出现集聚性、争议性事件时，不仅应该吸纳用户的各种声音，还应该聘请独立专家进行风险评估。独立专家的成员资格与决策过程应该透明，成员构成需要呈现出学科、文化、性别与地域等方面的多元性。

最后，不同类型的平台，甚至同一平台在不同阶段都会出现披露水平上的较大差异。互联网平台一般仅在注册时方可看到用户协议的全貌，也不在网站醒目位置进行违法行为标识。[2]在前述笔者调查的在排名前300名的电商网站中，用户协议或隐私声明中载明用户有权删除其个人信息的占比只有36%，载明用户有权更正其个人信息的有60%，超过90%的电商平台均未明确说明对平台交易产生的用户个人信息的留存时长。对于同一个平台而言，规则制定与修改环节的公众参与度往往处于较低的水平，这

---

〔1〕 ［德］乌尔里希·贝克：《风险社会》，何博闻译，译林出版社2004年版，第30页。

〔2〕 互联网平台的信息披露水平与透明度要求远低于交易金融产品的证券交易所。各类交易所的网站均设立专门的栏目，对业务规则与相关处罚信息进行披露。

是由于用户协议的拟定会触及平台的核心利益。而规则执行过程中如果涉及的是平台两端用户的行为，则可能出现一个较高的参与度。

二、平台风险沟通机制的功能性

平台的风险沟通机制之所以重要，在于其促进了赋权与分权的平衡。对于平台而言，可以通过风险沟通向用户传达平台希望赞许的行为，以一种较为温和的方式执行平台规范。对于平台用户而言，则可以获得一定权力的让渡，对自己在平台上的行为获得掌控感。

首先，风险沟通机制实现了网络空间内对消费者的充分赋权与参与式治理，丰富并优化了市场的多元权力类型。将评价权力交还给用户与消费者，贯彻一种旨在实现多元价值的"参与式治理"。比如，消费者能够通过撰写和阅读在线评论来交流信息、观点和经验，促进商家的行为改进。风险沟通机制在效用上优于传统的强制披露方式，平台自愿以评级、排名等形式向消费者提供建议是更为可取的，[1]平台逐步完成了从风险预防者到商业建构者的转变。

其次，风险沟通机制在集中规制与向消费者授权之间找到了新的平衡点。比如平台信用评分机制是一种由社群自主驱动的信用评价模式，声誉反馈可以催生出"更知情的消费者"。[2]基于消费经历作出的分散化评价形式，能够对规制机构制定的集中式的标准进行挑战。随着公共治理"更多声誉、更少监管"的转向，平台用户通过信用互评可以实现与商家的双向钳制，从而构成了新的权力平衡点。在社会治理的外部视角中，平台的声誉机制一定程度上替代了传统的政府监管，从而实现了对其他权力机制的限制与整合。

再次，风险沟通作为一种受制于特定程序的角色分配体系，应秉承商谈过程中权力与机会均等的原则，让平台、技术专家、用户与利益相关者

---

〔1〕 Ben-Shahar, Omri, and Carl E. Schneider, "Coping with the Failure of Mandated Disclosure", *Jerusalem Review of Legal Studies* 11, 1 (2015), 83–93.

〔2〕 Koopman, Christopher, Matthew Mitchell, and Adam Thierer. The Sharing Economy and Consumer Protection Regulation: The Case for Policy Change. *J. Bus. Entrepreneurship & L.* 8 (2014): 529.

的声音都纳入决策过程。不同意见之间的互动过程塑造了一个沟通网络，将不同的认知加以综合，从而使风险决策中的各方可有意识地、切实地预测他者的预期。不同角色就位后，彼此间的相互配合能有效缓解民众面对突发公共事件时的负面情绪。风险沟通的另一层价值就在于限制恣意，阻止某一种价值的扩张达到独尊或普世的地步。[1]风险沟通的程序化可以通过对决策条件的限制来优化决策结果：先是由专家对议程进行合理化设定，然后不同参与主体针对认知冲突进行充分讨论并记录异议，最后由政府机构在此基础上运用裁量权进行决断。这样的风险决策过程即使无法达到罗尔斯所说的"重叠性共识"，也可以帮助人们在认清分歧的基础上努力达到可容忍的共识与批判性的信任。风险沟通既可以有效弥合不同群体间的认知分歧以实现风险规制的目的，又可以避免问责机制的空转与实质性价值争论的激化，最终达到服务于风险管理与风险决定的目的。

最后，对于作为规制者的平台而言，加强风险沟通有助于提升公众的信任度，促使其决定合法化，最终改善决策质量。[2]对于新技术导入与发展较为频繁的领域，需要尽早引入公众参与，因为相较于"新"风险而言，人们倾向于用更宽容的方式处理"旧风险"，剥夺某项人们已经享有的有形利益总是更为困难的。[3]平台企业所处的就属于技术更迭特别迅速的领域，因而更应该自发地创设出公众可以积极参与的相关程序。不仅需要保障公民享有信息权、决策过程中的参与权以及诉诸法院的权利，也应广泛扩展包括利益相关者论坛、公民陪审团、共识会议（consensus conference）在内的各种风险沟通方式。

---

〔1〕 季卫东："程序比较论"，载《比较法研究》1993年第1期。

〔2〕 Fiorino, Daniel J., "Citizen Participation and Environmental Risk: A Survey of Institutional Mechanisms", *Science, Technology, & Human Values* 15.2 (1990): 226-243. Renn, Ortwin, "Risk Communication and the Social Amplification of Risk", *Communicating Risks to the Public*. Springer, Dordrecht, 1991. 287-324.

〔3〕 Huber, Peter, "The Old-new Division in Risk Regulation", *Virginia Law Review* (1983): 1025-1107.

三、平台风险沟通过程的制度化

对于平台而言，风险沟通过程的清晰化与制度化应该成为一项重要目标。风险的沟通与商谈程序还存在很多难题：风险概念的包容性与参与人群的知识结构大相径庭，找到一套可以讨论的共同语言并不容易。规制者、专家与公众架构问题的方式存在较大差异，且彼此间缺乏信任；[1]参与讨论的公民成员缺乏代表性；在究竟应该采纳谁的意见，如何处理专家与公众两者间的紧张关系等问题上均会出现困难。[2]因此风险沟通的内容必须清晰，其表述应该让专家以外的人也能够理解。

首先，平台的风险沟通要关注规则的解释与说明。商务部发布的《网络零售第三方平台交易规则制定程序规定（试行）》已经对电商平台的说明与解释责任做了具体规定：网络零售第三方平台经营者制定、修改与实施基本交易规则、责任及风险分担规则[3]、信用评价规则、消费者权益保护规则、信息披露规则等应按照本规定公示并备案，交易规则的适用、修改、纠纷解决同样需要公示并备案。网络零售第三方平台经营者除了涉及商业秘密的情况，应在交易规则实施前七日在网站醒目位置予以公开，如果对网络零售经营者和消费者有重大影响的，应制定合理的过渡措施。如果平台企业未能按照上述规定进行备案解释与说明，根据举报，所在地的省级商务主管部门可以对其提出行政指导意见书。

其次，风险沟通应注意吸纳不同的信息来源。由平台或技术专家向公众单方面传递风险信息的 DAD 模式[4]已被证明存在许多问题。在遭遇风

---

〔1〕 Fischhoff, Baruch, "Risk Perception and Communication Unplugged: Twenty Years of Process", *Risk Analysis* 15, 2 (1995), 137-145.

〔2〕 Pidgeon, Nick F., et al., "Using Surveys in Public Participation Processes for Risk Decision Making: The Case of the 2003 British GM Nation? Public Debate", *Risk Analysis: An International Journal* 25, 2 (2005), 467-479. Irwin, Alan, "The Politics of Talk: Coming to Terms with the 'New' Scientific Governance", *Social Studies of Science* 36, 2 (2006), 299-320.

〔3〕 责任及风险分担规则是指网络零售第三方平台经营者针对网络零售经营者和消费者承担民事责任或者免除责任的规则及风险分担的规则。

〔4〕 DAD 模式是风险沟通中的单向告知模式，即由精英向民众单方面决定、宣布与维护 (decide, announce, defend) 相关风险信息的模式。

险事件时，平台的风险评估与决策主体应该将系统性知识、经验性知识、隐性知识与直觉性知识四种类型的知识纳入双向的风险沟通过程中。就像哈贝马斯在商谈伦理学中所揭示的那样："每一能言谈和行动的主体都可以参加商谈讨论；任何人都可以对特定主张提出问题，将不同的主张引入讨论；谈话者不应借助商谈之外的支配性强制来妨碍其他主体对上述两种权利的体验。"[1] 不同类型的主体在风险沟通的平台上交换知识主张，从而使平台得以将多视角、相互参照的因素吸纳进风险决策中（详见图5-1）。

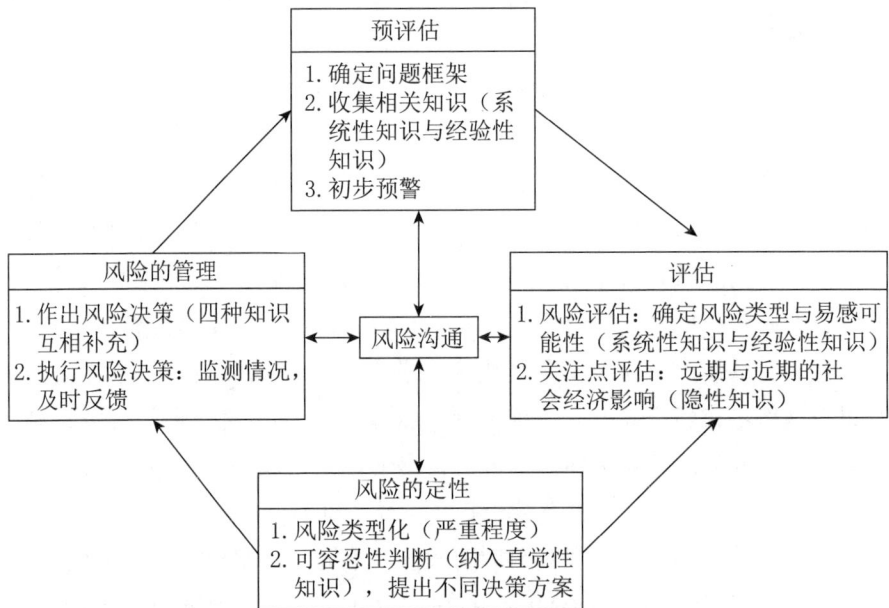

图5-1 风险沟通中不同知识的参与流程[2]

再次，风险决策应以科学计算为前提，坚持风险最小化的原则，鼓励科学范围内的争鸣与论证。吸纳专家知识的商谈过程应努力囊括不同群体

---

〔1〕 艾四林："哈贝马斯思想评析"，载《清华大学学报（哲学社会科学版）》2001年第3期。

〔2〕 O. Renn, P. Graham. White Paper on Risk Governance: towards an Integrative Approach. International risk governance council, Geneva, 2006-01. 〔2021-03-28〕 http://lib. riskreductionafrica. org/bitstream/handle/123456789/638/5789%20-%20White%20Paper%20on%20Risk%20Governance. %20Towards%20an%20Integrative%20Approach. pdf? sequence=1&isAllowed=y.

的观点，毕竟，公众本身也是由秉持不同价值观的群体所组成。风险事件中享有利益的群体必须参与讨论，决策者要尽一切可能帮助其充分表达自己的观点。此举既能使公众在论辩前接触不同渠道的信息，还能记录风险发展过程中的模糊点，进一步帮助民众理解风险决策的逻辑，使其更愿意承担决策结果。只有在证明了科学性、一致性以及与价值观的适配性时，风险决策的可选项才能在争论和反争论的交叉火力中留存下来。如果所有争论都经过了充分博弈，那么即便参与者对决策意见和行动方案仍持保留态度，也不妨碍生成共识。需要明确的是，协商一致只是风险沟通的可能结果，而非强制性要求。若所有参与者共同找到了一个新的选择，这个新选择比此前讨论时持有的选择更有价值，这就达成了真正的共识。但显然，只有在例外与非常态的情况下，才能找到此种共识。在现实中，更多的共识是一种"被容忍的共识"或者"宽容的共识"，也就是一些参与者自愿以个人或群体的损失来换取社会整体福利的增长。

　　最后，问责的边界与限度也非常重要。公开得少、参与得少、问责得少固然是个大问题，但是如果平台企业被频频问责，又会走向另一个极端。欧盟《通用数据保护条例》（GDPR）恰巧展示了这样一个例子：此前平台巨头们由于受"避风港原则"的保护，对个人信息的搜集使用虽然处于用户"非知情同意"的情况却往往不被问责。但欧盟《通用数据保护条例》（GOPR）对平台使用个人信息的行为提出了严苛的问责要求，[1]这种将严格的问责内嵌于用户协议中的做法导致 Google 被罚处了 43 亿欧元，已经宣称打算退出欧盟。[2]各国的平台巨头绞尽脑汁纷纷对用户协议进行修改，以规避可能的惩处。平台企业归根到底是一种企业，对于企业而言，规则在创设、修改与执行过程中是否鼓励公众参与、是否注意信息收集过程中的公开与透明更多的是一种自发行为，而不适宜将其认定为一种

---

〔1〕　See Regulation（EU）of the European Parliament And of the Council on the protection of individualswith regard to the processing of personal data and on the free movement of such data（General Data Protection Regulation），Article 4（29）.

〔2〕　彭新："定了！谷歌因垄断被欧盟处罚 43 亿欧元"，载 https://www.sohu.com/a/241975 437_ 313745，最后访问时间：2022 年 4 月 1 日。

义务。但是平台企业又同时兼具企业与市场的双重性，既要促成商品与服务的交易，同时也提供市场规则。平台企业为了在资源与用户的争夺中获得先机，有动机提升规制质量以求"奔向高端"。因此，平台企业应该合理确认风险沟通的边界，提供程序上的合法性框架，在规范层面对风险沟通的过程与限度进行设定。

第六章

划界与制裁：

平台企业的责任变迁

平台企业主动进行的风险沟通未必能产生预期的良好效果，沟通不畅可能会将风险转化为实际的损害，此时就需要公权力介入平台企业的自我规制。与风险沟通中公众常见的敦促、呼吁、倡导等方式相比，公权力介入的归责显然涉及更高的强度。在这个意义上，责任的认定与承担能够较好地体现问责的强制性与惩罚性，强迫权力以一种透明的方式运作，并同时为因平台权力的施行而利益受损的相关方提供矫正与补救措施。

基于对消费者保护与市场有效运行的期待，我们需要在自我规制、司法、行政规制与政府规制这四种解决问题的方案中作出选择适配，从而推演出合理的制度安排。[1]"只有在无序的程度过高，私人秩序与司法都无效的情况下，规制才是必须的。"[2]每一种选择都需要在无序与权力中作出衡量，既要保证对平台企业问责的有效性，又要设定权力的边界以防止其滥用。[3]在对平台企业的自我规制进行规制的过程中，政府监管部门特别注意将风险预防原则与回复性原则的精神渗入其中，从而达到有效控制风险的目的。

第一节　对自我规制的规制：迈向被规制之路？

一、认知平台责任

"责任"是一个日常生活和学术语言中都会经常出现的词汇，因此会出现不同的分类与使用语境。平台的责任承担需要以平台行为导致的某种后果为前提，要求平台企业就特定的行为承担具体的法律责任。换言之，若某个后果可以归因于平台企业的行为，平台具有责任能力且没有免责理

---

〔1〕　See Shleifer, Andrei, "State Versus Private Ownership", *Journal of Economic Perspectives*, 12. 4（1998）.

〔2〕　参见董慧凝："证券监管的适度性探讨"，载《证券市场导报》2007 年第 5 期。

〔3〕　肖梦黎："监管竞争背景下证券交易所自律规制的司法介入机制研究——以《证券交易所管理办法》为切入点"，载《南京大学学报（哲学·人文科学·社会科学版）》2018 年第 6 期。

由，那么对于该后果就需要承担实质上的"归因—课责"责任，从而接受相应的责备、制裁或惩罚。

当我们认识责任时，必须清楚几种责任，分别为角色责任、能力责任、因果责任与课责责任。在此仅以哈特精心设计的一个故事作展示。

作为船长，他应该对乘客与船员的安全负责。但在上一次的航行中，他每晚都喝得烂醉如泥，因此应该对此次的沉船事故负责。据说船长有精神上的毛病，但是医生认定他还是应该对他的行为负责。从航行过程中表现出来的种种行为来看，船长是个极不负责的人。将时间轴拉长，他的整个人生也是不负责任的。沉船事件发生后，他认为不常见的冬季风暴应该负主要责任。但是在后续提起的法律诉讼中，他被裁定应该因过失行为负刑事责任，并且应对生命和财产的损失负民事赔偿责任。更为重要的是，他应该为船上死去的妇女和儿童负道德责任。[1]

第一，角色责任是指因为主体特定的地位或职位而需承担的责任。船长当然要对乘客和船员的安全负责，这是根据主体所处的位置和制度的目的而进行"设计"与"规定"的，其本质上是一种规范性要求。而且这种基于角色的职责责任存在于事前，是对未发生的事情而言。能力责任是一个人承担课责责任的前提，意指一个人能够理解、认知和控制自己行为的能力。[2]

第二，因果责任是指需要为前面的某个事件或行为造成的后果承担责任，也可以称其为"作为归因的责任"。由于"我"的行为或决定使得原有的情况发生了改变，造成了某种新的后果，这种后果是"我"造成的，它的出现归因于"我"，因此"我"要负责任。恰恰是因为"我"的行为造成了某项后果，新后果的发生可以归结到"我"的身上，因此"我"需要为之承担接受问责的义务。即便可以将某些事实归因于"我"，但"我"仍然可以因为一些原因不负责任，比如缺乏行为能力（前述的能力责任）、

---

〔1〕 Hart, Herbert Lionel Adolphus, *Punishment and Responsibility: Essays in the Philosophy of Law*, Oxford University Press, 2008, pp. 211-212.

〔2〕 参见王若磊：《政治问责论》，上海三联书店 2015 年版，第 54～56 页。

受到强迫、否认因果关系的存在，等等。[1]因果责任存在于事后，是对已经发生的事情而言，也是将行为和后果连接起来的纽带。

第三，课责责任是说在主体从事了某个行为，产生了某个后果后，应当对这些后果承担法律或道德上的责任，因此要面临的进一步的否定性评价、需要承担不利后果以及其他负面的对待。在这个层面上，责任的概念就等同于制裁、惩罚。由于"我"造成了某种后果，"我"对这种后果负有责任，因此"我"需要承担否定性评价以及进而带来的消极负担。[2]课责责任主要可以分为道德课责责任与法律课责责任。对于哈特而言，课责责任是最终进行制裁的前提，只有负有课责责任才能进行惩罚。课责是对之前行为的一种评价，在获得评价后才会采取一定的措施。

对于责任的不同维度可以完整地表达为："我"出于一定的地位或基于某种身份，应该承担一定的"职责—角色"责任；但由于"我"的某种行为或不作为，造成了一定的后果，这个后果可以在因果关系的意义上归因于"我"；并且我具备相应的责任能力，又没有其他的免责理由，因此对于该后果"我"要承担实质上的"归因—课责"责任。"我"应当接受制裁，受到责备或惩罚。在这一组归责链条中，角色责任是前提，归因责任是认定环节，课责责任是后果，能力责任是阻却事由。

二、从"明知"的责任到"应知"的责任

我国现有的法律体系已经逐渐织就了对平台的责任之网。除了前述《民法典》《互联网信息服务管理办法》《食品安全法》《广告法》已经规定了平台需要承担的相关责任，监管部门在实施上述规定时又对平台需要承担的责任做了进一步扩张。比如，《网络食品安全违法行为查处办法》规定了需要建立主动监控体系等。

目前对于平台规制责任的法律规定主要来自以下几个条文，分别为

---

[1] See Austin, J. L. , "A Plea for Excuses: The Presidential Address", *Proceedings of the Aristotelian Society*, 57. 1（1956）.

[2] 王若磊：《政治问责论》，上海三联书店 2015 年版，第 61 页。

《消费者权益保护法》第 44 条、《民法典》第 1195 条和第 1197 条，以及《电子商务法》第 38 条。《消费者权益保护法》第 44 条与《民法典》中的互联网责任条款中规定的网络平台类型有所不同：互联网平台根据《消费者权益保护法》第 44 条承担附条件不真正连带责任，网络媒介平台则根据《民法典》第 1195 条承担责任。互联网平台在涉嫌侵犯知识产权的情况下也可能适用《民法典》的相关规定。当然，网络媒介平台在满足一定条件时也可以向互联网平台转换，这种转换必须以法律关系上的转换为依据。网络媒介平台转化为互联网平台后，也需要承担《消费者权益保护法》第 44 条的相关责任。〔1〕

三、从"通知—删除"责任到承担主体责任

伴随着数字时代立法的频繁与细密，政府监管部门开始要求平台承担的责任逐渐从"通知—删除"快进到主体责任。面对海量的信息，平台无法做到普遍性的审查义务。〔2〕平台只需要在权利人与执法部门通知平台上进行的相关行为涉嫌违法时，及时采取措施进行删除或者阻止访问即可免责，〔3〕也被称为"通知—删除原则"，〔4〕这一点在各国的立法实践也形成了共识。随着《民法典》的正式施行，《电子商务法》与数据安全、个人信息保护等领域的特别法接连出台，我国正建立起对平台进行多元化、多层级的规制框架，而这一框架正逐步突破"通知—删除"的责任框架。

首先，《民法典》第 1194—1197 条将《网络安全法》与《侵权责任法》中对于平台责任的规定进行了细化、升华。现有法律框架将俗称"避

---

〔1〕 参见杨立新："网络媒介平台的性质转变及其提供者的责任承担"，载《法治研究》2016 年第 3 期。杨立新："利用网络非平台企业进行交易活动的损害赔偿责任"，载《江汉论坛》2016 年第 1 期。

〔2〕 参见张新宝、任鸿雁："互联网上的侵权责任：《侵权责任法》第 36 条解读"，载《中国人民大学学报》2010 年第 4 期。

〔3〕 See OECD, the Role of Internet Intermediaries in Advancing Public Policy Objectives, 2011, pp. 10-17.

〔4〕 See Anupam Chander, "How Law Made Silicon Valley", *Emory Law Journal*, (63) 2013.

风港原则"的"通知—删除—反通知—恢复"机制从著作权领域拓展到民事侵权领域。继而要求网络服务提供者"根据构成侵权的初步证据和服务类型采取必要措施"，这意味着必要措施的多元化。新增内容明确了不仅用户有权因错误通知受偿，作为网络服务提供者的平台也享有此项权利。现有规制框架增加了一些细节性的补充规定，这将使以"避风港原则"为基础的网络侵权处理机制运行得更加清晰、流畅、高效。

其次，作为特别法的《电子商务法》第38条第2款为平台经营者规定了"相应的责任"。《电子商务法》具有自身特殊的调整对象和范围，第38条第2款规定的审核义务或者安全保障义务对应的权利主体特指三方主体关系下的"消费者"。但责任性质、归责原则、举证责任的分配等均未明确，法官判案没有统一标准，可能导致同案不同判的问题，有损法的可预见性和公平性。王道发等学者认为电子商务平台经营者的相应责任应当是一种包容性的民事责任，既可能是补充责任，少数情形下也可能是连带责任或者按份责任，具体应根据电子商务平台经营者的审核或者安全保障义务内容及相关实际情形进行判断。[1]平台经营者充当市场秩序维护者时，承担的应是侵权责任，其对应的主观过错是过失，且举证责任倒置。如果平台经营者履行职责就不会发生损害，那么由其承担不真正的连带责任；如果平台经营者尽到义务也会发生损害，则在其未尽到义务时，由其在未尽义务范围内承担相应的补充责任。此外，还应明晰平台经营者的"资质审查义务""安全保障义务"，同时课以"监控义务"。

最后，现有监管体系已逐渐从尊重平台的技术中立转而要求平台压实主体责任，从严格适用"通知—删除原则"到形成一种不安全的"避风港原则"，再到明确平台公共事业的属性，要求其承担主体责任与安全保障义务。回顾国内网络视频平台的监管历史可以发现，司法实践中逐渐形成了一种不安全的"避风港原则"，即法院对"应知"的认定相对宽泛，要求视频平台承担"合理限度"内的审查义务。与此同时，法院也结合使用"用户感知标准"与"服务器标准"来判断版权侵权，从而在一定程度上

---

[1]　王道发："电子商务平台经营者安保责任研究"，载《中国法学》2019年第6期。

穿透表面的格式合同与算法表象，尝试找到真正的责任主体。一方面，越来越多的法律法规中出现了明确压实平台主体责任的表述，这意味着从实定法层面对平台的审核责任、规范义务作出了清晰的规定。另一方面，学界也纷纷提出要实现对平台的问责，认为平台依据主观过错承担法律责任，是平台算法走向"负责任"的必由之路。

强化平台规制责任源自两种理论：一个是从实用角度出发，平台较容易发现交易中的违法行为，因此应该承担守门员的责任。[1]随着技术的发展，巨无霸的互联网平台已经有足够的资源承担规制责任，自动过滤技术日臻完善，平台也可以借助相关技术追踪违法行为人（而这一点其他执法主体就很难实施）。另一个角度则是秉承"谁经营、谁负责"的原则，平台企业应该承担与经营活动相一致的注意义务。"由于违法行为的实施者是平台的用户，平台亦从违法行为中获取了收益，自然应当承担相应的义务，对这种义务的违背也就应当承担责任。"[2]如果认为平台进行违法控制，成本最低，那就忽视了平台与规制部门在"判断"构成违法的行为内容上的能力差距，"这种能力的差距也会导致误判风险的上升从而对用户权益形成非常明显的侵害"。[3]

第二节　治理平台企业的制度推演与规制选择

一、自我规制与竞争是解决市场风险的重要工具

事实上，市场和私人秩序可以在没有规制的情况下解决大多数市场失灵的问题。比如证券发行人愿意进行信息披露以获取更高的股票价格。如

---

[1]　See Reinier H. Kraakman, "Gatekeepers: The Anatomy of a Third-Party Enforcement Strategy", *Journal of Law Economics & Organization*, 2. 1 (1986).

[2]　See Doug, Lichtman, Posner. E., "Holding Internet Service Providers Accountable", *Supreme Court Economic Review*, 14 (2004). William M, Landes, and Lichtman D., "Indirect Liability for Copyright Infringement: An Economic Perspective", *Social Science Electronic Publishing*, 2 (2003).

[3]　参见赵鹏："私人审查的界限——论网络交易平台对用户内容的行政责任"，载《清华法学》2016 年第 6 期。

果信息公开不充分，投资者可能会认为发行公司的处境并不乐观。[1]另外，既然投资者需要花费甚巨来验明证券公司对信息发布的真伪，那么"好"股票的发行人就会诉诸其他途径来显示自己的品质优势。[2]因此科斯等学者就认为应该让证券交易所完全进行自我规制，[3]但事实上证券市场中的法律并未改善信息披露的情形，反而引入了更多的政府干预，增加了交易成本。[4]

竞争和私人规制就可以解决市场产生的大多数风险，不能被客观的竞争力量所约束的市场失灵，其范围非常有限。对优质用户资源的竞相追逐也会促使平台企业的自我规制奔向高端。[5]一方面，平台企业的垄断地位是在市场的充分竞争中形成的；另一方面，即使是规制者视角中的所谓垄断企业，也时刻面临着潜在的产业对手的进入和竞争。[6]在竞争与私人规制仍然无法解决风险的情况下，应该由法院来制止侵权行为。如果法院能够使受害方得到足够的补偿，心怀叵测的人就会自己敲响警钟，社会因此只需要最低限度的政府规制。[7]

---

[1]　See Grossman, Sanford, and Oliver Hart, "Disclosure Laws and Takeover Bids", *Journal of Finance*, 35.2 (1980). Milgrom, Paul, and John Roberts, "Relying on the Information of Interested Parties", *Rand Journal of Economics*, 17 (1986).

[2]　Ross, Stephen, "Disclosure Regulation in Financial Markets: Implication of Modern Finance Theory and Signaling Theory", *Issues in Financial Regulation*, 5 (1979).

[3]　See Coase, Ronald, "The problem of social cost", *Journal of Law and Economics*, 3 (1960).

[4]　See Coase, Ronald, "Economists and public policy", *Large Corporations in a Changing Society*, 1975. Macey, Jonathan, "Administrative Agency Obsolescence and Interest Group Formation: A Case Study of the SEC at Sixty", *Cardozo Law Review*, 15 (1994). Romano, Roberta, "The Need for Competition in International Securities Regulation", *Theoretical Inquiries in Law*, 2 (2001).

[5]　See Coffee Jr, John C., "Racing towards the Top? The Impact of Cross-listings and Stock Market Competition on International Corporate Governance", *Columbia Law Review*, 102 (2002).

[6]　例如美国在1900年还有100多家证券交易所，而这一数量到了1934年就变为34家，到了1962年还有14家，而到了2005年就只有9家。Fleckner, Andreas M. "Stock Exchanges at the Crossroads", *Fordham L. Rev*, 74 (2005). 英国曾经有超过20家证券交易所，法国有7家，意大利有10家，而截至2000年都仅留存有一家证券交易所。这些数量的变化是市场自由竞争、交易所之间兼并整合造成的，而非政府干预的结果。参见屠光绍主编：《证券交易所：现实与挑战》，上海人民出版社2000年版，第135~136页。

[7]　See Posner, Richard A., "A Theory of Negligence", *The Journal of Legal Studies*, 1.1 (1972).

二、政府监管的必要条件

如果按照前文所述逻辑，那么政府对平台自我规制的介入就显得有些不合时宜。政府对金融类平台的有效监管，可以促进市场发展和公众参与的提升。同时也有充分的证据表明，当私人自律与竞争已经无法控制无序成本时，就需要政府规制的介入。这时我们需要考虑权力成本的问题，每一种制度安排都需要对无序与权力两种成本进行衡量。无序成本是指私人（此处指平台企业）损害其他人利益的能力，权力成本则是指政府或政府官员损害他人利益的能力。[1]从交易所完全的自我规制，到私人通过诉讼方式获得救济，再到政府对交易所进行规制，以至于政府将交易所国有化的链条中，政府权力逐渐加强，无序的社会成本逐渐减少。也就是说，只有在无序的程度过高，私人执行与司法介入都不能有效控制的情况下，规制才是必须的。

（一）政府监管的必要条件之一：无序成本大于权力成本

那我们来审视一下与电商平台有亲缘性关系的证券交易平台。证券交易所的自我规制确实产生了许多无序的风险。美国在 1913 年就有 23 个州制定了旨在防范证券欺诈的规制法律，被统称为"蓝天法"（Blue-sky Law），意为如果不对证券业加以规制，就可能连蓝天也会被出售。[2]这些法律只在州内生效，全国范围内的证券法的出台以及专设的证券规制部门 SEC 的成立可归因于 1929—1933 年的金融危机。[3]

在该次危机中，美国股市的市值从 500 亿美元被直接腰斩，诸如洗售[4]、配合下单、发布虚假信息等证券欺诈行为层出不穷。该次危机使有着浓重自我规制传统的英国证券交易所也开始接受政府的规制法令。英国这种"自我规制的意识形态传统"一直持续到 1986 年美国《金融服务法》出台，此前占据主导地位的是俱乐部式的自我规制机构。由于一大批挂牌交易

---

〔1〕 参见［美］安德烈·施莱弗："理解规制"，余江译，载《比较》2005 年第 16 期。

〔2〕 李东方："证券监管法律制度研究"，西南政法大学 2000 年博士学位论文。

〔3〕 参见杨志华：《证券法律制度研究》，中国政法大学出版社 1995 年版，第 51 页。

〔4〕 洗售（wash sale）是指特定主体针对同一股票同时进行买入和卖出的委托，造成交易量激增的假象。配合下单也是为了虚假地增加交易量。这种手法与网络时代电商平台中的刷单非常类似。

所纷纷因丑闻宣告终结，英国政府终于认识到，如果伦敦的金融市场无法维持一个公平竞争的秩序环境，那么在激烈的金融市场的竞争下其世界金融中心的位置就难以存续，因此政府开始了对证券行业自我规制的广泛介入。[1]

与此同时，平台的恶性事件也频繁出现。比如魏则西事件引发的百度竞价排名的医疗广告乱象[2]，360水滴直播事件[3]，滴滴顺风车女性乘客遇害事件等都昭示着如果不对平台进行监管，以技术中立之名危害基本权益的情形将层出不穷。平台对格式条款的频繁使用也可能导致其规制责任的拆卸：普遍存在于服务协议中的平台对第三人行为免责[4]与概括免责[5]

---

〔1〕 英国政府主要的介入措施包括制定了2000年《金融服务与市场法》，成立了金融和投资理事会（SIB）与投资营销理事会组织委员会（MIBOC）。这两个机构对符合条件的自我规制组织进行认可，保证其有能力规制成员的准入与其他行为。李洪雷："走向衰落的自我规制——英国金融服务规制体制改革述评"，载《行政法学研究》2016年第3期。

〔2〕 2014年4月，就读于西安电子科技大学计算机专业的大二学生魏则西被检查出患有晚期滑膜肉瘤，是一种恶性软组织肿瘤，五年生存率为20%—50%。四处求医的魏则西以及其父母通过百度搜索找到了头条的武警北京总队第二医院。医生称"斯坦福技术""保20年"。魏则西在此接受4次"生物免疫疗法"治疗，花费20余万元。在被视为"救命稻草"的疗法治疗下，病情却未见好转。2016年4月12日，魏父在知乎上证实了21岁的魏则西去世。魏则西生前曾在知乎上留言质疑百度竞价排名医学信息和医院夸大疗效虚假宣传，以自己亲身经历回答了"你认为人性最大的恶是什么？"的问题。医院所谓的先进治疗技术也被网友发现是国外临床弃用淘汰的。此后，事件被发到各大社交平台，迅速引起热议。余瀛波："魏则西事件暴露医疗广告乱象　百度竞价排名引争议"，载http://media.people.com.cn/n1/2016/0503/c40606-28319177.html，最后访问时间：2022年3月19日。

〔3〕 2017年12月11日，陈女士称，她发现多个360智能摄像机用户将自己在网吧、健身馆等公共场所监控到的视频，放到了水滴直播平台上。由于拍摄工具是一个摄像头，如果不加以提醒，很多人只会觉得这是一个监控，所以，绝大多数人并不知道自己正被直播。"360水滴直播事件背后：数据黑金时代商业与隐私的冲撞仅是个开端"，载https://baijiahao.baidu.com/s?id=1587442975042321823&wfr=spider&for=pc，最后访问时间：2022年3月19日。

〔4〕《淘宝平台服务协议》4.6规定，淘宝依照法律规定履行基础保障义务，但对于第三人因素造成的合同履行障碍、履行瑕疵、履行延后或履行内容变更等情形，淘宝并不承担相应的违约责任。《淘宝平台服务协议》，载https://rule.taobao.com/detail-6116.htm?spm=a2177.7231193.0.0.1bfd17eaFwpRdx&tag=self，最后访问时间：2019年11月17日。

〔5〕 滴滴在《滴滴软件使用协议及隐私政策》中声明：无论在任何情况下（包括但不限于疏忽原因），由于使用滴滴上的信息或由滴滴平台链接的信息，或其他与滴滴平台链接的网站信息，对您或他人所造成任何的损失或损害（包括直接、间接、特别或后果性的损失或损害，例如收入或利润之损失，智能终端系统之损坏或数据丢失等后果），均由使用者自行承担责任（包括但不限于疏忽责任）。http://static.galileo.xiaojukeji.com/static/tms/didi-service-items.html，最后访问时间：2019年11月17日。

的条款，都会使得用户对于平台规制责任的问责出现困难。并且网络空间的格式条款多数以"点击合同"（平台用户只有点击"同意"后才能使用相关服务）的形式出现，对格式条款的预期转化为了"点击愉悦"从而不易被察觉。[1]一方面，互联网平台的格式条款具有很深的隐蔽性，比如被放置在深层网页，用户一般不易获取；在对相关风险不知情的情况下，用户也不会行使后悔权或者退出权。更为吊诡的是，网络平台多采用"择出"而非"择入"机制，也就是说只有在接受互联网平台的服务后才能看到隐私政策，而接受服务就意味着接受隐私政策。另一方面，互联网平台的格式条款可能会以准规范的形式表现出来，平台甚至会使用诸如"运营管理办法""开发规范"等措辞来指代格式条款。

（二）政府规制的必要条件之二：司法介入遇到滞碍

在选择进行政府监管时，我们还需要继续考虑另一个因素——司法介入是否也不能产生效果。私人提起的诉讼在许多时候是卓有成效的，法院不仅可以执行私人间的合同，也可以对自我规制产生的法规与公共法规进行强制执行，从而制止侵权行为。某些专业性较强的领域会使得法官即使在进行判断时投入更多的精力成本，也未必能达到公正的裁判效果。例如金融领域就充斥着复杂的公司章程、中介人担保书，法官需要花费高昂的成本来界定发行人或承销人是否提供了不准确的消息，是否遗漏了合理的谨慎态度所要求的应该披露的信息，经纪人在执行订单时是否秉持了"诚信交易"，"内部交易"与真正的运气应该如何区分，等等。法院是否有足够的激励和动机去分析金融领域的复杂合同问题也存在疑问。[2]平台场域内则面临更复杂的情况，随着技术迅速迭代与架构的越发复杂化，定向算法、大数据杀熟、算法歧视等技术问题逐渐溢出了法官能够理解的范畴。比如全国首例算法推荐案中针对 UGC 推荐平台关于"技术中立"的抗辩，法院认为即使通过算法推荐识别短视频具体内容不具有技术可行性，但对

〔1〕 Robert A. , Hillman, "Online Boilerplate: Would Mandatory Website Disclosure of E-Standard Terms Backfire?", *Social Science Electronic Publishing*, 104. 5 (2006).

〔2〕 See Glaeser, Edward, Simon Johnson, and Andrei Shleifer, "Coase Versus the Coasians", *The Quarterly Journal of Economics*, 116. 3 (2001).

于允许哪些短视频进入被算法推荐的范围，如何设置和优化算法推荐的具体应用方式，以及如何将已经进入推荐范围的侵权短视频纳入复审环节以避免其被大范围、长时间地传播等方面，字节跳动公司仍可以通过在其服务和运营的相应环节中施以必要的注意、采取必要的措施加以完善。至于具体应当采取哪些措施，法院不宜也无法直接作出要求，应交由字节跳动公司根据其服务和用户等实际情况制定相应策略，自主进行决定，并在个案中验证其实际效果，即是否能够实现及时、有效制止和预防明显的侵权行为和后果。[1]算法黑箱与数据鸿沟交互出现，对法官提出了更高的技术要求。

　　法律的不完备性给法官的有效司法造成了阻碍。语言的模糊性、人类见识的有限性、法律存在空白或者是条款的开放效应都会造成法律的不完备。受社会经济及技术的快速变革所影响的领域较之其他领域更容易不完备，证券市场正是如此。在这种情况下，法院并不能因立法上的不完备而放弃裁决，仍然需要阐明法律的含义，并对各方之间的责任进行清晰认定。学者将这种解释现有法律使其适应环境变化，并把它扩大适用至新案例的权力称为"剩余立法权"。[2]法律不完备时，剩余立法权及执法权的

---

〔1〕　爱奇艺公司系在线视频平台"爱奇艺"的经营者，经授权依法享有热播影视作品《延禧攻略》（以下简称延剧）在全球范围内独占的信息网络传播权。字节跳动公司未经授权，在延剧热播期间，通过其运营的"今日头条"IOS 和安卓版手机应用程序（以下合称今日头条 App），利用信息流推荐技术，将用户上传的截取自延剧的短视频（以下简称涉案短视频）向公众传播并推荐，导致播放量极高，其中单条最高播放量超过 110 万次。基于其与用户签署的用户协议，字节跳动公司获得了涉案短视频的相关权利，并与用户共享收益，与用户构成分工合作共同提供涉案短视频，侵害了爱奇艺公司对延剧享有的信息网络传播权。爱奇艺公司明确，即使字节跳动公司被认定为仅提供信息存储空间服务，亦主张其构成帮助侵权。因在延剧首播、独播、热播期间，字节跳动公司在明知或应知用户上传侵权内容情况下，未尽到合理的注意义务，存在主观过错。综上，字节跳动公司的侵权行为情节严重，且在案证据足以证明其行为给爱奇艺公司造成的实际损失超过法定赔偿额上限，故请求适用裁量性赔偿确定具体赔偿数额，以最大限度填平权利人损失。北京市海淀区人民法院（2018）京 0108 民初 49421 号民事判决书 。

〔2〕　See Katharina Pistor, Chenggang Xu, "Incomplete Law-A Conceptual and Analytical Framework and its Application to the Evolution of Financial Market Regulation", *Journal of International Law and Politics*, 35（2003）. Katharina Pistor, Chenggang Xu, "Fiduciary Duty in Transitional Civil Law Jurisdictions: Lessons from the Incomplete Law Theory", *Social Science Electronic Publishing*,（2002）. KatharinaPistor, Chenggang Xu, "Law Enforcement under Incomplete Law: Theory and Evidence from Financial Market Regulation", *SSRN Working Paper* No. 396141, 2004.

分配方式会影响法律执行的有效性。

三、治理平台企业的规制选择

　　司法机构与行政机关在实施剩余立法权与执行权时各有千秋。[1]法庭被设置为被动执法者与中立裁判者；行政监管部门则被设置为主动执法者，可以行使包括限制市场准入、监督交易活动、开展调查、禁止损害行为，以及对违法者施以行政制裁在内的多种职能。当法律体系完备时，我们无需寻找一个替代法庭作为主要执法者的机构，只要保证惩罚的强度与概率足够高即可。但在法律不完备的情况下，法律的阻吓效果削弱，加之法庭承担的是一种被动式执法者和事后立法者的角色，便很有可能导致执法不足。与之相反，行政机关无论是事前还是事后均可以创设并执行法律。对于行政机关而言，只要发现足够高的预期损害程度，就可以展开执法程序。[2]

　　那么如何在司法机关与行政机关之间进行剩余立法权与执法权的分配，应该取决于"法律不完备的程度及性质、对导致损害的行为进行标准化的能力，以及该种行为产生的预期损害与外部性的大小"。[3]由于证券市场因其虚拟经济的本质而容易造成价格的大幅波动，给行为不当者提供了巨大的利润空间，而且人们对证券产品价值或价格的评判往往并非依据真实可信的材料，很大程度上取决于投资者的主观想象，于是预期损害的规模可能非常之大。[4]标准化即意味着以合理成本对损害行为及结果进行描述的能力。比如作为证券规制核心的信息披露义务，证券监管部门

---

　　[1]　William M. Landes, Richard A. Posner, "Independent Judiciary in an Interested-Group Perspective", 18 *J. L. & Econ*, 875（1975）.

　　[2]　See Katharina Pistor, Chenggang Xu, "Incomplete Law-A Conceptual and Analytical Framework and its Application to the Evolution of Financial Market Regulation", *Journal of International Law and Politics*, 35（2003）.

　　[3]　See Katharina Pistor, Chenggang Xu, "Incomplete Law-A Conceptual and Analytical Framework and its Application to the Evolution of Financial Market Regulation", *Journal of International Law and Politics*, 35（2003）.

　　[4]　黄韬："为什么法院不那么重要——中国证券市场的一个观察"，载苏力主编：《法律和社会科学　第九卷》，法律出版社 2012 年版，第 63~110 页。

可以明确规定需要披露的信息类型及不披露会造成的后果。在法律高度不完备的情况下，若损害行为可以被标准化，并且该行为持续下去会造成严重的外部性后果，那么规制优于法庭解决。政府可通过制定法令，实施日常规制，要求自我规制机构向政府报告，设置独立机构或者政府部门进行专门规制等方式要求平台企业承担责任。政府对证券行业自我规制的介入正是建立在自我规制本身出现了不可控制的风险这一前提之下，无序成本已经大于政府介入所产生的权力成本，从而应进行政府监管。

第三节　规制平台企业的基本原则

对平台治理的规制是一个复杂命题，在政府对其进行监管时，需要综合考量平台企业的类型，创新性地引入阶梯式规制强度原则与规制总强度恒定的原则。

一、阶梯式规制强度原则

对于不同类型的平台企业，其规制程度是大相径庭的。在治理平台时，政府监管部门需要采取阶梯式规制强度的原则，综合考虑平台类型、提供商品与服务的类型、技术架构的类型及控制力强弱以及涉及的公共性强弱等因素。

消费者通过电商平台购买商品，可以称之为最基础的互联网平台的行为模式。消费者当然可能因为互联网平台的系统迟滞或者故障而遭受到损失，也会出现购买的物品存在质量瑕疵或者与描述不符等情况。该情况下，由于交易本身的可撤销性，消费者可以通过平台提供的退换货机制等获得救济，从而无需政府规制过多介入。此外，如果消费者食用了网购的有问题的食品，或者外卖平台的商家无证经营导致外卖食品出现了质量问题，造成了损害结果，该种致害的交易行为已经不可撤销、无法回复，因而需要政府提前介入规制或者提供有效的事后救济措施。《食品安全法》第 62 条与第 131 条规定了互联网平台的义务与违反义务需要承担的民事责任与行政责任。《网络食品安全违法行为查处办法》第 10 条规定了平台的"食品安全自查"义务，《网络餐饮服务食品安全监督管理办法》第 16 条规定了平台对于经营行为和服务应为的"抽查和监测"义务，这意味着政府对于网络食品的平台企业设置了更高的规制要求。

网约车相比一般的商品购买与食品购买有更强的公共属性。法国 2015 年 1 月 1 日起就全面封锁 Uber 在其境内的经营，规制政策相对宽松的美国也要求境内网约车平台就日常规制的多项内容向政府规制部门进行实时报备。平台企业负责过程管理，而政府部门负责原则性监管与对平台企业的规制。随着互联网平台的交易内容不断向纵深发展，其产生的外部性与日俱增，对公众利益的影响不断增强，从而需要更高强度的政府监管。这个过程也可以称作平台企业演化过程中的规制阶梯。

继而需要考虑网络平台是否会经由自我规制、自我规制的失效以至于开始被政府规制接管这一过程。传统平台企业的自我规制之所以会失效，就在于未能有效降低买卖双方之间以及买卖双方与平台企业之间的信息不对称，从而引发了政府规制机构对平台自我规制的规制。[1]线上交易更是如此，交易的远程化使得消费者无法具体了解所购买的商品与服务的真实情况。在互联网平台的例子中，平台企业拥有架构式的信息优势，比传统交易所拥有更强大的控制力与影响力。互联网平台通过架构的设计与生产从内容层、逻辑层与物理层对程序进行代码编译，[2]设定了用户交易的场景，并且通过"知情同意"与"择出权"[3]的配合使得消费者处于前所未有的信息劣势。另外，还需要考察司法机关在其中承担何种角色，既要

---

〔1〕 证券交易中的发行商与承销商往往具有比普通投资者更大的信息优势，如果企业不对特定信息进行披露，投资者就很难得知其具体经营情况。

〔2〕 See Solum, Lawrence B., and Minn Chung, "The Layers Principle: Internet Achitecture and the Law", *Notre Dame L. Rev*, 79 (2003).

〔3〕 传统线下空间对交易规则知情同意的标准一般为"选择加入"，在线上空间内，这一机制就显得没有效率，而摇身一变为"选择退出"。并且赛博空间内的"选择退出"通常规定在用户协议中，由于绝大部分平台用户不会认真阅读用户协议而直接使用特定服务，根据协议这就等同于认可了相关协议，于是"选择退出"的权利也被虚置化。参见胡凌："商业模式视角下的'信息/数据'产权"，载《上海大学学报（社会科学版）》2017年第6期。

保证平台秩序的私人执行，又要为公共法规的私人执行提供救济。作为新生事物的互联网平台，政府的规制措施尚且停留在探索与尝试阶段，可以借鉴传统平台的规制方式，建构起对平台企业的合理的问责模式。

二、规制总强度恒定原则

在平台企业的自我规制失灵后，政府规制的强度叠加司法介入的强度大致为一个恒定的指标。如果政府对某种平台企业的规制处于较强的水平，那么司法机关应该保持谦抑，进行有限度的介入；而如果政府出于一些原因尚未对某种平台企业实施规制，那么就需要由司法机关提供更强的救济。从某种意义上说，证券交易所经历过互联网平台从弱规制到强规制的发展阶段，因此在分析清楚相应机制的基础上，能够为是否对平台企业进行规制的制度推演与选择提供一些参考。

（一）规制逻辑一：行政规制低强度叠加司法介入高强度的模式

互联网平台由于是初生事物，行政机关的规制程度较低，因此接受更高的司法介入程度。一方面，由于互联网平台出现的时间不长，政府规制的经验尚不丰富。另一方面，由于技术的迅速迭代令"熊彼特式创新"频繁发生，因此现阶段对于互联网平台规制责任的认定与承担主要由司法机关进行。

比如在平台用户对网络空间的用户条款进行确定时，实质上是一种被剥夺了"自由"的"选择权"。除去为了接受平台服务不得不"点击同意"的原因之外，还因为网络应用服务本身的技术性与专业性使得普通用户无法真正理解条款内容，从而在知识层面上无法拒绝。为了保障处于弱势一方的用户的权益，我国《民法典》第 496 条、第 497 条分别规定了提供格式条款一方的提示与说明义务，以及格式条款的无效规则：提供格式条款一方不合理地免除或者减轻其责任、加重对方责任、排除对方主要权利的，应认定为无效合同。这也体现了民法的一种转变：从完全的"契约自由"到"对契约自由的限制"，以至于到"寻求社会责任"的发展。[1]

---

〔1〕　梁慧星：《民法总论》，法律出版社 2011 年版，第 4~5 页。

因此，在京东世纪诉王某春格式合同纠纷案〔1〕中，法院认定用户协议是一种格式合同。根据 1999 年《合同法》对格式条款的解释原则，法院应采用对提供者不利的解释，因此该协议中的强制管辖条款无效。而在美国的司法实践中，也有类似的案件：在 Brower v. Gateway 2000，Inc. 一案中，法院认为合同要求通过国际商会（The International Chamber of Commerce，ICC）进行仲裁的条款是不公平且难以执行的。其原因在于强制仲裁条款对于消费者施加的成本过高，因此是不合理的，"这实质上构成了对消费者进入程序的阻碍，一定程度上剥夺了用户可以寻求救济的途径"。〔2〕

（二）规制逻辑二：行政规制高强度叠加司法介入低强度的模式

在自律机制与政府规制能够有效匹配的情况下，政府规制机构已经提供了坚实的保障措施，过早的司法介入就无必要。〔3〕由于证券交易所是一类特殊的由政府监管的自律组织，司法机关对其规制行为的直接介入应该保持审慎的态度。在其他救济机制相对完善的情况下，司法机关出于对自我规制的尊重，应避免过早介入，直接对受交易所规制行为影响的对象进行救济。同时，司法机关又需要对保护投资者的需求作出回应，其要义就在于针对证券交易所的规制行为与非规制行为采取不同的介入方式与干预尺度。各个国家和地区在立法与实践中均树立了类似规则：美国证券法对交易所的规制行为赋予了"民事诉讼豁免"。〔4〕我国在《最高人民法院关于对与证券交易所监管职能相关的诉讼案件管辖与受理问题的规定》的司法解释中也对针对交易所的诉讼是否受理的问题作出了限定："投资者对证券交易所履行监管职责过程中对证券发行人及其相关人员、证券交易所会员及其相关人员、证券上市和交易活动做出的不直接涉及投资者利益的

---

〔1〕 （2008）海民初字第 30043 号。

〔2〕 246 A. D. 2d 246, 676 N. Y. S. 2d 569（N. Y. Sup. Ct. 1998）.

〔3〕 肖梦黎："监管竞争背景下证券交易所自律规制的司法介入机制研究——以《证券交易所管理办法》为切入点"，载《南京大学学报（哲学·人文科学·社会科学版）》2018 年第 6 期。

〔4〕 Absolute immunity is defined as a "Complete exemption from civil liability afforded…while performing particularly important functions." BLACK'S LAW DICTIONARY 339（8th ed. 2004）.

行为提起的诉讼，人民法院不予受理。"[1]

这种规制逻辑的核心在于如果政府监管达到一定的强度，或者官方授予了相关平台以管理职能，就应该严格区分平台的监管行为与非监管行为。平台型企业获得类政府监管职权的事实已经屡见不鲜，平台不再是单一企业，已经逐渐变为一种平台生态系统，并可能成为平台型政府的催化剂。政府通过大量数据的收集（包括但不限于公民在公共空间的公共行为数据，以及企业行为数据），以及通过评分等柔性方式进行管理约束，创设出了诸如"健康码""企业码"等前沿探索方式，从而提升了公共服务的质量。[2]政府从提供公共服务的"自动售货机"逐渐演化为"购物中心"式的管理者，而平台企业在其中起到了基础性支持的作用。这时需要对平台企业进行事前的强监管，要求其履行算法备案等原则。如果满足相关要件，可以在事后适度地豁免其法律责任。

（三）两种逻辑的融合

当平台规制不足产生的外部性较小时，并不需要政府介入进行直接规制，利益相关方提起的司法诉讼可以解决大多数问题。但是当互联网平台因规制不力而对消费者的基本权利产生妨害时（如前述饿了么、美团外卖造成的食品安全问题与滴滴、Uber导致的危害人身安全的问题等），政府部门就不得不加大对互联网平台的规制力度。在政府直接监管平台企业的日常行为之前，还可以采取一个介于私人诉讼与公共强制之间的中间策略——公共规则的私人执行。也就是说，政府就平台企业

----

[1]　参见该规定第3条。当然，我国的情况有些不同，我国通过司法实践建立起的相对于普通投资者的"行政诉讼与民事诉讼赔偿结果上的双重豁免"是由于为了防止案件爆发式地涌入法庭，就需要人为提高司法受案的门槛，从而使多数案件被排除在司法之外。我国司法机构对证券市场因虚假陈述引发的民事赔偿案件从最开始的不予受理到现在的受理并附加额外的前置条件，2001年最高人民法院的司法解释载明，民事赔偿案件需以证监会及其派出机构的生效处罚决定为依据；诉讼时效为两年，以证监会的处罚决定作出之日起计算；宜采取单独或共同诉讼，而非集团诉讼；由上市公司或起诉机构所在地的中级人民法院管辖。（法明传〔2001〕43号）2003年最高人民法院又出台司法解释，对诉讼时效、需要提交的证据以及因果关系的推定等作出规定（法释〔2003〕2号）。

[2]　刘道学、董碧晨、卢瑶："企业码：双循环格局下政府数字化服务企业的新探索"，载《电子政务》2021年第2期。

的活动与归责原则制定法律规范，但是仍将执行规则的工作交给平台自己。[1]

若科技创新领域的法律条款作出较为宽泛的规定，当事人就有动机与激励主动通过诉讼行使权利。比如，法律可以规定互联网平台的安全保障条款，如果利益相关方认为平台违反了这一规定就可以提起诉讼，这样比法律强制规定安全保障条款有哪些具体内容，或者说由公权力直接规制平台责任的履行更加有效。

三、平台治理中规制阶梯的具体适用

随着互联网平台规制行为的负外部性不断增强，其交易品种涉及的社会利益与公众利益越来越多，就可能需要走向强监管的规制模式，由政府另设独立机构进行持续性的规制。笔者会从行政监管与司法介入两个方面的制度选择来展示不同类型互联网平台中规制阶梯的拾级而上。

（一）对普通的商品服务交易平台的制度选择

在普通商品服务平台产生的交易中，对平台责任的认定一般采取"通知—删除"等"避风港原则"，只有当侵权非常明显时，方要求平台承担额外责任。互联网平台根据《消费者权益保护法》第44条，承担附条件不真正连带责任的情况有两种：一种是作出了诸如先行赔付等更有利于消费者的承诺；另一种则是在损害发生后，不能提供销售者或者服务者的真实名称、地址和有效联系方式。

在发生上述情况后，如果平台企业先行承担了赔偿责任，可以向销售者、服务者进行追偿。之所以不能认为互联网平台承担的是连带责任，其原因就在于平台在承担责任后再要求真正责任人负责，而不是进行按份追偿。连带责任意味着最终责任需要分配给每一连带责任人，[2]因而网络交易承担的并非连带责任。这里的不真正连带责任意味着销售者或者服务者

---

〔1〕 参见［美］安德烈·施莱弗："理解规制"，余江译，载《比较》2005年第16期。
〔2〕 参见杨立新："多数人侵权行为及责任理论的新发展"，载《法学》2012年第7期。

与平台企业构成了竞合侵权，[1]消费者在平台消费遭受权益受损后，存在两个请求权，可以任选一个行使。而当行使了其中一个请求权后，另一个请求权也随即消灭。销售者、服务者对提供的商品或者服务负有瑕疵担保责任，由此产生了第一个请求权。而消费者对互联网平台享有请求权的基础则是因为平台存在规制失职的行为（在此表现为审核义务的怠于行使，即消费者发起维权时，未能向其提供销售者或服务者的相关登记信息）或者与消费者订立了一个新的服务合同（例如有些互联网平台向消费者允诺的先行赔付就可以视为成立了一个新的合同）。同时，消费者因在平台消费中权益受损而向平台主张请求权时，平台也存在侵权责任与违约责任的竞合。互联网平台在主观上明知或应知平台上存在侵害消费者利益的行为，并且未采取必要措施的情况下，需要承担连带侵权责任。这一点也与《电子商务法》第 38 条第 1 款的规定相符合。

（二）对网络食品售卖平台企业责任的制度选择

消费者通过互联网平台购买食品，其合法权益受到损害的，可以向入网食品经营者或者食品生产者要求赔偿。网络食品交易第三方平台提供者不能提供入网食品经营者的真实名称、地址和有效联系方式的，由网络食品交易第三方平台提供者赔偿。网络食品交易第三方平台提供者赔偿后，有权向入网食品经营者或者食品生产者追偿。网络食品交易第三方平台提供者作出更有利于消费者承诺的，应当履行其承诺。

《食品安全法》规定了互联网平台的两种审核义务，一是对生产经营者进行实名登记、对应该取得许可证的生产经营者，应审查其许可证，对《食品安全法》第 35 条、第 36 条规定的无需食品经营许可的个人和小微食品的生产经营者，则应对其个人身份信息与工商登记信息进行审查。这种审查应该是形式上的，否则会给平台企业施加多重的负担，但是形式审查不意味着没有审查。虽然互联网平台只需尽到一般意义上的审慎义务，无需对经营者因造假通过审查等行为承担责任。但若证件明显过期、多个经营者使用

---

[1] 参见杨立新："网络交易平台提供者为消费者损害承担赔偿责任的法理基础"，载《法学》2016 年第 1 期。

一个执照等问题，仍应属于形式审查的范畴。[1]二是对平台上存在的违法行为的"报告—停止义务"，对于红旗原则[2]的删除义务。至此互联网平台的规制责任与其他互联网平台的规制责任相类似，并无规制加强的趋势。

但是，《网络食品安全违法行为查处办法》第10条规定了平台的"食品安全自查"义务，《网络餐饮服务食品安全监督管理办法》第16条规定了平台对于经营行为和服务应为的"抽查和监测"义务，这两项规定看起来似乎要求互联网平台承担与政府规制部门强度相当的食品安全制度。对于网络食品平台企业的自查义务与抽检义务应该在上位法《食品安全法》的立法框架与立法目的内做限缩解释，但这两项规定无疑是加重了对网络食品平台企业的规制力度。

（三）对网约车平台责任的制度选择

如果说消费者通过电子商务平台购买商品、通过外卖平台订购食品还只是个人的消费行为，那么网约车的发展则会涉及更强的公共属性，诸如与城市公共交通系统的匹配，需要在满足多样化的出行需求与治理交通拥堵、提升空气质量之间进行平衡等问题，涉及城市治理中的多方主体。因此各个国家与地区在网约车的规制问题上往往采取较为严格的措施。

《网络预约出租汽车经营服务管理暂行办法》第16条直接将网约车平台公司的责任定位为承运人责任。在上海雾博公司与高某等机动车交通事故责任纠纷上诉案[3]中，法院认定网约车平台公司是网络预约出租汽车经营者，其身份属于承运人，而非撮合乘客与注册司机的居间平台。且由于网约车平台公司对注册司机的准入和解约有单方决定权，司机是按照公司的指令提供运输服务，对服务费用没有定价权，公司对司机服务水平好评率进行监控等，上海雾博公司与王某之间形成了雇用关系。《网络预约出

---

〔1〕 刘金瑞："网络食品交易第三方平台责任的理解适用与制度创新"，载《东方法学》2017年第4期。

〔2〕 红旗原则是指如果侵权人的侵权行为像高高悬挂飘扬的红旗一样明显，以至于任何一个"理性人"都可以发现，那么网络平台就不得以不知道侵权行为为由进行抗辩。参见崔国斌："网络服务商共同侵权制度之重塑"，载《法学研究》2013年第4期。

〔3〕 参见（2017）皖01民终3982号民事判决书。

租汽车经营服务管理暂行办法》与司法实践中将网约车定位为普通承运人的做法实则使网约车平台承担了过重的责任。其结果就是网约车平台为了规避责任纷纷提高对车辆与司机的准入要求，使得符合要求可以提供服务的车辆越来越少。[1]这与网约车重新整合资源，缓解城市交通"潮汐现象"的初衷背道而驰，也可能阻碍共享经济的进一步发展。因此，互联网平台的发展需要在消费者保护与产业政策间持续作出微妙的平衡。

如果说司法实践与立法规范尚未就网约车的规制责任认定达成一致，那么不妨从事前规制出发，减少事故与风险发生的概率，这里可以借鉴以加州模式为代表的美国的规制经验。[2]加州公用事业委员会（California Public Utilities Commission）认为，Uber 等公司提供的是预约型、点对点的客运服务，类似于传统的租车调度机构，官方于是创设了一个交通运输网络公司（Transportation Network Companies，TNC）的新型概念。[3]政府对网约车平台的车辆与司机设置严格详尽的准入标准，对日常运营与保险购买进行规定，要求平台进行日常规制，并向行政监管部门定时报告包括运行里程数、收费标准、接单量、车费总额等在内的各项营运数据。平台上的司机如有违反，则会被判处罚款并暂停运营。当交通运输网络公司在接入私家车的服务时，需要对司机的犯罪数据、驾驶经验以及违章情况等进行查询，政府对平台企业公开相关查询系统。政府监管部门对于可以在平台进行营运的车辆标准也作出了详细的规定，平台企业需要事先进行涉及19 个零部件的车辆检查并敦促车主购买足额保险。[4]这其实就是由网约车

---

〔1〕 参见李雅男："网约车平台法律地位再定位与责任承担"，载《河北法学》2018 年第 7 期。

〔2〕 美国对网约车的立法接受也经历了一个漫长的过程。2013 年之前没有任何州认可网约车的合法地位，而到 2015 年，承认网约车合法地位的州和城市已经达到 54 个。

〔3〕 See Elliott, Rebecca Elaine, "Sharing App or Regulation Hackney: Defining Uber Technologies, Inc", *J. Corp. L*, 41 (2015).

〔4〕 See Mastracci, Joshua M, "Case for Federal Ride-Sharing Regulations: How Protectionism and Inconsistent Lawmaking Stunt Uber-Led Technological Entrepreneurship", *Tul. J. Tech. & Intell. Prop*, 18 (2015). Paronda, Arden Glenn A., Jose Regin F. Regidor, and Ma Sheilah G. Napalang, "Comparative Analysis of Transportation Network Companies (TNCs) and Conventional Taxi Services in Metro Manila", *Proceedings of the 23rd Annual Conference of the Transportation Science Society of the Philippines*, Quezon City, Philippines, Vol. 8. 2016.

平台企业进行过程规制，而政府规制部门负责原则性监管，并且对于平台企业进行监管。

由于网约车平台涉及的公共利益与负外部性比较显著，因此需要采取较强的政府规制，这就与证券交易所的政府监管下的自我规制模式相类似。与此同时，监管部门不应规定苛刻的法律责任，否则会影响网约车平台的正常发展。更为恰当的是将网约车平台认定为特殊承运人，[1]那么乘客还是与平台而非司机本人签订合同，这也与实际中的情况相符合。乘客是基于对平台的信任期待而选择某项车辆服务，但是并不具备对所乘坐车辆与司机资质进行核查的能力。一旦网约车在运营过程中出现违约事由，乘客只需证明违约事实与损害后果的存在后，就可以要求网约车平台承担违约责任，这样就避免了对于平台过错与因果关系的证明。但是网约车平台与司机之间并非劳动关系，只是出于公平原则先行偿付。[2]又由于平台与实际致害人之间承担的是不真正连带责任，因而在平台偿付后可以向司机进行追偿。

（四）对政府监管类平台的规制选择

根据《最高人民法院关于对与证券交易所监管职能相关的诉讼案件管辖与受理问题的规定》第3条，投资者对证券交易所履行监管职责过程中作出的不直接涉及投资者利益的行为提起的诉讼，人民法院不予受理。[3]司法解释对该类案件不予受理的理由是，如果投资者有权对这些行为向法院提起诉讼，可能引发滥诉，进而使证券交易所因过重的诉讼负担而在履

---

〔1〕 特殊承运人的典型代表是海上承运人。由于海洋运输存在各种不确定性的风险，出现事故后承运人可能面临巨额的赔偿责任。因而在实践中海上承运人创建了一系列的特殊制度，比如免责事由的规定，共同海损制度的确立，等等。网约车平台企业也处在一个新型的特殊领域，不适宜作为一般承运人进行规制，而应该认定为特殊承运人，继而建立一些新型制度。

〔2〕 参见《上海市网络预约出租汽车经营服务管理若干规定》第14条。

〔3〕 "不直接涉及投资者利益的行为"有两类，一类是对交易行为、活动作出的处理决定；另一类则是对会员、证券行业工作人员以及交易席位作出的处理决定。前一类行为会间接涉及投资者利益，主要包括：证券交易所对股票、债券、基金份额等上市证券作出的暂停上市、恢复上市和终止上市的决定；交易所作出的摘牌、停牌、复牌、特别处理、临时停市等决定等。肖梦黎："监管竞争背景下证券交易所自律规制的司法介入机制研究——以《证券交易所管理办法》为切入点"，载《南京大学学报（哲学·人文科学·社会科学版）》2018年第6期。

行自律职责时趋于保守，不利于查处证券市场的违法、违规行为。[1]证券交易所能够做到的只是"合理保证"与"必要的注意与谨慎"义务，否则会给其施加过重的责任，致使其运行成本上升，从而影响证券市场的正常运行。在认定因果关系时，法官也认为应从一个理性自律规制机构的立场出发进行考虑。[2]由于政府的深度监管，司法机关在对证券交易所进行司法介入时，采取的是一种格外谨慎的态度。

---

[1] 参见李伟："《关于对与证券交易所监管职能相关的诉讼案件管辖与受理问题的规定》的理解与适用"，载《人民司法》2005年第6期。转引自肖梦黎："证券交易所行为的可诉性与民事豁免研究"，载《证券市场导报》2018年第9期。

[2] 参见宋航、张文婷："证券交易所自律监管行为正当性的司法审查标准"，载《人民司法》2011年第4期。

第七章
我国对平台企业的规制选择

第一节　平台法律责任的类型化

综合国内外平台责任法律制度的总体趋势可以发现，由于各国均是在现有法律体系下对平台责任制度进行解释、创设，因而呈现出分散、体系性不强，以及补充性的立法样态。其共性主要有四个方面：其一，责任的正反兼顾，即一方面认为平台当然应该因其特殊的商业组织形态而承担法律责任，但是另一方面又从反面予以责任豁免。后者以美国《通信正派法案》第230条的"避风港原则"为代表，产生了多种变体。其二，平台可能因日常经营行为或平台上用户的行为而产生涉及基本权利的诉讼，具体类型不限于言论自由权、获取信息的自由、名誉权与隐私权等。其三，平台一般不负有一般性的审查义务，但需要重点防控包括淫秽信息、儿童色情、仇恨言论、恐怖主义等在内的信息类型。其四，就如英国"三振出局"制度所揭示的那样，平台对重复侵权行为负有特殊防范义务。

一、民事责任

民事责任既包括平台与用户间的合同责任，也包括平台因平台上用户行为而导致的侵权责任。后者较为复杂，既包括自己行为侵权，也包括因用户或第三方内容提供者导致的侵权，因此需要更多地讨论。英美法系在这个问题上采间接侵权理论，而大陆法系则考虑共同侵权理论。平台因平台上用户行为而导致的侵权既包括知识产权侵权，也包括名誉权与隐私权在内的一般民事侵权。总体而言，平台在信息发布前无一般监管义务，在信息发布后可能因如下原因导致侵权责任的承担：首先，因经营平台产生之风险上升；其次，用户于平台上损害他人利益；最后，存在对网络平台经营者的通知提示。平台若在权益侵犯中充当积极角色，则不能享有责任优待地位。

美国《通信正派法案》第230条创设了平台免责条款，认为不应将平台看作信息的出版或发布者，因此免除了网络服务提供者对第三方发布违法内容的法律责任。但仍需明确的是，当被告对第三方发布的信息内容起到"实质性地促进"作用时，就构成对免责条款的限制。美国《数字千年版权法》第512条成了平台的"避风港条款"，为四种网络服务提供商提供了一些间接侵权的免责条款。这四种类型分别为暂时数字网络传输、系统缓存、根据用户指示的信息存储以及信息搜索工具，针对后两种的免责条款又被称为"通知—删除"条款。

二、行政责任

各国对于平台行政责任的规定多是在现有基础上予以延展。以美国为例，《联邦贸易委员会法案》中"不公平或欺骗性行为"的范围随着时代进步而不断扩展：从数据安全、隐私保护，到垃圾邮件、虚假广告等全部被囊括其中。德国平台监管的行政责任主要与基本权利的理论相结合。比如国家对平台经营者的规制可能造成对宪法保障的职业自由的限制，联邦法院区分了对"择业"自由（即是否从事某项职业）的限制与"执业"自由（即如何从事某一职业活动）的限制，后者只要在理性的公益考量下是合目的的，只要没有施加过度沉重或不可期待的负担，就可以限制执业自由。而国家对平台经营者的规制若不涉及准入门槛，而只涉及如何执业，则适用较低的宪法要求，比较容易通过合宪审查。对基本权利的保障不意味着不能限制基本权利，可以用来审查干预是否合宪的比例原则要求法益衡量，潜藏着兼顾、平衡相冲突法益的思想。另一个行政监管较多的领域是儿童网上隐私保护领域，美国的《儿童网上隐私保护法》（Children's Online Privacy Protection Act，COPPA）不会直接产生民事诉权，但是联邦贸易委员会、州司法与监管部门可以依据其采取相应监管措施。美国《儿童网络保护法》规定中小学校和图书馆需采取一定的技术保护措施来阻止儿童接触到对其有害的色情信息，并以此作为发放联邦资助的条件。

三、刑事责任

平台的刑事责任涉及与计算机相关的诈骗，对电信、电子或口头通信的监听和泄露犯罪，非法获取通信记录罪等多种类型。平台还需要承担配合执法义务，比如通信监控配合义务，通信信息披露义务，通信信息备份义务等。有学者提出将网络服务提供者不作为的刑事归责路径立足于不作为犯类型的二元划分，以义务犯原理为基础，明确网络服务提供者构成真正不作为犯与不真正不作为犯的不同归责路径与责任边界。首先明确真正不作为犯认定的"递进式"路径，进而厘清网络服务提供者刑法不作为责任与行政监管部门行政不作为责任的边界，厘清网络服务提供者行政违法与刑事违法的边界，继而明确不真正不作为犯的"超规范"路径限缩，强调网络服务提供者不真正不作为义务的形式类型与实质审查，强调网络服务提供者作为可能性的技术判断与规范审查。无论是基于"危险制造与控制"的妨害者责任，还是附属于政府监管的配合责任，首先要确立网络服务提供者刑事归责的从属性，进而通过主观罪过与结果归责的形式限缩、义务违反与因果关系的实质判定、真正不作为犯与不真正不作为犯罪名的适用范围系统化，明确网络服务提供者的不作为责任。

在讨论网络平台对用户承担刑事责任时，会涉及"中立的帮助行为"理论。"中立的帮助行为"又称"日常生活行为"或"正常业务行为"。诸如韦尔泽尔（Welzel）等学者提出用"社会相当性"理论来限制"中立的帮助行为"的可罚性。因为若所有的"中立的帮助行为"都入罪，则可能限制公民的基本行动自由，扩大刑罚的适用范围。法律的意义不在于抵御任何可能侵害法益的行为，而在于化解社会共同体中无法调节的矛盾。只要行为处于"历史形成的民族共同生活秩序"的范围内，就是具有"社会相当性"的行为，可以被排除在不法的概念之外。在这个意义上，平台为互联网事业的发展提供了基础服务，除非在主观上存在故意（或是在客观上推断出其存在主观的故意，无论是间接故意还是直接故意），只要平台及时进行删除、封锁，就不应该对其承担刑事责任。

例如在新近出现的网络直播平台中，依据网络直播平台帮助犯罪行为的积极性程度，可以将其帮助犯罪的行为划分为对犯罪行为的单纯不作为帮助、对犯罪行为经责令改正后仍不作为帮助、对犯罪行为的作为帮助三种类型。在刑事责任形态上，网络直播平台单纯不作为帮助行为应承担所帮助犯罪的共犯责任；经责令改正后仍不作为帮助行为，应承担拒不履行信息网络安全管理义务罪的正犯责任；以及网络直播平台作为帮助行为，原则上应承担帮助信息网络犯罪活动罪的正犯责任，例外的应承担所帮助犯罪的共犯责任。但是，在刑事责任追究上，如果网络直播平台的单纯不作为帮助行为成立中性业务行为的，经责令改正后仍不作为帮助行为在正常运营上缺乏义务履行可能性或者在技术上缺乏结果回避可能性的，以及作为帮助行为符合不追诉条件的，应阻却对网络直播平台的刑法处罚。

第二节 我国平台责任的规制框架

平台型企业面临着多元主体、多重关系、复杂治理、内容拓展的四大变化，[1]因此对平台企业的规制需要较高的制度设计水平，规制过度将损害平台的开放性，规制不足又会损害公众与用户的权益。平台经济的治理过程分为事前的准入阶段、事中的过程监控阶段以及事后的维权和惩治阶段。具体而言，在事前监管中，应该鼓励平台建立准入资质监管机制，政府应当放宽资质监管的要求，使平台可以依靠市场化的手段对平台用户进行监管。在事中监管中，平台应该承担主要责任，通过声誉管理和大数据智能监管，减少由政府进行的以抽查为主的规制。在事后监管中，针对危害不严重的行为，应该利用平台市场化监管手段。仅在针对违规性质恶劣的行为时，才实施强制性手段，追究相应的法律责任。

一、历史沿革

此前对于平台规制责任的法律规定主要来自两个条文，分别为《消费者权益保护法》第44条、2009年《侵权责任法》第36条。《消费者权益保护法》第44条与2009年《侵权责任法》第36条使用的网络平台类型有所不同：网络交易平台根据《消费者权益保护法》第44条承担附条件不真正连带责任，网络媒介平台则根据2009年《侵权责任法》第36条承

---

〔1〕 陈俊龙、王英楠："平台型企业社会责任多元治理研究"，载《现代管理科学》2021年第7期。

担责任。网络交易平台在涉嫌侵犯知识产权的情况下也可能适用 2009 年
《侵权责任法》第 36 条。当然，网络媒介平台在满足一定条件时也可以向
网络交易平台转换，这种转换必须以法律关系上的转换为依据。网络媒介
平台转化为网络交易平台后，也需要承担《消费者权益保护法》第 44 条
的相关责任。

　　我国早期对于平台的规制有强化网络交易平台对其用户内容承担行政
责任的趋势，通过监管部门的解释，以《互联网信息服务管理办法》《食
品安全法》与《广告法》等为代表的立法被进一步理解为要求网络交易平
台普遍性地主动监控用户交易。平台责任的形式逐渐多样化，从责令改
正、处以罚款、没收违法所得到责令停业，再到吊销相关行政许可，构成
了一个完整的体系。但是这一规则与国外立法例中对于平台普遍监控义务
的豁免有所背离。

　　与此同时，我国此前对平台企业的治理还呈现出运动式执法与常态执
法相结合的局面。比如 2015 年国家工商行政管理总局开展的"红盾网剑
专项行动"就加强了对网络销售商品的质量抽查。运动式执法的内容既包
括对商品质量的定期抽查、对促销活动、商品评价等进行核查，也囊括对
内部腐败的检察等内容。国内还有一项较为特色的、针对网络平台进行的
"约谈"制度，如在菜鸟与顺丰互相关闭数据接口的事件中，蚂蚁金服上
市前夕马云被有关部门的约谈中，该制度都发挥了较好的效果。

二、平台责任的审慎规定

　　若对平台的追责通过司法诉讼（既包括对私人合同的诉讼，也包括对
自我规制规范的诉讼，还有对于政府制定法律法规的诉讼）更有效率，则
接下来的问题就是需要制定明确的法律法规，以减轻当事人的举证负担与
法院的认定难度。在此可以通过对《电子商务法》中平台审核义务与安全
保障义务的讨论与修改展示出政府是如何通盘考虑对平台的自我规制进行
介入以及介入限度的问题。

　　《电子商务法（草案）》的一审稿与二审稿均专门规定互联网平台的
审核义务与安全保障义务。在全国人民代表大会宪法和法律委员会对二审

稿的修改稿进行审议时，认为《电子商务法》需要与2009年《侵权责任法》《消费者权益保护法》的有关规定相衔接，针对电子商务平台对平台上销售假冒伪劣商品等行为不及时采取措施，以及对消费者未尽到安全保障义务等情形，进一步明确和细化其对消费者的责任。因此全国人民代表大会宪法和法律委员会经研究，建议增加规定："电子商务平台经营者知道或者应当知道平台内经营者销售的商品或者提供的服务不符合保障人身、财产安全的要求，或者有其他侵害消费者合法权益行为，未采取必要措施的，依法与该平台内经营者承担连带责任。对关系消费者生命健康的商品或者服务，电子商务平台经营者对平台内经营者的资质资格未尽到审核义务，或者对消费者未尽到安全保障义务，造成消费者损害的，依法与该平台内经营者承担连带责任。"[1]因此《电子商务法（草案）》三审稿第37条认为互联网平台应该就用户资质的审核义务与安全保障义务与实际加害人承担连带责任。而在对三审稿进行审议的过程中，全国人民代表大会宪法和法律委员会认为连带责任给平台经营者施加的责任过重，建议将"承担连带责任"改为"承担相应的补充责任"。[2]而在随后的修改中，全国人民代表大会宪法和法律委员会经研究认为实践中电子商务平台经营者未履行资质资格审核义务和对消费者的安全保障义务的情况比较复杂，因此更适宜将"依法承担相应的补充责任"修改为"依法承担相应的责任"。此外，增加一条行政处罚规定，若电子商务平台经营者违反该条规定的三种义务，则"由市场监督管理部门责令限期改正，可以处五万元以上五十万元以下的罚款；情节严重的，责令停业整顿，并处五十万元以上二百万元以下的罚款"[3]。

如果说《消费者权益保护法》第44条与2009年《侵权责任法》第36

---

〔1〕 参见2018年6月19日发布的《全国人民代表大会宪法和法律委员会关于〈中华人民共和国电子商务法（草案）〉修改情况的汇报》。

〔2〕 参见2018年8月27日发布的《全国人民代表大会宪法和法律委员会关于〈中华人民共和国电子商务法（草案）〉审议结果的报告》。

〔3〕 参见2018年8月31日发布的《全国人民代表大会宪法和法律委员会关于〈中华人民共和国电子商务法（草案四次审议稿）〉修改意见的报告》。

条规定了互联网平台在存在明知或故意的情况下需要承担侵权责任，或者是在损害发生后没有及时采取措施而需要承担责任，再或者是因为自发约定了先行赔付等条款而与消费者形成了新的服务合同而需要承担责任，尚且未触及平台权力的核心内容，那么《电子商务法》第38条第2款就互联网平台对于用户资质的审核义务与对消费者的安全保障义务所需要承担的责任代表着政府对于平台自我规制行为的进一步介入。当然，政府部门对于互联网平台的规制介入也时刻注意保持克制的尺度，平台需要承担的责任从"连带责任"变化至"补充责任"，再到最后需要承担"相应责任"，生动形象地刻画了政府规制谨慎介入的这一过程。

三、新时期依据平台类型进行的规制转向

随着《电子商务法》等特别法与数据安全、个人信息保护等领域法律的接连出台，以及《民法典》的正式施行，我国正建立起多元化、多层级的规制框架。从学理上来看，对于纯粹的信息传输平台，适用"避风港原则"，规制强度最轻。针对用户生成内容的平台，应禁止事先的一般性审查，通过"避风港原则"与"通知—删除原则"进行责任的豁免。对于个人对个人（peer-to-peer，P2P）文件分享平台，由于其去中心化的设计与分布式存储的架构，可以实现用户与用户直接点对点的信息传输。但对于此类平台，各国立法例都存在秉承一种逐步限缩技术中立原则，施加更为严格的法律责任的趋势。日本将P2P文件分享平台区分为有中心服务器的和完全去中心化的P2P平台，前者责任要更为严格，后者则较为宽松。而美国的相关制度则详细规定了一些承担责任的要件：首先，该项软件的主要功能是为他人实施侵权提供便利；明知存在大量的侵权，却仍向用户宣传可以使用该软件从事盗版行为，或引诱用户利用该软件进行侵权。其次，不开发能够预防或降低用户侵权的过滤机制，而是从中直接或通过广告费等形式间接获利。德国的法律也认为若软件生产商通过广告等宣传软件的非法用途或以非法使用设计为产品的主要目的，则应承担间接侵权的责任（妨害者责任）。对于电子商务平台而言，对侵权行为的概括式知晓并不足够，或者需要在用户的商标侵权等行为中承担"积极"的角色，或

者是证明平台对特定商品侵权的具体知情，以及未能履行收到侵权通知后的及时删除义务。搜索平台的问题较为复杂，对于搜索结果的呈现与排序应同时提供一种自然搜索的选项，被遗忘权的问题也需要对不同事由进行利益权衡。最后，针对如苹果商店等应用程序分发平台，其讨论还需要进一步阐发。应用程序分发平台可能涉及各应用程序分发平台间的不正当竞争、应用程序分发平台与应用程序开发者间的合同争议、应用程序分发平台因其提供的应用程序而与第三人发生的侵权争议。总体而言，可基于"避风港原则"要求免责，因其非应用程序的内容提供者。若涉及侵犯知识产权，则适用"通知—删除原则"。

表 7-1　深圳快播公司及其主管人员王某等四被告人涉嫌传播淫秽物品牟利案

> 法院查明事实：
> （1）快播公司负有网络视频信息服务提供者应当承担的网络安全管理义务。现有证据能够确定涉案起获的服务器内的视频并非碎片化文件，而是完整视频文件，而且 70%以上为淫秽视频。
> （2）快播公司及各被告人均明知快播网络系统内大量存在淫秽视频并介入了淫秽视频传播活动。
> （3）快播公司及各被告人放任其网络服务系统大量传播淫秽视频属于间接故意。
> （4）快播公司具备承担网络安全管理义务的现实可能但拒不履行网络安全管理义务。
> （5）快播公司及各被告人的行为具有非法牟利目的。
> （6）本案既不适用"技术中立"的责任豁免也不属于"中立的帮助行为"。
> （7）快播公司以牟利为目的放任淫秽视频大量传播的行为构成传播淫秽物品牟利罪的单位犯罪。
> 王某、张某东、吴某、牛某举均应作为快播公司直接负责的主管人员承担相应的刑事责任。快播公司的行为不属于司法解释规定的传播淫秽物品牟利罪"情节特别严重"的情形，快播公司放任淫秽视频大量传播并获取巨额非法利益应当认定为"情节严重"。

第三节　对平台技术风险进行的归责

其他主体则用风险来限制规制者，对规制者加以评估，令其可被问责。具体责任的确定前提是特定主体的行为导致了某种损害，因此首先需要讨论的就是平台自身行为产生的风险。平台企业自身产生的风险主要来源于两个方面：其一是由于互联网技术的运用，远程系统可能出现的包括软硬件、物理层、云端存储、传输协议等部分的故障；其二是由于数据的采集、传输与使用产生的数据歧视、数据滥用与数据泄露等一系列问题。

系统故障产生的问题核心在于因平台企业故障所产生的交易是否可以撤销，平台企业对交易异常的处置措施是否得当。在这一问题上，由于证券交易所的交易机制是一旦成交，便不能撤销，因此造成了诸多问责问题。而互联网平台通过一系列自律措施对退款退货进行灵活化、结构化的处理，一定程度上规避了此种问责。

一、交易的可撤销向度

交易的撤销存在两个向度的后果：若维持错误交易，则会有一方受损，另一方享有额外收益；若撤销交易，则有一方避免了错误交易的损失，但另一方却因为错过了正常的交易机会而丧失了可期待的获利。[1]由于证券交易所的特殊性，因而目前证券交易所针对系统故障引发的交易异常有如下几种可以选择的措施：临时停牌、临时停市与暂缓交收，但有时仍不能解决相关纠纷。更为恰当的是，对因交易异常引发的撤销交易制度加以明确，对于一些具体的执行措施诸如重大差错的认定等进行细化。例如，因交易异常引发的交易撤销既可能依职权而撤销，也可能依申请而撤销。[2]前者要求证券交易所为了维护市场的公平秩序，对错误交易与非正常交易的情况予以撤销。"华尔街闪电崩盘"事件中纳斯达克交易所就宣布14时40分前后高于成交价格60%与低于成交价格60%的交易均被撤销，且不准上诉。[3]

---

〔1〕　参见顾功耘："证券交易异常情况处置的制度完善"，载《中国法学》2012 年第 2 期。

〔2〕　《伦敦证券交易所交易规则》对交易所何时依据市场主体的申请取消交易作出了详尽的规定，对提交申请的时间、内容、损失程度等均作出了说明。See section 2120. 5 of Rules of the London Stock Exchange.

〔3〕　参见顾功耘："证券交易异常情况处置的制度完善"，载《中国法学》2012 年第 2 期。

二、经由违约路径的归责

平台企业在交易规则与用户协议中均对技术故障进行了免责的规定或约定，但网络平台的免责条款绝对，免责事由广泛，这使得用户通过违约路径的问责与求偿遭遇到了重重阻碍。《淘宝平台服务协议》4.6[1]规定，淘宝依照法律规定履行基础保障义务，但对于因电力供应故障、通信网络故障等公共服务因素或第三人因素，以及在淘宝已尽善意管理的情况下，因常规或紧急的设备与系统维护、设备与系统故障、网络信息与数据安全等因素导致的合同履行障碍、履行瑕疵、履行延后或履行内容变更等情形，淘宝并不承担相应的违约责任。《亚马逊购物应用程序许可协议和使用条款》[2]免责条款规定：您明确承认并同意自行承担安装、使用或以任何其他方式应用本应用程序而产生的风险。本应用程序"按现状"交付给您；并且我方及许可方、经销商、应用程序分布于其网络中的无线运营商及前述各方的关联方和供应商（统称"发布方"）不对应用程序提供任何明示或暗含担保，包括但不限于适销性、对某一特定目标的适合性、准确性、不侵权第三方权利等默示保证。《滴滴软件使用协议及隐私政策》[3]在"责任限制"一节中声明：在任何情况下（包括但不限于疏忽原因），由于使用滴滴上的信息或由滴滴平台链接的信息，或其他与滴滴平台链接的网站信息，对您或他人所造成任何的损失或损害（包括直接、间接、特别或后果性的损失或损害，例如收入或利润之损失，智能终端系统之损坏或数据丢失等后果），均由使用者自行承担责任（包括但不限于疏忽责任）。

淘宝的平台服务协议还有善意管理的主观方面的限制，Amazon 的用户协议则直接宣称相关主体（不但是 Amazon 自身，还包括许可方、经销商、

---

〔1〕《淘宝平台服务协议》，载 https://rule.taobao.com/detail-6116.htm？spm=a2177.7231193. 0.0.1bfd17eaFwpRdx&tag=self，最后访问时间：2018 年 11 月 17 日。

〔2〕《亚马逊购物应用程序许可协议和使用条款》，载 https://www.amazon.cn/gp/help/customer/ display.html/ref=aw？ie=UTF8&nodeId=200634080，最后访问时间：2018 年 11 月 17 日。

〔3〕《滴滴软件使用协议及隐私政策》，载 http://static.galileo.xiaojukeji.com/static/tms/didi-service-items.html，最后访问时间：2018 年 11 月 17 日。

无线运营商以及前述各方的关联方和供应商）对程序本身不做任何担保，也就意味着对因程序本身产生的任何损失 Amazon 及相关各方主体均不承担责任。滴滴的免责范围则更加广泛，对在滴滴平台上的信息、链接的使用，滴滴均不承担任何责任。通过上述用户协议可以发现，互联网平台在拥有明显信息优势与架构优势的情况下仍然将相关方对自己的问责可能减少到最低程度。但这种免责是否具有效力需要法院予以认定，而不能当然地以为平台可以通过用户协议规避责任。

三、经由侵权路径的归责

平台企业因技术故障等问题引发的异常交易会给相关主体造成损害，这种损害应该遵循何种法律规则并无明确规定。在没有特别法规定的情形下，应按照《民法典》适用过错归责原则。另外按照《民法典》第 1195 条第 2 款的规定："网络服务提供者接到通知后，应当及时将该通知转送相关网络用户，并根据构成侵权的初步证据和服务类型采取必要措施；未及时采取必要措施的，对损害的扩大部分与该网络用户承担连带责任。"《民法典》第 1197 条规定："网络服务提供者知道或者应当知道网络用户利用其网络服务侵害他人民事权益，未采取必要措施的，与该网络用户承担连带责任。"证券交易所与互联网平台均可以适用此条规定，在接到相关方通知后未对系统故障等问题采取必要措施，就需要因此对损害扩大的部分承担连带责任。对于平台企业过错的认定，一般遵循故意或重大过失的原则。

由于网络安全系统的高度技术性与抽象性，用户因平台企业的技术、系统出现故障而导致的交易异常与数据泄露而蒙受了相应损失时，往往很难证明损害结果与系统故障之间存在因果关系。以季某红诉苏宁易购案为例，原告在被告经营的互联网平台上购买过产品而留存了相应的身份信息及订单信息。在苏宁易购网站出现系统漏洞后，该信息被诈骗团伙获取用来以"苏宁易购客服"的身份致电原告，并且可以准确说出原告姓名、订单编号、购买商品的名称、金额、时间以及详细准确的收货人姓名及地址等信息。继而被告宣称因工作人员的失误在系统内将原告列为批发商，在享受七折购物优惠的同时需要每月自动从银行卡上扣除 500 元。原告表示要取消该资格，于是马上收到"银行客服"的电话，通过转账及无卡存款等方式骗取原告共计 34 785 元[1]。法院认定原告虽然可以证明被告的网络系统可能存在漏洞导致了数据泄露，但无法证明原告被骗与被告的网络系统漏洞间有因果关系，因此被告不用承担侵权责任。无独有偶，在陈某诉广东省机场管理集团公司、广州白云国际机场股份有限公司、上海证券交易所侵权纠纷案中，法院认为权证交易中影响价格、造成损失的因素是多方面的，导致原告陈某进行权证交易损失的真正原因是市场风险以及投资者自身对市场风险的把握能力。[2]因此对于平台企业自身行为导致的侵权，消费者往往因为处于信息的弱势地位而难以证明平台行为与损害结果间存在因果关系。

（一）安全保障义务的引入

在遭遇了因果关系的证明难题后，有学者认为应该对 2009 年《侵权责任法》第 37 条的安全保障义务做扩张解释，将其适用到互联网平台的系统维护中。[3]安全保障义务的发生依据是既然开启了危险源，就要对此进行控制。强调的是"开启社会交往"以及"使其他人被放置于危险的境地"两个要求。虽然安全保障义务在我国法律体系内主要用于解决因果关系问题，但是其理论内核是德国式的。[4]引入安全保障义务的意义在于防止处于其保护范围或者控制范围的主体受到第三人的侵权，认定义务人违反了

---

〔1〕 （2016）苏 0102 民初 1120 号民事判决书。

〔2〕 参见（2007）沪一中民三商（初）字第 66 号民事判决书；（2008）沪高民二（商）终字第 2 号民事判决书。

〔3〕 参见王思源："电商平台系统安全漏洞的法律责任分析——季海红诉苏宁易购案评析"，载《法律适用（司法案例）》2018 年第 12 期。

〔4〕 安全保障义务源自德国法，美国《数字千年版权法》认为网络服务提供者不对他人上传信息负有主动审查义务，但是德国法院认为这与安全保障义务不相符合。比如汉堡州法院就认为，网络服务提供者开启了一个与物理空间无异的交往空间，从而应该承担包括主动审查在内的安全保障义务。德国联邦最高法院认为，类推德国《民法典》第 1004 条与第 823 条，网络服务提供者应该承担"妨害人责任"，法院还创设了平台"面向未来妨害的审查义务"。即如果平台了解到第三人存在侵权行为，那么以后针对同样的主体，或者同样的侵权内容都负有主动审查义务。参见冯珏："安全保障义务与不作为侵权"，载《法学研究》2009 年第 4 期。

此义务就可以避免因果关系难以证明的问题。平台企业往往比一个建筑的管理人对活动介入得更深。而且安全义务的原理是超越介质的，危险制造者或者因特定危险而可能产生利益者应该提升注意成本。[1]这也能够有效降低社会的风险成本，因为危险制造者通常更了解风险。由此，安全保障义务也应该适用于网络空间。

侵权法的理念是通过给被侵权者以合理救济来提升社会的整体运行效率。正如王泽鉴所言，传统侵权法是转移损害，而现代侵权法则关注分散风险。[2]一方面，互联网平台的安全保障义务符合"报偿理论"的法理基础，[3]即如果平台从架构的数据系统中获取了相应的利益，那么也应该承担阻却危险的义务，并对系统故障产生的损害结构承担赔偿责任。[4]另一方面，互联网平台在对漏洞实施的侵权行为的反应机制与技术能力上都占有绝对优势，因此应该承担相应责任。互联网平台应该注意漏洞识别难度、是否存在安全隐患等因素，并在平时对可能出现的技术故障进行防范。

如果认可互联网平台在系统维护中具有安全保障义务，那么这种义务包括法定义务与注意义务两个层面。前者包括《网络安全法》《信息安全等级保护管理办法》《信息安全技术　信息系统安全管理要求》等法律、法规、规章、国家标准等确定的安全标准，以及公认的行业标准等；后者则是合理注意义务。在技术日新月异的背景下，平台企业的注意义务并不是静态不变的。平台企业既应该时时保持谨慎，也不应因为该种注意义务而承担超出合理预期的风险。例如，在季某红诉苏宁易购一案中，已有网友指出漏洞的存在，只要增加一层验证程序即可修复漏洞。在这种情况下，作为互联网平台的苏宁易购仍未采取措施，应视为没有履行合理注意义务。[5]

〔1〕　参见张新宝、唐青林："经营者对服务场所的安全保障义务"，载《法学研究》2003 年第 3 期。

〔2〕　王泽鉴：《民法学说与判例研究》，中国政法大学出版社 1998 年版，第 165 页。

〔3〕　参见王利明：《侵权责任法研究（下）》，中国人民大学出版社 2011 年版，第 88 页。

〔4〕　参见吴汉东："侵权责任法视野下的网络侵权责任解析"，载《法商研究》2010 年第 6 期。

〔5〕　参见王思源："电商平台系统安全漏洞的法律责任分析——季海红诉苏宁易购案评析"，载《法律适用（司法案例）》2018 年第 12 期。

在引入了平台企业的安全保障义务后，需要继续讨论举证责任的承担问题。如果需要消费者证明平台企业在系统故障中存在故意，或者承担因果关系的证明责任，是非常困难的。例如，深交所 2009 年发生的顺发恒业重组上市后遭遇停牌时滞的事件即引发了诸多投资者的投诉。[1]而 Facebook 上市当天遭遇的纳斯达克系统故障案中，投资机构及个人更是提起了多达 41 起、涉案金额超过 5 亿美元的集团诉讼。[2]法院最终认定交易所应为系统出现故障的情况承担民事责任。这一案件最终以纳斯达克与 SEC 和解并缴纳 1000 万美元的罚金，又向提起集团诉讼的投资者支付了 2650 万美元和解而告终。[3]虽然消费者从 Facebook 案中获得了一定程度的财产补偿，却没有提供有效的司法裁判经验。

（二）举证责任的合理化设置

如果从已有的法律关系与司法裁判中找寻近似等价物，可以发现与互联网平台因系统故障导致的侵权行为较为类似的是医疗机构的侵权案件，消费者与患者相对于平台企业与医疗机构而言同样处在信息劣势的位置，因而很难对平台企业与医疗机构的过错与因果关系进行证明。那么，根据 2020 年修正的《最高人民法院关于审理医疗损害责任纠纷案件适用法律若干问题的解释》第 4 条规定，应该由医疗机构而非患者承担举证责任。当然这并不意味着在因互联网平台系统故障引发的侵权损害中，都必须实行举证责任倒置的原则，因为这可能会导致针对平台企业的滥诉而使其无法正常进行运营。更为恰当的方式是降低用户的证明标准，并且同时提出对平台企业的反证要求。在此类案件中，就体现为消费者在证明因果关系时，只需要证明被告系统中安全漏洞的存在对于损害发生是充分性条件，而无须做必要性证明，对于必要性的反驳应交由互联网平台承担。

---

〔1〕 "顺发恒业最后三分钟跌 30% 股民疑深交所交易程序出错"，载 http://finance.ifeng. com/stock/zqyw/20090606/754896. shtml，最后访问时间：2018 年 5 月 24 日。

〔2〕 In re Facebook, Inc. , 899 F. Supp. 2d 1374, 2012 U. S. Dist.（2012. In re Facebook, Inc. IPO Sec. & Derivative Litig. , Fed. Sec. L. Rep.（CCH）. In re Facebook, IPO Sec. & Derivative Litig. v. N. C. Dep't of State Treasurer（In re Facebook, Inc.）, 2016 U. S. App.

〔3〕 参见肖梦黎："证券交易所行为的可诉性与民事豁免研究"，载《证券市场导报》2018 年第 9 期。

在周某某与上诉人中国保险监督管理委员会、北京中科汇联科技股份有限公司网络侵权责任纠纷一案中，出现了通过修改中国保险监督管理委员会网站中的最后一排数字便可以搜索到其他人的注册信息的情况。2015年5月9日，《四川法制报》报道《保监部门官网流出公民个人信息？四川市民报案：将依法追究泄露者法律责任》一文。2015年5月10日，中国保险监督管理委员会在获知相关信息后，就即刻对系统进行修补。据统计，原告的注册信息从2014年12月至2015年5月31日共被访问过三次，均是于2015年5月10日进行访问，疑为原告本人所为。[1]这个案件展示了平台有技术能力对于系统故障进行反证。这说明平台在因技术系统故障导致相关方损害时是可以承担举证责任的，并不会给其施加过多不合理的负担。

（三）　正当处置行为免责

如果出现技术及系统故障，平台企业会采取一系列措施来停止或减缓故障带来的损失。如果交易行为出于正当规制的目的进行上述行为，则应该就处置与规制行为造成的后果进行免责。由于证券交易所的交易行为不具有可撤销性，因而以机场转债案与DL资本集团（DL Capital Group）诉纳斯达克交易所案为代表的交易所针对因技术故障引发的交易异常采取的暂缓交收、撤销交易等行为引发的诉讼展示了交易所处置行为的责任承担问题。机场转债案中，原告认为自己买入的机场转债已经成交，而上交所认定出现证券的异常交易而决定实施暂缓交收，原告未能成交。因此，原告诉请被告将其1000张"机场转债"转股的股票及利益过户。[2]DL资本集团诉纳斯达克交易所一案中，纳斯达克因电子交易系统的"误用或者故障"而宣布取消上午10时46分至10时58分的所有交易，被告认为纳斯达克在事实上迫使其进行"无担保的卖空"。该公司"为了补进由纳斯达克强加的卖空销售股数，被迫以比卖出价格更高的价格购买了COCO股票"。[3]在这两个案件中，法院均认定证券交易所因交易异常而采取的暂

---

〔1〕　参见（2016）琼02民终375号民事判决书。

〔2〕　顾功耘："证券交易异常情况处置的制度完善"，载《中国法学》2012年第2期。

〔3〕　DL Capital Group v. NASDAQ Stock Mkt. , 409 F. 3d 93, 97-98（2d Cir. 2005）.

缓交收或者撤销交易等的措施是履行自律规制职能的行为，因此不用承担为此造成的民事损失。[1]因为如果对平台企业处置技术与系统故障的行为进行追责，就可能导致其怠于处理技术与系统产生的风险，而不利于平台上交易的正常进行。

第四节　针对算法风险的归责

相较于 Facebook、Google 等社交与搜索媒体，互联网交易平台对数据的使用的歧视与滥用并不容易被察觉。在数据"泄露门"与涉嫌"量身定做"政治广告促成特朗普的胜选后，扎克伯格在 2018 年 4 月接受了美国国会的质询。2017 年 6 月，欧盟对 Google 处以 24.2 亿欧元的巨额罚款。理由是 Google 在搜索结果中，偏好 Google 自身的购物比较服务，将之置于搜索结果的最顶端。由于 Facebook 与 Google 已经渐渐演化为一种媒体公司，[2]因而政府对其控制数据、使用数据与定向投放数据的行为都非常谨慎。但诸如 Amazon、淘宝、京东等商品、服务平台企业，其对数据的滥用

---

〔1〕　在 DL 资本集团诉纳斯达克交易所一案中，原告提出，其代表的是个人投资者，不是交易所自律管理的直接对象，对于纳斯达克因取消异常交易给其投资造成的损失，交易所不能免责，应当向其承担偿责任。同时原告不是对纳斯达克作出的暂停交易、恢复交易或者取消交易的规制决定质疑，而是质疑纳斯达克公开宣布这些决定的方式。对此，法院认为，"宣布暂停或者取消交易正如事实上的暂停或者取消交易那样，是被告规制义务的一部分"。因为"没有发布公告的能力，被告将被剥夺其规制权中关键而又必要的部分"，即其行使通知公众那些行为的权力是为了维持"公平和有序的市场"或者保护"投资者和公共利益"。如果保护市场信息的完整性是规制证券市场的首要目的之一，作为自律组织向公众报告规制行为当然至少"与纳斯达克的准政府权力相一致"。

〔2〕　虽然 Facebook 一直拒绝将自己定位成一家媒体公司，但这无法改变它几乎已经成为美国最主流的信息、新闻获取平台的事实。作为全球最大的传播集团，2017 年 WPP 为其企业客户投放的广告中，有 50 亿美元投放到 Google、20 亿美元投到 Facebook，两者之和已超过其投到美国最重要的两家媒体公司——迪士尼和福克斯的金额（60 亿美元）。而在扎克伯格被问询的事件中，选举顾问公司剑桥分析正是利用 Facebook 的算法，向美国选民投放了大量广告及虚假信息，以巩固他们的既定立场，从而影响他们的投票行为。除了已经注册的用户，Facebook 对于每一个还没有注册的"潜在用户"，也都会建立与之相应的"影子档案"（shadow profile）。因此，许多人在第一次注册 Facebook 时，会惊讶地发现，Facebook 竟可以准确地向自己推荐"你可能认识的人"。这一功能的实现，有赖于 Facebook 对大量用户联系人信息的收集。参见王力为等："科技巨头还是强盗大亨　全球监管苦寻对策"，载《财新周刊》2018 年第 23 期。

较为隐微，主要存在于价格歧视、搜索排名等方面。由于只涉及经济利益，而非政治影响与个人隐私的过多暴露，平台企业的数据使用以至于"滥用"就很难引起重视。就像前述大数据杀熟的风险部分，似乎大家都可以感知，却又无法进行确切地证明。在算法操纵的空间内，消费者只能接受平台的危机公关声明，诸如价格调整是随机进行的，与消费者是谁没有关系，平台企业"无论是过去、现在或未来，都不会利用消费者的人口资料进行动态定价"的言论。

一、阴影下的司法问责困境

当我们诉诸司法问责时就会发现，一方面平台企业的价格歧视与数据滥用对于消费者而言很难证明，因此面临较高的诉讼成本。另一方面算法的复杂性与该领域内法律的不完备性也让法官在判案时小心翼翼，不敢轻举妄动。平台企业利用数据优势的行为并不仅仅存在于互联网平台中，证券市场内也存在着交易所通过收费服务，给予市场内高频交易者交易优待的行为。在拉尼尔诉巴兹交易所[1]一案中，原告起诉了美国所有的交易所，认为其向"优先客户"（即高频交易员）收费从而提供"专有数据传输宽带、传输协定以及主机代管服务[2]"等便利，使得高频交易员在交易行情获取与订单成交上获取先机，从而违反了原告与交易所的用户协议中有关以"公平"和"非歧视"的方式提供市场数据的约定。在该案的判决中，法官认为用"公平"和"非歧视"的方式提供市场数据的约定应被解释为交易所同时向用户发出数据，而不要求用户同时接收到数据，交易所不需要因此承担责任。[3]交易所通过付费服务构建了高频交易者与普通消费者两个"阶层"，他们在交易中所处的位置和拥有的便利条件均不相

---

〔1〕　地区法院一审：Lanier v. BATS Exch. , Inc. , 105 F. Supp. 3d 353 (S. D. N. Y. , 2015)。巡回上诉法院二审：Lanier v. Bats Exch. , Inc. , 838 F. 3d 139 (2d Cir. , Sept. 23, 2016)。

〔2〕　主机代管服务是指高频交易者通过将自己的设备安装在交易所内，而减少交易信息在不同服务器间传输所需要的时间，因此可以获得相较于其他投资者4—7毫秒的领先。See McNamara, Steven, "The Law and Ethics of High-frequency Trading", *Minn. JL Sci. & Tech.* 17 (2016): 71.

〔3〕　参见谢贵春："金融危机以来美国证券自律监管的司法审查研究"，载《证券市场导报》2017年第12期。

同，但是法院仍保持谨慎，不认为平台企业的行为涉嫌违法。那么与之相类似的互联网平台针对不同用户，甚至不同通信设备的不同定价也同样难以被问责。

与之相类似，百度根据竞价排名申请了专利，并认为竞价排名是一种通过计算机互联网络，利用设置在服务器上的软件系统而实现搜索的方法。竞价排名的特征在于，将信息发布到互联网搜索引擎中，并按照信息提交者设定的每次点击金额进行排序，生成结果页面。[1]电商平台在适用搜索排名时往往宣称自己是为了给用户提供更好的体验，给特定用户群建构最完备的画像，从而提供更有针对性的服务。电商平台的搜索排名算法往往更加复杂，也不宣称自己是像 Google、百度一样中立的搜索引擎。除非其设置的排名方法对《价格法》《消费者权益保护法》与《电子商务法》等相关法律构成了明显的违反，否则难以认定单纯有偏向性或者针对性的搜索排名是有问题的。与此同时，平台企业对消费者提供的免费服务与难以证明主观意图的算法共谋都给反垄断法的适用设置了重重阻碍。[2]

司法机关也在逐渐步入算法歧视的深水区，比如意大利户户送有限责任公司算法歧视案中，博洛尼亚法院的判决从骑手是否受反歧视法律的保护、算法歧视的确切含义以及平台算法对骑手的未来影响是否构成歧视等角度进行深入说理，认定该平台使用的算法构成间接歧视，并要求户户送有限责任公司支付原告三个工会组织 5 万欧元的惩罚性赔偿。[3]平台大数据杀熟也有了相关判决。在胡某芳与上海携程商务有限公司侵权责任纠纷中，法院经审理认为，该平台向原告承诺钻石贵宾享有优惠价，却向原告展现了一个溢价 100% 的失实价格，未践行承诺，判决该平台赔偿原告胡女士投诉后该平台未完全赔付的差价 243.37 元及订房差价 1511.37 元的三

---

〔1〕 专利号：02117998.0。参见周辉："技术、平台与信息：网络空间中私权力的崛起"，载《网络信息法学研究》2017 年第 2 期。

〔2〕 参见李振利、李毅："论算法共谋的反垄断规制路径"，载《学术交流》2018 年第 7 期。

〔3〕 参见罗智敏："算法歧视的司法审查——意大利户户送有限责任公司算法歧视案评析"，载《交大法学》2021 年第 2 期。

倍支付赔偿金共计 4777.48 元。[1] 随着算法歧视与大数据杀熟等案件的判定,司法机关也在不断拓宽自己对算法的审查范围,试图在阴影中找到光亮。

二、行政监管的渐次加强

如果自我规制和司法介入都不能对平台企业的数据优势加以控制,那么就应该考虑对此进行行政监管。相较于被动执法和中立裁判的法庭,行政机关一旦发现足够高的预期损害程度,就可以展开执法。如果说算法的机制还处于等待探索的阶段,贸然立法并不适宜,那么政府机关可以采用开展日常规制、要求平台企业就特定事项向政府部门报告等形式。

具体而言,政府可以增强平台企业的披露义务,对平台交易行为中的数据使用进行抽检,并可以运用黑匣子补漏器[2]等技术加深对算法运行的了解。美国证监会就开始实施对高频交易的实时监测,交易所需要向证监会每日提交订单发出、执行与撤销的全部动态信息。政府部门可以对平台企业要求算法透明化以及建立追责机制。算法系统的设计者应该在设计使用之初就意识到该系统内可能包含的偏见及危害,应该对此作出评估并记录在册以备查验。政府机关应该敦促算法的设计者将算法可能产生的负面影响写入使用协议中,并且向特定人群作出警示。算法的设计者与使用者即使无法准确解释算法可能带来的各种影响,也需要为其后果负责。如果问责不顺畅,政府部门即可依据上述记录介入问责并向受损方提供救济。另外一个可以采取的措施就是减速措施。为了减少高频交易者的相对优势,交易所可以强制在报价下达和提交间进行人为的随即延迟,多伦多交易所已经开始了类似的举措。[3]我国《证券交易所管理办法》也提出交易所的主机托管服务必须遵循公平原则。对于电商平台可能出现的价格歧

---

〔1〕 参见 (2021) 浙 06 民终 3129 号民事判决书。

〔2〕 政府可以指定黑匣子补漏器的安全港法律,免除该领域的研究者的法律责任,以实现对算法的问责目的。

〔3〕 参见马其家、王淼:"美国不公平高频交易监管及对证券法修改的启示",载《证券市场导报》2018 年第 8 期。

视而言，降低平台或者卖家的调价速度、增加竞价次数的限制也是一个有效的方法。[1]

对于自动决策算法中偏见性因素的规制，法学界的讨论大致围绕算法透明原则、算法解释权以及设置数据保护官与数据监管局[2]等几种路径。算法治理则主要存在欧盟《通用数据保护条例》（GDPR）下的个体赋权模式、美国算法问责法案下的外部治理模式以及本土化的设置平台义务模式。[3]在寻求算法透明化的过程中，强制算法公开与控制算法结果的路径显然存在问题。一方面，算法的强制公开可能导致商业秘密与知识产权的泄露。另一方面，源代码的公开也无法真正使普通公众理解、获得救济。在对自动决策算法中的偏见性因素进行问责的过程中，受算法影响者（即数据主体）享有包括对算法知情、质询和申诉的权利。而算法的设计与使用者（也就是数据控制方）相应地有披露数据来源、解释算法过程与接受算法审计等一系列义务。国家互联网信息办公室等四部门联合公布了《互联网信息服务算法推荐管理规定》，该规定允许我们在后台选择一键关闭各类 App 的个性化推荐，也就是可以选择不被算法推荐所"拿捏"。

如果要对互联网平台中的算法进行审查规制，那么就需要明确审查的尺度与界限。对于定向算法，政府规制部门应该设定强制的信息披露义务。作为算法开发与使用者的平台，其需要向政府及使用者公开设计目的和定向策略的大致内容。与此同时，因定向算法导致的风险而受到损失的一方有权要求平台企业就特定算法进行解释，这与行政相对人请求复议的权利相类似。具体而言，算法的解释内容可以包括算法运行特定决策的理由、原因，导致该决策结果的不同指标的权重，等等。[4]平台企业需要对

---

〔1〕 See Ezrachi, Ariel, and Maurice E. Stucke, "Artificial Intelligence & Collusion: When Computers Inhibit Competition", *U. Ill. L. Rev.* (2017).

〔2〕 林洹民："自动决策算法的法律规制：以数据活动顾问为核心的二元监管路径"，载《法律科学》2019 年第 3 期。

〔3〕 张欣："从算法危机到算法信任：算法治理的多元方案和本土化路径"，载《华东政法大学学报》2019 年第 6 期。

〔4〕 See Mahendran, Aravindh, and Andrea Vedaldi. "Understanding Deep Image Representations by Inverting hem", *Proceedings of the IEEE Conference on Computer Vision and Pattern Recognition.* 2015.

算法中是否包括歧视性因素（比如大数据杀熟策略）等进行解释。

针对不同风险应该采取分类治理的规制方式。正如欧盟《通用数据保护条例》（GDPR）在第 22 条规定，如果某项算法会对相对人产生法律影响或与之相类似的显著影响，数据主体就有不依赖于自动决策的权利。接下来的问题就是如何将算法区分为会产生法律影响或与之相类似的显著影响与其他类型的算法。欧盟《通用数据保护条例》（GDPR）在工作组指南第 29 条规定了何种类型可以视为对个体产生重要影响：比如信用贷款审批、电子招聘、医疗服务、教育或自动化决策显著影响了个人的习惯或选择；通过自动化决策的应用达到取消合同、取消住房福利等的后果；以及在定向广告中，利于数据杀熟或政治倾向等的敏感信息。[1]如果自动决策算法不会对数据主体产生重大影响，算法相对人可以行使欧盟《通用数据保护条例》（GDPR）第 21 条的退出权；若自动化决策本身会对数据主体产生重大影响，则算法使用者应该保障人工介入自动决策，以及数据主体对自动化决策质疑的权利。美国国会 2019 年 4 月提出的算法审查法案也对高风险算法进行了列举式界定：包括对个体隐私安全等造成严重不利后果的算法，涉及种族、肤色、政治观点、宗教、工会身份、生物数据、性别、性倾向、犯罪记录、逮捕记录的算法，以及在公共场所进行系统性监督的算法。[2]对于这些高风险算法，算法的设计者和使用者应该对算法的设计、训练数据和目标等方面作出详细说明。

对于低风险算法，保障算法相对人的退出权，并考虑引入监管沙盒（音盒）等方式进行一定程度上的责任豁免。而对于算法相对人有重大影响的自动决策算法，则应该事先采取加密承诺、公平的随机过程等软件验证方式；注重人机回圈，为算法决策过程注入民主化。在事后规制中，可

---

〔1〕 See Article 29 Working Party's Guidelines on Automated individual decision‐making and Profiling for thepurposes of Regulation 2016/679, http://ec. europa. eu/newsroom/article29/item‐detail. cfm? item_ id=612053，最后访问时间：2022 年 3 月 17 日。

〔2〕 美国《算法审查法案》共规定了五种类别的高风险算法，笔者在此做了重新归纳。其中有些虽然是高风险算法，但是由于应用特别广泛，实际无法进行有效控制。比如基于个人的工作表现、经济状况、个人偏好、地理位置和行为轨迹而作出的影响个人权利的算法等。

以通过零知识证明原则、无条件反事实解释等方法在避免打开"黑箱"的情况下进行算法解释，并与司法过程中差异性影响的审查方案相连接，从而最终实现法律治理与技术治理的引领和归化。

第五节　平台自治风险引发的归责

平台出于自我规制的目的而创设的一些制度，可能会被平台用户利用从而产生新的风险。平台企业的此类行为包括交易所主动设置一些明星指数，表示入选这些指数的个股更值得信赖；或者是互联网平台为了充分披露信息而设置的消费者评价制度的滥用。这些行为产生风险的逻辑是，平台企业创设了某种新型的手段，这些手段虽然服务于自我规制的目的，但并不是规制性的行为。因为这些手段创设的某种较高的认定标准（跻身明星指数以及赢得好评等手段均可以提升交易量），于是用户在这些规制手段的"激励"或者"诱发"下从事了某些违规行为（比如上市公司为了进入指数而在财报上作假，网络平台上的商家用刷单、炒单等方式获得虚假好评）。这些风险还是由于平台用户造成的，不能归因于平台企业自身的行为。

以平台信用评分机制为例，这种平台自治机制容易催生独立性缺失与歧视强化的现象。平台信用评分机制并不符合传统征信机构所要求的"独立第三方"原则，无法真正满足"业务独立、治理机构独立、关联关系独立、信息采集者与信息产生没有关系"等要求。[1]现有的平台信用评分机制普遍存在适用本集团服务越多，信用评分越高，以及向集团内从事金融业务的主体透露用户非公开的信用信息等问题。当平台声誉产生广泛的外溢效力时，就更需要审慎考虑独立性的问题。

平台信用评分机制容易受到利益相关者的操纵。声誉指标越强大、越重要，意图捕获和颠覆它的力量就越大。信用评分算法非但没有消除现有的歧视性做法，反而可能以更为隐蔽的方式将它们系统化，未经检查的信

---

〔1〕 万存知："征信体系的共性与个性"，载《中国金融》2017年第1期。

用评分是一种内在的、既定的歧视形式。当大数据征信与线上小额贷款结合时，会吸纳社交平台、电商平台等的行为数据，居住在富裕板块的人更容易获得贷款，女性申请者则会获得较低的额度。[1]算法编写者的偏见与价值观会嵌入算法中，通过信用共享进行传播，可能以任意或歧视的方式减少人们的生活机会。

平台企业可能因为规制不足产生的风险被问责；也可能因为规制过度产生的风险被问责。在规制不足导致的风险中，平台企业可能是基于平台上用户的不当行为而需要承担失察的责任；也可能是因自我规制行为产生的风险而接受问责。后一种问责是源自平台的自我规制行为与平台用户不当行为的共同作用，也就是平台企业进行了某些中性的制度设计，但是被平台上的用户抓住漏洞进行滥用，平台企业可能因该种风险而接受问责。

一、司法介入的困境

首先来讨论通过司法介入实现的对此类行为的问责：如果平台企业因为创设了某项新型制度，而对平台用户或者利益相关方造成了新的风险时，应该承担相应的民事赔偿责任，即使是对享有民事豁免权的证券交易所。证券交易所只有在施行准司法程序性质的行为时才享有民事豁免权，按照该标准，设置明星指数的行为并不在此列，因而需要为失当的行为承担民事赔偿责任。刺破民事责任绝对豁免面纱的魏斯曼诉纳斯达克交易所一案正是对这一问题的回应。法院在富裕基金（Opulent Fund）诉纳斯达克交易所一案中也表明"如果不存在纳斯达克交易所，就更不会有创设指数与自愿发布定价数据的行为"，"纳斯达克准确地计算和发布指数价格的行为并非用以保护投资者，更准确地说，纳斯达克交易所的这一行为旨在建立市场和增加交易"。互联网平台在因自我规制产生的制度风险而接受问责时当然也应该遵循同样的路径。由于设置消费者评价制度、遴选认定"优选"产品等举措当然应该就造成的损失承担相应的民事责任。

---

[1] 林洹民："自动决策算法的法律规制：以数据活动顾问为核心的二元监管路径"，载《法律科学》2019 年第 3 期。

但是问题在于，对平台企业因自我规制而产生的制度风险进行司法诉讼是非常困难的，并没有专门的法律规范对此进行规定，需要遵循《民法典》的一般原则，采取过错的归责原则。然而平台企业在制定相关制度时主观方面并不存在过错，因此不应为平台用户的不当行为承担责任。另外，这也可能使平台企业疲于应付层出不穷的诉讼而无法正常履行撮合交易的职能。这也是证券交易所"民事诉讼豁免"设立的初衷。虽然互联网平台更多的是在市场中进行自发的优胜劣汰，但过于频繁的无效诉讼也会影响整个市场的运行效率。在这种情况下，政府规制可以将行为与损害标准化，使得平台企业更容易遵守相应规定而不至于随时陷入被诉的境地。例如，2019年1月1日正式施行的《电子商务法》第39条就规定了电子商务平台应该公示信用评价规则并且不得删除消费者对其平台内销售的商品或者提供的服务的评价。利益受损方可以据此规范提起诉讼，也可以向相关政府部门进行投诉，后者显然更为简单快捷。在对平台企业自我规制产生的新型风险进行问责时，政府规制部门的定期抽检、接受消费者的投诉与意见会比单纯将此类问责诉诸司法更加有效。

二、重塑增量赋权的规制理念

公权力在对平台自治机制进行规制时，应秉持"增量赋权"的制度思路。遵循"国家立法权与民间创议权的良性互动，让政策指导与行业自治彼此交融"，[1]在鼓励创新与保护用户权益间实现平衡。首先要了解平台自治机制的规制机理与实现技术，赋予其一定的"飞地自由"，继而在自我规制界限以外的范围介入公权力。监管理念要对创新驱动的自我规制秩序进行观察与修正，寻求在制度结构和社会结构间形成和谐适配。对平台自治的治理既要呵护网络的创新潜能，确保技术解决方案的安全性，也要保证它们的开放性和互操作性。

监管体系需要在平台自治与政府监管间维持一种微妙的均衡。在平台

---

[1] 马长山："智慧社会建设中的'众创'式制度变革——基于'网约车'合法化进程的法理学分析"，载《中国社会科学》2019年第4期。

自我规制有效的情况下，政府需要保持克制，只对平台进行纠正性的干预，不要试图塑造它们已经形成的自律性的基础规范。[1]但当平台自治机制可能给用户权益或未来选择机会造成不利影响时，就需要公权力对其适用范围进行划界，严格限定使用领域。具体而言，信息收集阶段需要秉承目的限缩、信息收集完整、敏感数据禁止性收集等原则，使用与共享阶段要坚持消费者明确的知情同意。在向第三方提供消费者的相关数据时，需要最大限度地验证使用者的身份和使用目的，辅之以严格的监管与惩处规定。

政府应坚持技术赋权与正当程序的双重原则。一是要采取技术规制的思路，增强政府的数据能力。政府可以通过身份验证等技术有效追踪，实现公共政策的治理目标。更为重要的是，政府不可直接以平台评价作为处罚依据，而应结合多种评价标准综合判定。二是清楚限定平台信用评分的适用场景，防止"一处失信，处处受限"的不当联结。[2]三是鼓励平台建立自治机制的正当程序制度，完善救济手段。这一点可通过政府对透明度高的企业予以奖励的方式实现，助推其他企业提升规范制定水平与执行质量。

三、安全保障义务的引入

治理平台面临的最大问题是无法直接适用现行法律中的归责原则。对于平台企业这种新生事物的侵权行为而言，因果关系不易证明，举证责任又过于沉重。平台企业既然开启了危险源，就需要承担控制危险的相关责任。在这个层面上，德国法中的"安全保障义务"与普通法中的"注意义务"有异曲同工之妙，而风险规制中的预防原则则是"注意义务"的进一步延伸。预防原则更多被应用在环境保护中存在的未知风险中，脱离了注意义务最原始意义上的对人身权利与财产权利的保护。[3]预防原则是一种全新的法律调控视角，将法律从单纯的事后救济功能延展为预防风险功

---

〔1〕　[德] 贡塔·托依布纳：《宪法的碎片》，陆宇峰译，中央编译出版社 2016 年版，第 34 页。

〔2〕　沈岿："社会信用体系建设的法治之道"，载《中国法学》2019 年第 5 期。

〔3〕　参见李秋高："论风险管理法律制度的构建——以预防原则为考察中心"，载《政治与法律》2012 年第 3 期。

能，使得法律的防卫界限前移从而实现控制风险的目的。

若平台企业的定向算法可能涉及严重的歧视、侵权等行为，则应该由政府监管部门进行严格审查，此时应赋予规制者积极管制的义务。而如果仅仅是由于单次的、偶然的技术故障对用户可能造成的潜在的财产损害，则应该采取弱式版本的预防原则，减轻潜在受害者关于实际危害与因果关系的证明负担。现代社会制造了太多的安全风险，受到威胁的法益只有通过大幅扩大监控机制，才能得到保护。任何一种预防措施，只要是为了保护更高的法益，即便是制造了相对较小的负担，也会被认为是必须且恰当的，比如说机场的安检。[1]因此，平台企业的定向算法也应该承担主动说明、解释或接受强制检查的义务。现代社会的科技进步引发了可能损害基本权利的新型危险，作为对抗第三方威胁而确立的契约自由，已不足以成为保护个人去对抗社会的强势力量。原有的制裁性手段（例如刑法制裁和民法的损害赔偿）对于已经出现的损害仅能提供并不充分的保护，应在非常谨慎的层面上适用预防原则，将预防原则的精神融入对平台企业所产生的技术风险与规制风险的防范之中，而不是在立法与行政过程中直接予以采纳，并且建立"安全边际"、设置预防期权与遵循劣势最优等原则。[2]

四、自治机制的程序化与法治化

平台通常以用户协议作为自治的基础，而用户协议本身是排斥用户修改的格式条款。但就像欧盟《不公平合同条款指令》中所揭示的那样，合同条款使用的语言应该是清楚易懂的（plain, intellgible），[3]消费者在签约前没有机会了解的合同是不公平的。如果将其适用到互联网平台拟定的格式合同中，要真正对合同进行了解需要满足三个要素：一是需要在合同订立前就向平台用户进行公开、说明，否则就不具有合同效力；二是合同的长度适当，如果协议内容太过冗长，就无法清楚地向用户呈现其中的不

---

〔1〕 刘刚：《风险规制：德国的理论与实践》，法律出版社 2012 年版，第 130 页。

〔2〕 ［美］凯斯·R. 桑斯坦：《恐惧的规则——超越预防原则》，王爱民译，北京大学出版社 2011 年版，第 52~55 页。

〔3〕 EU, Directive 93/13 on Unfair Contract Terms, appendix（2）.

公平条款；三是这些协议内容应该是可见、可复制且可保存的，而非修改后就覆盖了之前版本的内容。

同时要警惕信用评分等自治机制的边界，为用户提供有效的救济措施。若当事人对平台评分存在异议，应保证其有更正错误数据、获得名誉恢复，以及退出算法决策的权利。修改权的前提是回应权（rights of reply），评分机制的经营者需要提供免费的申诉机制，允许用户在对评分真实性存疑时进行投诉，运营平台要在特定时间内尽快回复。算法解释只是开端，当算法的设计者和使用者对自动决策作出解释后，受算法影响者还有要求修正决策的权利。[1]退出自由也是对选择权的保护，用户自己决定是否选择进入信用评分，能够增强主体对个人信息的控制感。美国的《格莱姆里奇布莱利法案》赋予一般消费者拒绝向金融机构的非关联方披露个人信息的权利，若消费者明确表示禁止，就可以选择退出。[2]有些地区要求金融机构获取消费者信息时要采取"选择进入"的方式，这比选择退出更加严苛，[3]也可适用于平台信用评分的场景。

五、规制过度引发的归责

平台企业因规制过度引发的问责并不常见，其原因在于平台存在的目的在于尽可能多地吸引两端客户，从而增加撮合交易的数量与价值，而过重的处罚会导致存量与增量用户的流失。但过度规制的情况在理论上仍可能存在，例如，为了迎合政府运动式规制的意图，或者是为了起到威慑作用而采取的运动式执法或者突击执法等。网上平台企业在对用户进行处罚时，通常不遵守特定的程序，也不公开处罚决定。由于处罚机制不够透明，平台权力的滥用会对用户权益造成损害。"在现代社会，国家之外的团体对

---

〔1〕　张凌寒："商业自动化决策的算法解释权研究"，载《法律科学》2018年第3期。

〔2〕　Hardee，Kathleen A，"The Gramm-Leach-Bliley Act：Five Years after Implementation"，does the Emperor Wear Clothes. Creighton L. Rev. 39（2005）.

〔3〕　CONN. CODE ANN. §§ 36a-42，2011. 转引自冯恺："个人信息'选择退出'机制的检视和反思"，载《环球法律评论》2020年第4期。

其成员甚至成员以外的制约与强制可能比国家的强制更具压迫性。"〔1〕只要有权力，就一定会产生正向与负向的两种影响。证券交易所可以使上市公司退市、取消证券公司的会员资格与交易参与人资格；而互联网平台不仅可以查封账户、关闭店铺，还可以对特定用户实施终身的平台禁入。这些处罚当然会对用户的名誉、财产造成影响，极端情况下还可能对特定主体产生生计的影响。如果这些权利被剥夺后而无从获得救济，就意味着出现了法律与规制的漏洞。

当然，将所有的平台处罚都诉诸行政监管与司法介入是不切实际的。当平台企业存在处罚过重、处罚方式不当等问题时，最好是形成一种外部压力，让行使亚权力的平台进行自发的有效规制。因而更需要关注的是平台企业的处罚过程是否遵循了公平程序〔2〕的相关原则。比如，对平台用户或者利益相关方进行处罚时，应当通知当事人，提供听证的便利机会，并具体说明当事人的行为违反了哪一项特定规则。在这一问题上，成熟资本市场的交易所提供了可资借鉴的范式：纽交所的听证委员会（Hearing Board）是交易所下辖的独立部门，独立于任一执行部门。听证程序通过组成"听证专家小组"进行，并且专家小组的人员构成遵循与相对方身份对应的原则（亦即相对方为交易所会员，则参加专家小组的委员也应当为交易所的会员；如相对方为交易所会员的工作人员，那么参加专家小组的委员中至少需要有一人为交易所会员的工作人员）。在淘宝设定的大众评审制度中可以窥见类似的规定，如果选择大众评审制度，则主张维权的一方与另一方每人在评审员库中选择不超过 15 名评审员，加上一名"淘小二"，组成 31 人评审团，拥有半数以上支持率的一方获胜。〔3〕

听证过程中，由交易所的执行部门通过"指控备忘录"的形式对相对方进行具体的指控，并允许其进行答辩。在听证过程的任何阶段，相对方

---

〔1〕 参见黎军："论司法对行业自治的介入"，载《中国法学》2006 年第 4 期。

〔2〕 因为政府机关在作出决定时需要遵循正当程序的原则，因此将证券交易所在内的私主体遵循的程序称作公平程序，以示区分。

〔3〕 《淘宝网大众评审公约（试行）》第 10 条，载 https：//pan.taobao.com/？spm＝a2179.1434706.0.0.7afa1398IGHKhi，最后访问时间：2022 年 3 月 16 日。

均有权聘请律师或其他人代表自己。专家小组的决定作出后，相对方还可以在交易所内部申请复议。虽然平台企业上产生的纠纷客单价较低，但也并不能排除被处罚人自我辩解与说明的权利。以公众参与机制设置相对健全的淘宝为例，大众评审员的裁决是一裁终局，被处罚人不再有继续辩解的机会。如果说相对人对于交易所的处罚尚可以提起行政诉讼，那么互联网平台的不当处罚也需要司法介入以提供救济。由于平台企业上产生的争议是极富专业性的，因此应先由平台企业在内部处理相关争议，并将处理过程与被处罚方的辩解固定下来留存记录，从而为后续公权力的介入提供便利。

结　语

　　对平台企业自我规制的讨论当然会触及法律与社会关系的探讨。一方面，我们期待法律像赛尔兹尼克宣称的那样演进为一种"回应型法"，[1]或者如卡多佐所言，"法律制度的创设可以有效地保障社会福利"[2]。另一方面，"结构开放"的标准与"结果导向"的规则可能会有损法律本身的稳定性与可期待性。因此法律应对社会自治组织生产的规范给予尊重，将注意力瞄准对社会力量的"授权"和"促进"，为自我规制结构提供处理交涉与分歧的程序性机制。法律只有在自治结构暴露重大风险时才进行介入，从而实现对自我规制的规制。这样，既能避免"法律对生活世界的殖民"，也不会暴露出法律本身在这些领域遭遇的功能与规范上的规制困境。

　　互联网平台的自我规制在某种程度上形成了一种"无需法律的秩序"，架构与算法的复杂性使得国家法无法发挥与平台规范同等重要的作用。平台企业的自我规制最初是为了回应运营过程中遭遇的各种风险，但却事实性地建构出了新的"权力"，自我规制也就成了一种执行私人权威的手段。平台将私人权力的行使包裹在一套精心设计的"创新"话语之下，将数据处理与"创新"紧密相连，把隐私保护设置为"创新"的对立面，只有"信息实验室"才能满足消费者最深层次的需求。因此平台建构的权力不仅包括传统性质的刚性处罚权，也有隐微的"数据权"。平台企业获得了

---

〔1〕　〔美〕P. 诺内特、P. 赛尔兹尼克：《转变中的法律与社会：迈向回应型法》，张志铭译，中国政法大学出版社 2004 年版，第 5 页。

〔2〕　Benjamin N. Cardozo, *The Nature of the Judicial Process*, New Haven: Yale University Press, 1921, 66.

对用户的控制，成为实质上的"决定者"，"决定者"与"受决定影响者"之间的二元鸿沟再次展现，从而可能产生诸如定向算法、技术故障、因利益冲突导致的规制不足等一系列新的风险。

面对平台企业导致的种种风险，解决之策就是对平台企业的自我规制进行规制，这既包括非强制性的风险沟通，也包含强制性的法律责任的承担。平台企业兼具技术专家与规制者的双重身份，更需要就规制过程中存在的风险与公众进行充分沟通，从而试图弥合不同主体间风险意识的鸿沟。因此平台企业需要对自律规则的设定、自律规则本身、自律规则的修改、反馈以及自律规则的执行等方面与公众进行及时有效的沟通。互联网平台不仅需要解释自律规则与用户协议的含义，还应该就定向算法的设计目的与定向策略的大致内容对利益相关方进行说明。政府可以通过数据抽检、鼓励"黑匣子补漏器"的研发推广等举措敦促平台企业的风险沟通义务。当然互联网平台也在主动推行风险沟通与公众参与，比如淘宝逐步建立了规则众议院与大众评审制度，并取得了较好的成效。这说明通过政府、公众以及专业人士的呼吁与敦促，可以形成一股强大的外部压力，迫使拥有"毛细管权力"的平台企业进行有效的自我设限与主动开放问责。

如果风险沟通未能达到良好的收效，就需要外部公权力的介入以实施问责。对平台企业法律责任的认定需要以其行为导致的某种损害后果为前提，是一种强制性的责任承担。自我规制与竞争可以解决平台企业面临的大多数风险，因此在对平台企业的自我规制进行规制时需要考量无序成本与权力成本，继而在司法介入与行政监管中作出选择。

在对平台企业的风险进行规制的过程中，需要将预防原则与回复性原则的精神注入其中。对于互联网平台的具体归责要考虑到平台企业中规制阶梯的存在，并注意"规制总强度恒定"的原则。政府对于不同类型的平台企业的规制程度是大相径庭的，从最基础的交易一般货品的电商平台、售卖食品的外卖平台、网约车平台，再到证券交易所，政府的规制强度是不断提升的，因此构成了不同种类平台企业间的规制阶梯。而政府规制与司法介入应该遵循"规制总强度恒定"的原则，如果对某个平台已经进行了强度较高的行政规制，司法机关就不应介入过深，否则会影响该平台企业的正常运营与发展。在对平台企业的自我规制进行规制时，只有在司法介入遇到滞碍，无序成本大于权力成本时，才更适宜由行政机关进行监管。随意设置的行政监管同样不利于推动产业的创新与发展。另外，利益相关方在寻求司法救济时，也可能会遭遇平台通过用户协议进行的责任排除等问题。较为适宜的方式是将安全保障义务引入平台责任的认定，以缓解平台侵权中因果关系难以认定的困境。出于对用户权益保护的角度，应将平台的规制责任界定为"附条件不真正连带责任"，并且鼓励拥有优势地位的平台或者创设专门的险种，或者履行先行赔付义务，从而在尊重平台企业的自我规制、保护用户权益与推动产业创新间持续达到平衡。

参考文献

一、中文资料

（一）著作类

［1］方洁：《社团处罚研究》，法律出版社 2009 年版。

［2］方军、程明霞、徐思彦：《平台时代》，机械工业出版社 2018 年版。

［3］郭道晖：《法理学精义》，湖南人民出版社 2005 年版。

［4］卢文道：《证券交易所自律管理论》，北京大学出版社 2008 年版。

［5］季卫东：《法治秩序的建构》，中国政法大学出版社 1999 年版。

［6］季卫东：《宪政新论——全球化时代的法与社会变迁》，北京大学出版社 2002年版。

［7］金自宁：《风险中的行政法》，法律出版社 2014 年版。

［8］刘逖：《平台的未来　移动互联时代交易所运营方法论》，格致出版社、上海人民出版社 2017 年版。

［9］刘刚：《风险规制：德国的理论与实践》，法律出版社 2012 年版。

［10］罗豪才、毕洪海编：《软法的挑战》，商务印书馆 2011 年版。

［11］梁慧星：《民法总论》，法律出版社 2011 年版。

［12］刘士国：《现代侵权损害赔偿研究》，法律出版社 1998 年版。

［13］梁治平：《寻求自然秩序中的和谐——中国传统法律文化研究》，中国政法大学出版社 1997 年版。

［14］施东辉：《证券交易所竞争论　全球证券市场的角逐方略》，上海远东出版社 2001 年版。

［15］沈岿主编：《风险规制与行政法新发展》，法律出版社 2013 年版。

［16］屠光绍主编：《交易体制：原理与变革》，上海人民出版社 2000 年版。

[17] 覃征等编著：《电子商务概论》，高等教育出版社 2017 年版。

[18] 王利明：《侵权责任法研究（下）》，中国人民大学出版社 2011 年版。

[19] 王利明主编：《民法·侵权行为法》，中国人民大学出版社 1993 年版。

[20] 王若磊：《政治问责论》，上海三联书店 2015 年版。

[21] 王泽鉴：《民法学说与判例研究》，中国政法大学出版社 1998 年版。

[22] 杨志华：《证券法律制度研究》，中国政法大学出版社 1995 年版。

[23] 于旭刚：《交易所非互助化及其对自律的影响》，北京大学出版社 2001 年版。

[24] 应勇、郭锋主编：《金融危机背景下的金融发展与法制》，北京大学出版社 2010 年版。

[25] 郑戈：《法律与现代人的命运：马克斯·韦伯法律思想研究导论》，法律出版社 2006 年版。

[26] 周辉：《变革与选择　私权力视角下的网络治理》，北京大学出版社 2016 年版。

[27] 曾世雄：《民法总则之现在与未来》，中国政法大学出版社 2001 年版。

[28] 邓正来主编：《布莱克维尔政治学百科全书》，中国政法大学出版社 1992 年版。

[29] 徐恪、李沁：《算法统治世界　智能经济的隐形秩序》，清华大学出版社 2017 年版。

[30] 壹零财经·壹零智库：《金融基石　全球征信行业前沿》，电子工业出版社 2018 年版。

（二）译作类

[1] ［奥］欧根·埃利希：《法社会学原理》，舒国滢译，中国大百科全书出版社 2009 年版。

[2] ［德］贡塔·托依布纳：《宪法的碎片》，陆宇峰译，中央编译出版社 2016 年版。

[3] ［德］卡尔·拉伦茨：《德国民法通论》，王晓晔等译，法律出版社 2003 年版。

[4] ［德］马克斯·韦伯：《经济与社会》，林荣远译，商务印书馆 1997 年版。

[5] ［德］乌尔里希·贝克：《风险社会》，何博闻译，译林出版社 2004 年版。

[6] ［法］米歇尔·福柯：《性经验史》，余碧平译，上海人民出版社 2002 年版。

[7] ［法］米歇尔·福柯：《规训与惩罚》，刘北成、杨远婴译，生活·读书·新知三联书店 2012 年版。

[8] ［法］皮埃尔·布迪厄、［美］华康德：《实践与反思——反思社会学导引》，李猛、李康译，中央编译出版社 2004 年版。

［9］［英］阿里尔·扎拉奇、［美］莫里斯·E. 斯图克：《算法的陷阱　超级平台、算法垄断与场景欺骗》，余潇译，中信出版集团 2018 年版。

［10］［美］埃里克·西格尔：《大数据预测》，周昕译，中信出版社 2014 年版。

［11］［美］艾伯特-拉斯洛·巴拉巴西：《链接：商业、科学与生活的新思维》，沈华伟译，浙江人民出版社 2013 年版。

［12］［美］彼德·布劳：《社会生活中的交换与权力》，孙非、张黎勤译，华夏出版社 1988 年版。

［13］［美］伯纳德·施瓦茨：《美国法律史》，王军等译，法律出版社 2011 年版。

［14］［美］布雷耶：《打破恶性循环　政府如何有效规制风险》，宋华琳译，法律出版社 2009 年版。

［15］［美］丹尼尔·F. 史普博：《管制与市场》，余晖等译，上海三联书店、上海人民出版社 1999 年版。

［16］［美］丹尼斯·朗：《权力论》，陆震纶、郑明哲译，中国社会科学出版社 2001 年版。

［17］［美］哈罗德·J. 伯尔曼：《法律与革命（第一卷）：西方法律传统的形成》，贺卫方等译，法律出版社 2008 年版。

［18］［美］杰奥夫雷 G. 帕克、马歇尔 W. 范·埃尔斯泰恩、桑基特·保罗·邱达利：《平台革命：改变世界的商业模式》，志鹏译，机械工业出版社 2017 年版。

［19］［美］霍布斯：《利维坦》，黎思复、黎廷弼译，商务印书馆 1985 年版。

［20］［美］凯西·奥尼尔：《算法霸权　数学杀伤性武器的威胁》，马青玲译，中信出版集团 2018 年版。

［21］［美］凯斯·R. 桑斯坦：《权利革命之后　重塑规制国》，钟瑞华译，中国人民大学出版社 2008 年版。

［22］［美］凯文·凯利：《失控》，张行舟译，电子工业出版社 2016 年版。

［23］［美］莱因哈特·本迪克斯：《马克斯·韦伯思想肖像》，刘北成等译，上海人民出版社 2002 年版。

［24］［美］劳伦斯·莱斯格：《代码2.0：网络空间中的法律》，李旭、沈伟伟译，清华大学出版社 2009 年版。

［25］［美］理查德·B. 斯图尔特：《美国行政法的重构》，沈岿译，商务印书馆 2002 年版。

［26］［美］亚历克斯·莫塞德、尼古拉斯·L. 约翰逊：《平台垄断主导 21 世纪经济的

力量》，杨菲译，机械工业出版社 2017 年版。

[27]［美］P. 诺内特、P. 赛尔兹尼克：《转变中的法律与社会：迈向回应型法》，张志铭译，中国政法大学出版社 2004 年版。

[28]［美］欧姆瑞·本·沙哈尔、卡尔·E. 施奈德：《过犹不及　强制披露的失败》，陈晓芳译，法律出版社 2015 年版。

[29]［美］特蕾莎·M. 佩顿、西奥多·克莱普尔：《大数据时代的隐私》，郑淑红译，上海科学技术出版社 2017 年版。

[30]［美］托马斯·C. 谢林：《微观动机与宏观行为》，谢静、邓子梁、李天友译，中国人民大学出版社 2005 年版。

[31]［美］凯斯·R. 桑斯坦：《恐惧的规则——超越预防原则》，王爱民译，北京大学出版社 2011 年版。

[32]［日］植草益：《微观规制经济学》，朱绍文、胡欣欣等译校，中国发展出版社 1992 年版。

[33] 世界银行专家组：《公共部门的社会问责：理念探讨及模式分析》，宋涛译校，中国人民大学出版社 2007 年版。

[34]［意］贝卡里亚：《论犯罪与刑罚》，黄风译，中国大百科全书出版社 1993 年版。

[35]［英］安东尼·奥格斯：《规制：法律形式与经济学理论》，骆梅英译，中国人民大学出版社 2008 年版。

[36]［英］罗伯特·鲍德温、马丁·凯夫、马丁·诺奇：《牛津规制手册》，宋华琳等译，上海三联书店 2017 年版。

[37]［英］安东尼·吉登斯、菲利普·萨顿：《社会学》，赵旭东等译，北京大学出版社 2015 年版。

[38]［英］吉米·边沁：《立法理论——刑法典原理》，孙力等译，中国人民公安大学出版社 1993 年版。

[39]［英］伯特兰·罗素：《权力论：新社会分析》，吴友三译，商务印书馆 1991 年版。

[40]［英］玛丽·道格拉斯：《洁净与危险——对污染和禁忌观念的分析》，黄剑波、柳博赟、卢忱译，商务印书馆 2018 年版。

[41]［英］拉雷恩：《意识形态与文化身份：现代性和第三世界的在场》，戴从容译，上海教育出版社 2005 年版。

[42]［英］马歇尔：《经济学原理》，朱志泰译，商务印书馆 1981 年版。

［43］［英］谢尔顿·克里姆斯基、多米尼克·戈尔丁：《风险的社会理论学说》，徐元玲等译，北京出版社 2005 年版。

［44］［英］伊丽莎白·费雪：《风险规制与行政宪政主义》，沈岿译，法律出版社 2012 年版。

［45］［英］依凡·亚历山大：《真正的资本主义》，杨新鹏等译，新华出版社 2000 年版。

（三）论文类

［1］［美］安德烈·施莱弗："理解规制"，余江译，载《比较》2005 年第 16 期。

［2］艾四林："哈贝马斯思想评析"，载《清华大学学报（哲学社会科学版）》2001 年第 3 期。

［3］包李："网络服务交易的民事责任认定探析——以京津沪渝司法实践为契口"，载《天津法学》2018 年第 3 期。

［4］鲍磊："风险：一种'集体构念'——基于道格拉斯文化观的探讨"，载《学习与探索》2016 年第 5 期。

［5］苗锡哲、程浩："市场资源定义及价值分析"，载《管理观察》2009 年第 10 期。

［6］常健、郭薇："行业自律的定位、动因、模式和局限"，载《南开学报（哲学社会科学版）》2011 年第 1 期。

［7］陈龙："'数字控制'下的劳动秩序——外卖骑手的劳动控制研究"，载《社会学研究》2020 年第 6 期。

［8］陈彦宏："权利类属理论之反思——以霍菲尔德权利理论为分析框架"，载《法制与社会发展》2011 年第 6 期。

［9］陈永伟："平台经济的竞争与治理问题：挑战与思考"，载《产业组织评论》2017 年第 3 期。

［10］陈永伟："'剥削者'抑或'守望者'？——对平台竞争和治理的再思考"，载《中国改革》2018 年第 2 期。

［11］崔旭等："对我国政府网站隐私政策的评价与分析——基于 50 家政府网站的调查"，载《图书馆研究》2016 年第 2 期。

［12］戴昕："自愿披露隐私的规制"，载《法律和社会科学》2016 年第 1 期。

［13］戴昕、申欣旺："规范如何'落地'——法律实施的未来与互联网平台治理的现实"，载《中国法律评论》2016 年第 4 期。

［14］董慧凝：《证券监管的适度性探讨》，载《证券市场导报》2007 年第 5 期。

[15] 董炯："政府管制研究——美国行政法学发展新趋势评介"，载《行政法学研究》1998 年第 4 期。

[16] 杜辉："挫折与修正：风险预防之下环境规制改革的进路选择"，载《现代法学》2015 年第 1 期。

[17] 范为："大数据时代个人信息保护的路径重构"，载《环球法律评论》2016 年第 5 期。

[18] 方世荣："论公法领域中'软法'实施的资源保障"，载《法商研究》2013 年第 3 期。

[19] 郭道晖："权力的特性及其要义"，载《山东科技大学学报（社会科学版）》2006 年第 2 期。

[20] 顾功耘："证券交易异常情况处置的制度完善"，载《中国法学》2012 年第 2 期。

[21] 高秦伟："论行政法上的第三方义务"，载《华东政法大学学报》2014 年第 1 期。

[22] 高秦伟："美国行政法中正当程序的'民营化'及其启示"，载《法商研究》2009 年第 1 期。

[23] ［德］贡塔·托伊布纳："民族国家的部门宪法"，陆宇峰译，载《清华法治论衡》2014 年第 2 期。

[24] ［德］贡塔·托伊布纳："企业社团主义：新工业政策与法人的'本质'"，仲崇玉译，载《南京大学法律评论》2006 年第 1 期。

[25] ［德］贡特尔·托依布纳："'全球的布科维纳'：世界社会的法律多元主义"，高鸿钧译，载《清华法治论衡》2007 年第 2 期。

[26] ［德］贡特尔·托依布纳："匿名的魔阵：跨国活动中'私人'对人权的侵犯"，泮伟江译，载《清华法治论衡》2007 年第 2 期。

[27] 高薇："功能分化时代的宪法再书写：从国家宪法到社会宪法"，载《交大法学》2013 年第 1 期。

[28] 高薇："互联网时代的公共承运人规制"，载《政法论坛》2016 年第 4 期。

[29] 高薇："互联网争议解决的制度分析　两种路径及其社会嵌入问题"，载《中外法学》2014 年第 4 期。

[30] 郭毅等："复杂自组织系统的研究综述"，载《计算机工程与科学》2012 年第 2 期。

[31] 韩剑琴："行政问责制——建立责任政府的新探索"，载《探索与争鸣》2004 年第 8 期。

[32] 胡凌："论赛博空间的架构及其法律意蕴"，载《东方法学》2018 年第 3 期。

[33] 胡凌："商业网络推手现象的法律规制"，载《法商研究》2011 年第 5 期。

[34] 胡凌："商业模式视角下的'信息/数据'产权"，载《上海大学学报（社会科学版）》2017 年第 6 期。

[35] 胡凌："超越代码：从赛博空间到物理世界的控制/生产机制"，载《华东政法大学学报》2018 年第 1 期。

[36] 胡凌："从开放资源到基础服务：平台监管的新视角"，载《学术月刊》2019 年第 2 期。

[37] 胡凌："数字社会权力的来源：评分、算法与规范的再生产"，载《交大法学》2019 年第 1 期。

[38] 黄韬："为什么法院不那么重要——中国证券市场的一个观察"，载苏力主编：《法律和社会科学 第九卷》，法律出版社 2012 年版。

[39] 何跃军、张德淼："自治与立法的双重逻辑：法律多元理论视角下的互联网发展——360 和腾讯纠纷案引发的思考"，载《北京行政学院学报》2011 年第 2 期。

[40] 季卫东："决策风险、问责以及法律沟通"，载《政法论丛》2016 年第 6 期。

[41] 江小涓、黄颖轩："数字时代的市场秩序、市场监管与平台治理"，载《经济研究》2021 年第 12 期。

[42] 蒋岩波："互联网企业排他性交易行为的反垄断规制"，载《电子知识产权》2013 年第 10 期。

[43] 金自宁："风险规制与行政法治"，载《法制与社会发展》2012 年第 4 期。

[44] 解正山："算法决策规制——以算法'解释权'为中心"，载《现代法学》2020 年第 1 期。

[45] 卡斯·N. 森斯坦、管金伦、王珍瑛："管理体制下的制定法解释"，载《法律方法》2002 年第 0 期。

[46] 刘道学、董碧晨、卢瑶："企业码：双循环格局下政府数字化服务企业的新探索"，载《电子政务》2021 年第 2 期。

[47] 罗豪才，周强："软法研究的多维思考"，载《中国法学》2013 年第 5 期。

[48] 林洹民："自动决策算法的法律规制：以数据活动顾问为核心的二元监管路径"，载《法律科学》2019 年第 3 期。

[49] 黎军："论司法对行业自治的介入"，载《中国法学》2006 年第 4 期。

[50] 李钧鹏："何谓权力——从统治到互动"，载《华中科技大学学报（社会科学

版）》2011 年第 3 期。

[51] 刘晗、叶开儒："平台视角中的社会信用治理及其法律规制"，载《法学论坛》2020 年第 2 期。

[52] 李剑："双边市场下的反垄断法相关市场界定——'百度案'中的法与经济学"，载《法商研究》2010 年第 5 期。

[53] 刘金瑞："网络食品交易第三方平台责任的理解适用与制度创新"，载《东方法学》2017 年第 4 期。

[54] 鲁篱："证券交易所自治地位的比较研究"，载《社会科学研究》2004 年第 5 期。

[55] 林明锵："论型式化之行政行为与未型式化之行政行为"，载《当代公法理论》，月旦出版公司 1993 年版。

[56] 李平："平台治理的挑战与思考"，载腾讯研究院：《网络法论丛（第 1 卷）》，中国政法大学出版社 2018 年版。

[57] 刘启、李明志："双边市场与平台理论研究综述"，载《经济问题》2008 年第 7 期。

[58] 李秋高："论风险管理法律制度的构建——以预防原则为考察中心"，载《政治与法律》2012 年第 3 期。

[59] 胡凌："在线声誉系统：演进与问题"，载胡泳、王俊秀主编：《连接之后 公共空间重建与权力再分配》，人民邮电出版社 2017 年版。

[60] 卢文道："美国法院介入证券交易所自律管理之政策脉络"，载《证券市场导报》2007 年第 7 期。

[61] 刘文杰："网络服务提供者的安全保障义务"，载《中外法学》2012 年第 2 期。

[62] 李颖："网站用户协议中协议管辖条款的效力"，载《人民司法》2009 年第 8 期。

[63] 李雅男："网约车平台法律地位再定位与责任承担"，载《河北法学》2018 年第 7 期。

[64] 陆宇峰："'自创生'系统论法学：一种理解现代法律的新思路"，载《政法论坛》2014 年第 4 期。

[65] 雷逸舟："不安全的'避风港'：重新思考中国网络视频平台的著作权侵权责任"，载《电子知识产权》2020 年第 3 期。

[66] 时飞："网络空间的政治架构——评劳伦斯·莱斯格《代码及网络空间的其他法律》"，载《北大法律评论》2008 年第 1 期。

[67] 罗智敏："算法歧视的司法审查——意大利户户送有限责任公司算法歧视案评

析",载《交大法学》2021 年第 2 期。

[68] 李振利、李毅:"论算法共谋的反垄断规制路径",载《学术交流》2018 年第 7 期。

[69] 刘作翔:"具体的'民间法'——一个法律社会学视野的考察",载《浙江社会科学》2003 年第 4 期。

[70] 马长山:"互联网+时代'软法之治'的问题与对策",载《现代法学》2016 年第 5 期。

[71] 马长山:"智慧社会建设中的'众创'式制度变革——基于'网约车'合法化进程的法理学分析",载《中国社会科学》2019 年第 4 期。

[72] 马长山:"智能互联网时代的法律变革",载《法学研究》2018 年第 4 期。

[73] 马其家、王淼:"美国不公平高频交易监管及对证券法修改的启示",载《证券市场导报》2018 年第 8 期。

[74] 牛凯:"平台企业的法律风险及防控对策",载《检察风云》2018 年第 19 期。

[75] 彭冰、曹里加:"证券交易所规制功能研究——从企业组织的视角",载《中国法学》2005 年第 1 期。

[76] 强昌文:"公共性:理解软法之关键",载《法学》2016 年第 1 期。

[77] 秦书生:"自组织的复杂性特征分析",载《系统科学学报》2006 年第 1 期。

[78] 邵国松等:"我国网站个人信息保护水平研究——基于《网络安全法》对我国 500 家网站的实证分析",载《新闻记者》2018 年第 3 期。

[79] 申欣旺:"淘宝互联网纠纷解决机制——结构化维权及其司法价值",载《法庭内外》2016 年第 3 期。

[80] 沈岿:"风险交流的软法构建",载《清华法学》2015 年第 6 期。

[81] 沈岿:"社会信用体系建设的法治之道",载《中国法学》2019 年第 5 期。

[82] 宋航、张文婷:"证券交易所自律监管行为正当性的司法审查标准",载《人民司法》2011 年第 4 期。

[83] 舒红跃:"现象学技术哲学及其发展趋势",载《自然辩证法研究》2008 年第 1 期。

[84] 苏力:"法律规避和法律多元",载《中外法学》1993 年第 6 期。

[85] 苏力:"再论法律规避",载《中外法学》1996 年第 4 期。

[86] 石先梅:"互联网平台企业垄断形成机理:从数据竞争到数据租金",载《管理学刊》2021 年第 6 期。

［87］ 宋涛："行政问责概念及内涵辨析"，载《深圳大学学报（人文社会科学版）》2005 年第 2 期。

［88］ 唐惠敏、范和生："网络规则的建构与软法治理"，载《学习与实践》2017 年第 3 期。

［89］ 唐波："交易所对金融衍生品市场的自律监管——兼评新修订的证券法相关规定"，载《法学》2005 年第 12 期。

［90］ 田小军："从流量为王到数据为王，如何对待未来新石油（数据）"，载腾讯研究院：《网络法论丛（第 1 卷）》，中国政法大学出版社 2018 年版，第 79~85 页。

［91］ ［德］图依布纳："现代法中的实质要素和反思要素"，矫波译，载《北大法律评论》1999 年第 2 期。

［92］ 万存知："征信体系的共性与个性"，载《中国金融》2017 年第 1 期。

［93］ 王静："中国网约车新政的变革方向"，载《行政法学研究》2018 年第 4 期。

［94］ 伍劲松："论特别权力关系"，载《华南师范大学学报（社会科学版）》2004 年第 4 期。

［95］ 王磊、邓芳芳："市场分割与资源错配——基于生产率分布视角的理论与实证分析"，载《经济理论与经济管理》2016 年第 11 期。

［96］ 王莉："大数据时代社交媒体'数据隐私'的合理使用——知情同意、未知情同意与参与式同意"，载《编辑之友》2018 年第 10 期。

［97］ 王力为等："科技巨头还是强盗大亨 全球监管苦寻对策"，载《财新周刊》2018 年第 23 期。

［98］ 王启梁："国家治理中的多元规范：资源与挑战"，载《环球法律评论》2016 年第 2 期。

［99］ 王若磊："问责的概念与模式"，载《理论界》2012 年第 7 期。

［100］ 王思源："电商平台系统安全漏洞的法律责任分析——季海红诉苏宁易购案评析"，载《法律适用（司法案例）》2018 年第 12 期。

［101］ 吴汉东："侵权责任法视野下的网络侵权责任解析"，载《法商研究》2010 年第 6 期。

［102］ 王日易："论反垄断法一般理论及基本制度"，载《中国法学》1997 年第 2 期。

［103］ 吴万得："德日两国特别权力关系理论之探讨"，载《政法论坛》2001 年第 5 期。

［104］ 吴宏伟、胡润田："互联网反垄断与'双边市场'理论研究"，载《首都师范大

学学报（社会科学版）》2014 年第 1 期。

[105] 吴彤："自组织方法论论纲"，载《系统辩证学学报》2001 年第 2 期。

[106] 吴万得："德日两国特别权力关系理论之探讨"，载《政法论坛》2001 年第 5 期。

[107] 肖梦黎："大数据背景下个人信息保护的更优规制研究"，载《当代传播》2018 年第 5 期。

[108] 肖梦黎："监管竞争背景下证券交易所自律规制的司法介入机制研究——以《证券交易所管理办法》为切入点"，载《南京大学学报（哲学·人文科学·社会科学版）》2018 年第 6 期。

[109] 肖梦黎："证券交易所行为的可诉性与民事豁免研究"，载《证券市场导报》2018 年第 9 期。

[110] 肖永平、谢新胜："ODR：解决电子商务争议的新模式"，载《中国法学》2003 年第 6 期。

[111] 谢贵春："金融危机以来美国证券自律监管的司法审查研究"，载《证券市场导报》2017 年第 12 期。

[112] 谢晖："论民间法与纠纷解决"，载《法律科学》2011 年第 6 期。

[113] 谢晖："民间法与裁判规范"，载《法学研究》2011 年第 2 期。

[114] 王启梁："国家治理中的多元规范：资源与挑战"，载《环球法律评论》2016 年第 2 期。

[115] 谢增毅："政府对证券交易所的规制论"，载《法学杂志》2006 年第 3 期。

[116] 邢鸿飞："软法治理的迷失与归位——对政府规制中软法治理理论和实践的思考"，载《南京大学学报（哲学·人文科学·社会科学版）》2007 年第 5 期。

[117] 邢鸿飞、徐金海："论独立规制机构：制度成因与法理要件"，载《行政法学研究》2008 年第 3 期。

[118] 许传玺、张真理："证券期货市场技术故障民事责任问题研究"，载《法律适用》2012 年第 6 期。

[119] 徐敬宏等："七家网站隐私声明的文本分析与比较研究"，载《国际新闻界》2017 年第 7 期。

[120] 徐明、卢文道："从市场竞争到法制基础：证券交易所自律监管研究"，载《华东政法学院学报》2005 年第 5 期。

[121] 徐明："避风港原则前沿问题研究——以'通知—删除'作为诉讼前置程序为展

开"，载《东方法学》2016 年第 5 期。

[122] 许传玺、张真理："证券期货市场技术故障民事责任问题研究"，载《法律适用》2012 年第 6 期。

[123] 许光耀："互联网产业中双边市场情形下支配地位滥用行为的反垄断法调整——兼评奇虎诉腾讯案"，载《法学评论》2018 年第 1 期。

[124] 许可："驯服算法：算法治理的历史展开与当代体系"，载《华东政法大学学报》2022 年第 1 期。

[125] 许可："数据保护的三重进路——评新浪微博诉脉脉不正当竞争案"，载《上海大学学报（社会科学版）》2017 年第 6 期。

[126] 孙学致："契约自由、'契约自由权'与契约权利——一个私权逻辑理论视角的分析"，载《吉林大学社会科学学报》2006 年第 5 期。

[127] 杨静哲："法律多元论：轨迹、困境与出路"，载《法律科学》2013 年第 2 期。

[128] 于立深："概念法学和政府管制背景下的新行政法"，载《法学家》2009 年第 3 期。

[129] 杨立新、韩煦："互联网平台提供者的法律地位与民事责任"，载《江汉论坛》2014 年第 5 期。

[130] 杨立新："多数人侵权行为及责任理论的新发展"，载《法学》2012 年第 7 期。

[131] 杨立新："利用网络非平台企业进行交易活动的损害赔偿责任"，载《江汉论坛》2016 年第 1 期。

[132] 杨立新："网络媒介平台的性质转变及其提供者的责任承担"，载《法治研究》2016 年第 3 期。

[133] 虞青松："算法行政：社会信用体系治理范式及其法治化"，载《法学论坛》2020 年第 2 期。

[134] 俞思瑛等："对话：技术创新、市场结构变化与法律发展"，载《交大法学》2018 年第 3 期。

[135] 喻煊："浅析证券监管机构规则制定权的授予问题——基于比较研究的视角"，载《中国行政管理》2014 年第 3 期。

[136] 应飞虎："消费者评价制度研究"，载《政法论丛》2018 年第 1 期。

[137] 郑戈："算法的法律与法律的算法"，载《中国法律评论》2018 年第 2 期。

[138] 郑戈："在鼓励创新与保护人权之间——法律如何回应大数据技术革新的挑战"，载《探索与争鸣》2016 年第 7 期。

［139］张广济、计亚萍：“社会学权力理论内在进路述评”，载《社会科学战线》2011年第 1 期。

［140］张海波：“社会风险研究的范式”，载《南京大学学报（哲学·人文科学·社会科学版）》2007 年第 2 期。

［141］张凌寒：“风险防范下算法的监管路径研究”，载《交大法学》2018 年第 4 期。

［142］张凌寒：“商业自动化决策的算法解释权研究”，载《法律科学》2018 年第 3 期。

［143］张佩国：“乡村纠纷中国家法与民间法的互动——法律史和法律人类学相关研究评述”，载《开放时代》2005 年第 2 期。

［144］张青波：“自我规制的规制：应对科技风险的法理与法制”，载《华东政法大学学报》2018 年第 1 期。

［145］张晓辉、王启梁：“民间法的变迁与作用——云南 25 个少数民族村寨的民间法分析”，载《现代法学》2001 年第 5 期。

［146］张贤明：“官员问责的政治逻辑、制度建构与路径选择”，载《学习与探索》2005 年第 2 期。

［147］张欣：“从算法危机到算法信任：算法治理的多元方案和本土化路径”，载《华东政法大学学报》2019 年第 6 期。

［148］张新宝、任鸿雁：“互联网上的侵权责任：《侵权责任法》第 36 条解读”，载《中国人民大学学报》2010 年第 4 期。

［149］张新宝、唐青林：“经营者对服务场所的安全保障义务”，载《法学研究》2003年第 3 期。

［150］张玉婷：“网约车平台与司机的民事责任研究及裁判策略应对——从一则乘客起诉网约车司机、平台公司及保险公司案说起”，载《法律适用》2018 年第 21 期。

［151］章志远：“公共行政民营化的行政法学思考”，载《政治与法律》2005 年第 5 期。

［152］赵莉莉：“反垄断法相关市场界定中的双边性理论适用的挑战和分化”，载《中外法学》2018 年第 2 期。

［153］赵鹏：“超越平台责任：网络食品交易规制模式之反思”，载《华东政法大学学报》2017 年第 1 期。

［154］赵鹏：“私人审查的界限——论网络交易平台对用户内容的行政责任”，载《清华法学》2016 年第 6 期。

[155] 祝建军："电子商务交易平台企业服务商侵犯专利权的责任认定"，载《人民司法》2013 年第 16 期。

[156] 周林彬、马恩斯："大数据确权的法律经济学分析"，载《东北师大学报（哲学社会科学版）》2018 年第 2 期。

[157] 郑世保："ODR 裁决书强制执行机制研究"，载《法学评论》2014 年第 3 期。

[158] 郑世保："在线纠纷解决机制的困境和对策"，载《法律科学》2013 年第 6 期。

[159] 周辉："平台责任与私权力"，载《电子知识产权》2015 年第 6 期。

[160] 郑玉双："计算正义：算法与法律之关系的法理建构"，载《政治与法律》2021 年第 11 期。

[161] 张玉宏、秦志光、肖乐："大数据算法的歧视本质"，载《自然辩证法研究》2017 年第 5 期。

[162] 周亚越："行政问责制的内涵及其意义"，载《理论与改革》2004 年第 4 期。

[163] 朱新力、宋华琳："现代行政法学的建构与政府规制研究的兴起"，载《法律科学》2005 年第 5 期。

[164] 詹镇荣："德国法中'社会自我管制'机制初探"，载《政大法律评论》2004 年第 78 期。

[165] ［德］贡塔·托依布纳："民族国家的部门宪法"，陆宇峰译，载《清华法治论衡》2014 年第 2 期。

[166] ［美］罗伯特·W. 哈恩："政府规制的成本收益分析"，骆梅英译，载吴敬琏、江平主编：《洪范评论》（第 2 卷第 3 辑），中国政法大学出版社 2006 年版。

[167] ［美］拉克尔肖斯："科学、风险和公共政策"，陈泽民译，载《现代外国哲学社会科学文摘》1984 年第 7 期。

[168] ［美］乔迪·弗里曼："私人团体、公共职能与新行政法"，宴坤译，载《北大法律评论》2003 年第 0 期。

[169] ［英］斯科特·拉什："风险社会与风险文化"，王武龙译，载《马克思主义与现实》2002 年第 4 期。

[170] ［美］约翰·P. 巴洛："'网络独立宣言'"，李旭、李小武译，载《清华法治论衡》2004 年第 0 期。

（四）学位论文

[1] 陈亦聪："证券交易异常情况的法律规制"，华东政法大学 2013 年博士学位论文。

［2］韩朝炜："证券交易所自律司法介入研究"，华东政法大学 2013 年博士学位论文。

［3］李东方："证券监管法律制度研究"，西南政法大学 2000 年博士学位论文。

［4］李猛："日常生活中的权力技术：迈向一种关系/事件的社会学分析"，北京大学 1996 年硕士学位论文。

［5］李响玲："论新趋势下的证券交易所自律监管"，华东政法大学 2012 年博士学位论文。

［6］卢文道："证券交易所自律管理论"，华东政法大学 2007 年博士学位论文。

［7］宁昭："论德国法上的社团罚"，中国政法大学 2009 年硕士学位论文。

二、英文资料

（一）著作类

［1］Anthony Ogus, *Regulation: Legal Form and Economic Theory*, Clarendon Press, 1994.

［2］Ayres, Ian, and John Braithwaite. *Responsive Regulation: Transcending the Deregulation Debate.* Oxford University Press, USA, 1995.

［3］Beck, U., "From Industrial Society to the Risk Society: Questions of Survival, Social Structure and Ecologial Environment", Theory, Culture & Society, 9.1 (1992).

［4］Beck, U. *Ecological Politics in the Age of Risk. Cambridge.* Polity Press, 1995.

［5］Behn, Robert D. *Rethinking Democratic Accountability.* Brookings Institution Press, 2001.

［6］Benjamin N. Cardozo, *The Nature of the Judicial Process*, New Haven: Yale University Press, 1921, 66.

［7］Bonnici, GP Mifsud. *Self-Regulation in Cyberspace.* University of Groningen, 2007.

［8］Brandimarte, Laura, Alessandro Acquisti, and George Loewenstein, "Misplaced Confidences: Privacy and the Control Paradox", Social Psychological and Personality Science, 4.3 (2013). Bohman, James. Public Deliberation: Pluralism, Complexity, and Democracy., MIT Press, 2000, p. 66. Breyer, Stephen, *Regulation and Its Reform.* Harvard University Press, 2009.

［9］Breyer, Stephen. *Breaking the Vicious Circle: Toward Effective Risk Regulation.* Harvard University Press, 2009.

［10］Cabral, Luis, and Ali Hortacsu, "The Dynamics of Seller Reputation: Evidence from eBay", The Journal of Industrial Economics, 58.1 (2010).

[11] Cavelty, Myriam Dunn, et al. , Power and Security in the Information Age: Investigating the Role of the State in Cyberspace, Ashgate Publishing Company, 2008, p. 69.

[12] Cavelty, Myriam Dunn, and Victor Mauer. *Power and Security in the Information Age: Investigating the Role of the State in Cyberspace*. Routledge, 2016.

[13] Charles Perrow, *Normal Accidents: Living with High－risk Technologies*, Princeton: Princeton University Press, 1999.

[14] Coglianese, Cary. *Engaging Business in the Regulation of Nanotechnology* Routledge, 2012.

[15] Cohen, Molly, Corey Zehngebot, "What's Old Becomes New: Regulating the Sharing Economy", Boston Bar J, 58 (2014).

[16] Cook, Brian J. Democracy and Administration: Woodrow Wilson's Ideas and the Challenges of Public Management. JHUPress, 2007, p. 134.

[17] Dahl, Robert Alan, *After the Revolution? Authority in a Good Society*. Yale University Press, 1990, pp. 80-100.

[18] Davies, Howard. *Regulation and Politics: the Need for a New Dialogue, or a Letter to John Redwood*. The David Hume Institute, 2005.

[19] Day, P. , & Klein, R. , *Accountabilities: Five Public Services*. London/New York: Tavistock, 1987.

[20] Douglas, Mary, and Aaron Wildavsky. *Risk and Culture: An Essay on the Selection of Technological and Environmental Dangers*. Univ of California Press, 1983.

[21] Douglas, M. *Risk and Blame: Essays in Cultural Theory*. London: Routledge, 1992.

[22] Dubnick, Mel. *Clarifying Accountability: An Ethical Theory Framework*. Public Sector Ethics. Routledge, 2012.

[23] Ebrahim A. and Weisband E. (eds) *Global Accountabilities: Participation, Pluralism and Public Ethics*. Cambridge: Cambridge University Press, 2007.

[24] Edwards, Michael, and David Hulme. "Too Close for Comfort? The Impact of Official Aid on Nongovernmental Organizations", *World Ddevelopment* 24, 6 (1996), 961-973.

[25] Ellickson, Robert C. , Order without law, Harvard University Press, 1994.

[26] Ewald, F. Insurance and Risks. In Burchell G. , Gordon, C. and Miller, P. (eds), *The Foucault Effect: Studies in Governmentality*. London: Harvester/Wheatsheaf, 1993.

[27] Foucault, Michel. The Foucault Effect: Studies in Governmentality, University of Chicago Press, 1991.

［28］ G. Teubner and A. Febbrajo (eds.), *State*, *Law*, *Economy as Autopoietic Systems*, Walter and Gruyter, 1992.

［29］ Gawer, Annabelle, and M. A. Cusumano. *Platform Leadership*. Harvard Business School, 2002.

［30］ Gunningham, N. & Grabosky, P. *Smart Regulation*, Oxford: Oxford University Press, 1999.

［31］ Hacking, I. The Taming of Chance. Cambridge: Cambridge University Press, 1990.

［32］ Hood, Christopher, Henry Rothstein, and Robert Baldwin. *The Government of Risk*: *Understanding Risk Regulation Regimes*. OUP Oxford, 2001.

［33］ Hooker, Michael Barry. *Legal Pluralism*: *An Introduction to Colonial and Neo-colonial Laws*. Oxford University Press, USA, 1975.

［34］ J. Kooiman (ed.), *Modern Governance*: *New Government-Society Interactions*, Sage, 1993.

［35］ Johnson, Justin P., David P. Myatt, "On the Simple Economics of Advertising, Marketing, and Product Design", American Economic Review, 96. 3 (2006).

［36］ Katz, Vanessa, "Regulating the Sharing Economy", Berkeley Tech. LJ, 30 (2015).

［37］ Kaufmann, Walter. *Going by the Book*: *The Problem of Regulatory Unreasonableness*. Routledge, 2017.

［38］ Klein, Tobias J., et al. The Actual Structure of eBay's Feedback Mechanism and Early Evidence on the Effects of Recent Changes. No. 220. SFB/TR 15 Discussion Paper, 2007.

［39］ Lessig, L. *Code and Other Laws of Cyberspace*, New York: 1999.

［40］ Lizhi Liu & Barry R. Weingast, Taobao, Federalism, and the Emergence of Law, Chinese Style, 102 Minn. L. Rev. 1563 (2018).

［41］ Luhmann, N, "1990. Technology, Environment and Social Risk: A Systems Perspective", Industrial Crisis Quarterly 4, 3 (1990), 223-231.

［42］ Luhmann, Niklas. *Risk*: *A Sociological Theory*. Walter de Gruyter, 1993.

［43］ M. Dunn-Cavelty (eds), *Power and Security in the Information Age. Investigating the Role of the State in Cyberspace*, Aldershot, Ashgate, 2007.

［44］ M. Foucault, "*Governmentality*" *in G. Burchell*, *C. Gordon and P. Miller*, *The Foucault Effect*: *Studies in Governmentality*, University of Chicago Press, 1991.

［45］ Miller, Stephen R, "First Principles for Regulating the Sharing Economy", Harv. J. on Legis., 53 (2016).

［46］ Mulgan, Richard, *Holding Power to Account*: *Accountability in Modern Democracies*. Springer, 2003.

［47］ Nash Kate, Contemporary Political Sociology, Malden: Blackwell. 2000.

［48］ Onions. C. etc. ed. , *The Oxford Dictionary of English Etymology*, Oxford University Press, 1982, p. 8.

［49］ Posner, Eric A. , and Adrian Vermeule. *The Executive Unbound*: *After the Madisonian Republic.* , Oxford University Press, 2011.

［50］ R. Rhodes, *Understanding Governance*: *Policy Networks*, *Governance*, *Reflexivity and Accountability*, Open University Press, 1997.

［51］ Radin, Margaret Jane. *Boilerplate*: *The Fine Print*, *Vanishing Rights*, *and the Rule of Law*. Princeton University Press, 2012.

［52］ Renée de Nevers, " (Self) Regulating War? Voluntary Regulation and the Private Security Industry", Security Studies, 18 (3), 2009 .

［53］ Renn, Ortwin. *"Risk Communication and the Social Amplification of Risk."* *Communicating Risks to the Public.* Springer, Dordrecht, 1991. 287－324.

［54］ Robert Baldwin, *Law and Uncertainty*: *Risk and Legal Processes*, Kluwer Law International, 1997.

［55］ Rose, N. *Powers of Freedom*: *Reframing Political Thought*, Cambridge: Cambridge University Press, 1999.

［56］ Rothstein, H. & Downer, J. *Risk in Policy Making*: *Managing the Risks of Risk Governance*, London: Report for the Department of the Environment, Food and Rural Affairs, 2008.

［57］ Schulz, Wolfgang, and Thorsten Held. *Regulated Self-Regulation as a Form of Modern Government*: *An Analysis of Case Studies from Media and Telecommunications Law.* Indiana University Press, 2004.

［58］ Slovic, Paul, *The Perception of Risk*, Routledge, 2016, 219－223.

［59］ Smart, B. *Postmodernity*. London: Routledge, 1993.

［60］ Sunstein, C. R. *Free Markets and Social Justice*, Oxford: Oxford University Press, 1997.

［61］ Thompson, M. , &Wildavsky, A. , "A Proposal to Create a Cultural Theory of Risk", the Risk Analysis Controversy, Springer, Berlin, Heidelberg, 1982.

［62］ Pasquale, Frank. The Black Box Society. , Harvard University Press, 2015, p. 122.

［63］ Virginia. Haufler, A Public Role for the Private Sector: Industry Self-Regulation in a Global Economy, Brookings Institution Press, 2001, p. 9.

［64］ Franzvon Benda-Beckmann, *Scapegoat and Magic Charm: Law in Development Theory and Practice*. Routledge, 2002.

［65］ Whitehead, Laurence. *Democratization: Theory and Experience*. Oxford University Press on Demand, 2002.

［66］ William W. Fisher, *Promises to Keep: Technology, Law, and the Future of Entertainment*, Stanford University Press, 2004.

（二）论文类

［1］ Abdul-Rahman, Alfarez, and Stephen Hailes, "Supporting Trust in Virtual Communities", *System Sciences*, 2000. *Proceedings of the 33rd Annual Hawaii International Conference on*. IEEE, 2000.

［2］ Acquisti, Alessandro, Curtis Taylor, and Liad Wagman, "The Economics of Privacy", *Journal of Economic Literature* 54. 2 (2016): 442-492.

［3］ Adam D. I. Kramer, Jamie E. Guillory & Jeffrey T. Hancock, Kramer, Adam D. I., J. E. Guillory, and J. T. Hancock, "ExperimentalEvidence of Massive-scale Emotional Contagion through Social Networks. " *Proceedings of the National Academy of Sciences of the United States of America* 111. 24 (2014), 8788.

［4］ Anupam Chander, "How Law Made Silicon Valley", Emory Law Journal, (63) 2013.

［5］ Athey, Susan. "Single Crossing Propertiesand The Existence of Pure Strategy Equilibria in Games of Incomplete Information", *Econometrica* 69. 4 (2001): 861-889.

［6］ Austin, J. L. , "A Plea for Excuses: The Presidential Address", *Proceedings of the Aristotelian Society*, 57. 1 (1956).

［7］ Backer, Larry Catá, "2008 Global Panopticism: Surveillance Lawmaking by Corporations, States, and Other Entities", Indiana Journal of Global Legal Studies, 2008, 15 (1), 101-148.

［8］ Bail, Christopher A. , "The Configuration of Symbolic Boundaries against Immigrants in Europe", American sociological review, 2008, 73 (1), 37-59.

［9］ Barber, Nicholas W. , "Legal pluralism and the European Union", *European Law Journal* 12. 3 (2006): 306-329. Van Cott, Donna Lee, "A Political Analysis of Legal Pluralism in Bolivia and Colombia", *Journal of Latin American Studies* 32. 1 (2000): 207-234.

[10] Barnett, Michael L. , and Andrew A. King, "Good Fences Make Good Neighbors: A Longitudinal Analysis of an Industry Self – Regulatory Institution", *Academy of Management Journal* 51. 6 (2008): 1150-1170.

[11] Barney, Jay B. , "Resource – based Theories of Competitive Advantage: A Ten – year Retrospective on the Resource – based View", Journal of Management 27. 6 (2001): pp. 643-650.

[12] Bartle, Ian, and Peter Vass. , Self–Regulation and the Regulatory State: A Survey of Policy and Practice, Centre for the Study of Regulated Industries, University of Bath School of Management, 2005.

[13] Bartle, Ian, and Peter Vass, "Self–Regulation within the Regulatory State: Towards a New Regulatory Paradigm?", *Public Administration*, 85. 4 (2007): 885-905.

[14] Beck, U. , "From Industrial Society to the Risk Society: Questions of Survival, Social Structure and Ecologial Environment", *Theory, Culture & Society*, (9), 1992.

[15] Beck, U. , Ecological Politics in the Age of Risk, Polity Press, 1995, pp. 125-126.

[16] Ben–Shahar, Omri, and Carl E. Schneider, "Coping with the Failure of Mandated Disclosure", Jerusalem Review of Legal Studies, 11. 1 (2015), 83-93.

[17] Berman, Paul Schiff, "Global legal pluralism", *s. Cal. L. Rev.* 80 (2006): 1155. Burke–White, William, "International Legal Pluralism", *Mich. J. Int'l L.* 25 (2003): 963.

[18] BlackJulia, "The Emergence of Risk–Based Regulation and the New Public Risk Management in the UK", *Public Law* (2005): 512-549.

[19] Black, Julia, "Constitutionalising Self–Regulation", *The Modern Law Review* 59. 1996 (1), 24-55.

[20] Black, Julia, "Constructing and Contesting Legitimacy and Accountability in Polycentric Regulatory Regimes", *Regulation & Governance* 2. 2 (2008): 137-164.

[21] Black, Julia. Decentring Regulation: Understanding the Role of Regulation and Self–Regulation in a "Post–Regulatory World. " *Current Legal Problems* 54. 1 (2001): 103-146.

[22] Black, Julia, "Regulatory Conversations", *Journal of Law and Society* 29. 1 (2002): 163-196.

[23] Bolton, Gary, Ben Greiner, and Axel Ockenfels, "EngineeringTrust: Reciprocity in the Production of Reputation Information", *Management Science* 59. 2 (2013): 265-285.

[24] Bomhoff, Jacco, and Anne Meuwese, "The Meta-regulation of Transnational Private Regulation", *Journal of Law and Society* 38. 1 (2011): 138-162.

[25] Boudreau, Kevin J. & Andrei Hagiu, "Platform Rules: Multi-sided Platforms as Regulators", *Platforms, Markets and Innovation* 1 (2009): 163-191.

[26] Bradbury, Judith A, "The Policy Implications of Differing Concepts of Risk", *Science, Technology, & Human Values*, 14. 4 (1989): 380-399.

[27] Brown, L. David, and Mark H. Moore, "Accountability, Strategy, and International Nongovernmental Organizations", *Nonprofit and Voluntary Sector Quarterly* 30. 3 (2001): 569-587.

[28] C N J de Vey Mestadagh; R W Rijgersberg, "Internet Governance and Gobal Self-Regulation: Theoretical and Empirical Building Blocks for a General Theory of Self regulation", *Legisprudence* 4. 3 (2010): 385-404.

[29] Cabral, Luis, and Ali Hortacsu, "TheDynamics of Seller Reputation: Evidence from eBay", *The Journal of Industrial Economics* 58. 1 (2010): 54-78.

[30] Caroline Bradley, "Demutualization of Financial Exchanges: Businessas Usual?", *NW. J. INT'L L. & BUS.* 2001 (21), 674-675.

[31] Chris O'Brien, "Paris Residents Urged to Use City's Open Data Site to Rat Out their Airbnb-Abusing Neighbors", VentureBeat (10 May 2016), online: <venturebeat. com>. The burdens borne by hotel operators as compared to short-term rental hosts are also discussed in: City of Toronto, Developing an Approach to Regulating Short-Term Rentals (Toronto: City of Toronto.

[32] Clayton, J. , "On the Formation and Structure of International Exchanges", *Discussion Paper*, New York University (1999).

[33] Coase, Ronald, "Economists and public policy", *Large Corporations in a Changing Society*, 1975. Macey, Jonathan, "Administrative Agency Obsolescence and Interest Group Formation: A Case Study of the SEC at Sixty", *Cardozo Law Review*, 15 (1994).

[34] Coase, Ronald, "The problem of social cost", *Journal of Law and Economics*, 3 (1960).

[35] Coglianese, Cary, and Jennifer Nash, "Management-based Strategies: An Emerging

Approach to Environmental Protection", *Leveraging the Private Sector: Management Strategies for Improving Environmental Performance* (2006): 3-30.

[36] Cohen, Julie E, "Between Truth and Power, Information, Freedom and Property", *Routledge*, 2016, pp. 69-92.

[37] Cohen, Molly, and Arun Sundararajan, "Self-Regulation and Innovation in the Peer-to-peer Sharing Economy", *U. Chi. L. Rev. Dialogue* 82 (2015).

[38] Cohen, Peter, et al., "Using Big Data to Estimate Consumer Surplus: The Case of Uber. No. w22627", *National Bureau of Economic Research*, 2016.

[39] Collier, Paul M, "Stakeholder Accountability: A Field Study of the Implementation of a Governance Improvement Plan", *Accounting, Auditing & Accountability Journal* 21.7 (2008): 933-954.

[40] Corritore, Cynthia L., Beverly Kracher, and Susan Wiedenbeck, "On-line Trust: Concepts, Evolving Themes, a Model", *International Journal of Human-computer Studies* 58.6 (2003): 737-758.

[41] Cuéllar, Mariano-Florentino, "Rethinking Regulatory Democracy", *Admin. L. Rev.* 57 (2005): 411.

[42] Cullen, Zoë, and Chiara Farronato, "Outsourcing Tasks Online: Matching Supply and Demand on Peer-to-peer Internet Platforms," *Job Market Paper* (2014).

[43] Dahl, Robert Alan, "After the Revolution? Authority in a Good Society", *Yale University Press*, 1990, pp. 80-100.

[44] Damme, E., & Affeldt, P., "Market Definition in Two-Sided Markets: Theory and Practices", *Journal of Competition Law and Economics*, 2014, 10 (2), 293-339.

[45] Danielle Keats Citron & Frank Pasquale, "The Scored Society: Due Process for Automated Predictions", 89 *Wash. L. Rev.* 1 (2014).

[46] David S, Evans, "The Antitrust Economics of Multi-Sided Platform Markets", *Yale Journal on Regulation* 20.2 (2003).

[47] David Lewis, Shirin Madon, "Information Systems and Nongovernmental Development Organizations: Advocacy, Organizational Learning, and Accountability", *Information Society* 20.2 (2004).

[48] Debora L. Spar, "Ruling the Waves: Cycles of Discovery, Chaos, and Wealth from the Compass to the Internet", *Harcourt Inc*, 2001.

［49］ Deleuze Gilles,"Foucault, Minneapolis", University of Minnesota Press, 1988, p. 70.

［50］ Dellarocas C. "Designing Reputation Systems for the Social Web", *Boston U. School of Management Research Paper*, 2010.

［51］ Djankov, Simeon, et al. , "Courts", *The Quarterly Journal of Economics* 118. 2 (2003).

［52］ Doug, Lichtman, Posner. E. , "Holding Internet Service Providers Accountable", *Supreme Court Economic Review* 14 (2004): 221-259.

［53］ Douglas, M. , " Risk and Blame: Essays in Cultural Theory", *Routledge*, 1992, p. 23.

［54］ Dunleavy, Patrick, "The Globalization of Public Services Production: Can Government Be 'best in World'?", *Public Policy and Administration* 9、2 (1994), 36-64.

［55］ Durkheim, Emile, and G. Simpson, "Emile Durkheim on the Division of Labor in Society", *American Journal of Sociology* 11 (1933).

［56］ Ebrahim, Alnoor, "Accountability in Practice: Mechanisms for NGOs", *World Development* 31. 5 (2003): 813-829.

［57］ Edwards, Michael, and David Hulme, "Too Close for Comfort? The Impact of Official Aid on Nongovernmental Organizations", *World Development* , 24. 6 (1996).

［58］ Einav, Liran, Chiara Farronato, and Jonathan Levin, "Peer-to-peerMarkets", *Annual Review of Economics* 8 (2016): 615-635.

［59］ Eiser, J. Richard, Environmental Threats: Perception, Analysis and Management, J. Brown (Ed.), Bellhaven Press in association with the ESRC, London, Sydney & Wellington (1989) (1990), pp. 85-87.

［60］ Elliott, Rebecca Elaine, "Sharing App or Regulation Hackney: Defining Uber Technologies, Inc", *J. Corp. L*, 41 (2015).

［61］ Eriksson, Johan, and Giampiero Giacomello, "Who Controls What, and Under What Conditions", *International Studies Review*, 11. 1 (2009), 206-210.

［62］ Evans, David S. , "GoverningBad Behavior by Users of Multi‐sided Platforms", *Berkeley Tech. LJ* 27 (2012): 1201.

［63］ Evans, David S. , "Some Empirical Aspects of Multi-sided Platform Industries", *Social Science Electronic Publishing* 2. 3 (2003): 191-209.

［64］ Ewald, F. , Burchell G. , Gordon, C. and Miller, P. (eds), "The Foucault Effect: Studies in Governmentality", *Harvester/Wheatsheaf*, 1993, p. 226.

［65］ Ezrachi, Ariel, and Maurice E. Stucke. " ArtificialIntelligence & Collusion: When

Computers Inhibit Competition. " *U. Ill. L. Rev.* （2017）: 1775.

[66] Farizo, K. M. , Stehr-Green, P. A. , Simpson, D. M. , & Markowitz, L. E. , Pediatric Emergency Room Visits: A Risk Factor for Acquiring Measles. *Pediatrics*, 87 （1991）, 74-79.

[67] Fenster, Mark, "Seeing the State: Transparency as Metaphor", *Administrative Law Review* （2010）.

[68] Fenster, Mark, "The Opacity of Transparency", *Iowa L. Rev*, 91 （2005）, 885.

[69] Filistrucchi, L. , Geradin, D. , & Van Damme, E. , "Identifying Two-Sided Markets", *World Competition: Law & Economics Review*, 2013, 36 （1）, 33-60.

[70] Fiorino, Daniel J. , "Citizen Participation and Environmental Risk: A Survey of Institutional Mechanisms", *Science, Technology, & Human Values* 15. 2 （1990）: 226-243.

[71] Fischhoff, Baruch. , "RiskPerception and Communication Unplugged: Twenty Years of Process", *Risk Analysis* 15. 2 （1995）: 137-145.

[72] Fisher, Elizabeth, "TheRise of the Risk Commonwealth and the Challenge for Administrative Law", *Public Law* 3 （2003）: 455-478.

[73] Fleckner, Andreas M, "Stock Exchanges at the Crossroads", *Fordham Law Review* 74. 5 （2005）: 2541-2620.

[74] Fradkin, Andrey, et al. , "Bias and Reciprocity in Online Reviews: Evidence from Field Experiments on Airbnb", *Sixteenth Acm Conference on Economics & Computation*, 2015.

[75] Gadinis, Stavros, and Howell E. Jackson, "Markets asRegulators: A Survey", *S. Cal. L. Rev.* 80 （2006）: 1239.

[76] Galanter, Marc. , "Justice in Many Rooms: Courts, Private Ordering, and Indigenous Law", *The Journal of Legal Pluralism and Unofficial Law*, 13. 19 （1981）: 1-47.

[77] Gardner, John, "TheMark of Responsibility", *Oxford Journal of Legal Studies* 23. 2 （2003）: 157-171.

[78] Garrett, Allison D, "The Corporation as Sovereign", *Me. L. Rev* 60 （2008）, p. 129.

[79] Giddens, Anthony, "Living in a Post-traditional Society", *Reflexive Modernization: Politics, Tradition and Aesthetics in the Modern Social Order* 56 （1994）.

[80] Giddens, Anthony, "Risk Society: the Context of British Politics", *The Politics of Risk Society* （1998）.

[81] Gillespie, Tarleton, "TheRelevance of Algorithms", *Media Technologies: Essays on*

Communication, Materiality, and Society, 167 (2014).

[82] Glaeser, Edward, Simon Johnson, and Andrei Shleifer, "Coase versus the Coasians", *The Quarterly Journal of Economics*, 116. 3 (2001).

[83] Grant, Ruth W., R. O. Keohane, "Accountability and Abuses of Power in World Politics", *American Political Science Review*, 99. 1 (2005).

[84] Grimmelmann, James, "SpeechEngines", *Minn. L. Rev.* 98 (2013): 868.

[85] Grossman, Sanford, and Oliver Hart, "Disclosure Laws and Takeover Bids", *Journal of Finance*, 35. 2 (1980).

[86] Gunningham, Neil, and Joseph Rees, "IndustrySelf−regulation: An Institutional Perspective", *Law & Policy* 1997 (19). 4, 363−414.

[87] Hacking, I, *The Taming of Chance*, Cambridge University Press, 1990, p. 112.

[88] Hagiu, Andrei, and Julian Wright, "Multi−sided platforms", *International Journal of Industrial Organization* 43 (2015): 162−174.

[89] Hal R. Varian, "Beyond Big Data", *Business Economics* 49. 1 (2014): pp. 27−31.

[90] Hale, Thomas N., "Transparency, Accountability, and Global Governance", *Global Governance: A Review of Multilateralism and International Organizations* 14. 1 (2008), 73−94.

[91] Hansson, Sven Ove, "Informed Consent out of Context", *Journal of Business Ethics* 63. 2 (2006): 149−154.

[92] Hardee, Kathleen A. "The Gramm−Leach−Bliley Act: Five Years after Implementation, does the Emperor Wear Clothes", *Creighton L. Rev.* 39 (2005): 915.

[93] Harrison, Jeffrey S., et al., "Resource Complementarity in Business Combinations: Extending the Logic to Organizational Alliances", *Journal of Management* 27. 6 (2001): pp. 679−690. Hart, Herbert Lionel Adolphus, *Punishment and Responsibility: Essays in the Philosophy of Law*, Oxford University Press, 2008, pp. 211−212.

[94] Hendler, James, and Jennifer Golbeck, "Metcalfe's law, Web 2. 0, and the Semantic Web", *Web Semantics: Science, Services and Agents on the World Wide Web* 6. 1 (2008): 14−20.

[95] Hoffman, Donna L., T. P. Novak, and A. E. Schlosser, "Locus of Control, Web Use, and Consumer Attitudes toward Internet Regulation", *Journal of Public Policy & Marketing*, 22. 1 (2003): 41−57.

[96] Huber, Peter, "The Old–New Division in Risk Regulation", *Virginia Law Review* (1983).

[97] Irwin, Alan, "The Politics of Talk: Coming to Terms with the 'New' Scientific Governance", *Social Studies of Science* 36, 2 (2006), 299–320.

[98] Jennifer M. Pacella, "If the Shoe of the SEC Doesn't Fit: Self–Regulatory Organizations and Absolute Immunity", 58*Wayne L. Rev.* 2012 (201), 234.

[99] Jerry W. Markham, Daniel J. Harty, "For Whom the Bell Tolls: The Demise of Exchange Trading Floors and the Growth of ECNs", *J. Corp. L.* 2009, (33): 865–940.

[100] John C. Coffee, "Privatization and Corporate Governance: The Lessons from Securities Market Failure", *Journal of Corporation Law* 25.1 (1999): 1–39.

[101] John C. Coffee, "Racing towards the Top? The Impact of Cross–Listings and Stock Market Competition on International Corporate Governance", *Columbia Law Review* 102.7 (2002): 1757–1831.

[102] Joseph A. Cannataci, Jeanne Pia Mifsud Bonnici, "Can Self–Regulation Satisfy the Transnational Requisite of Successful Internet Regulation", 17 *Int'l Rev. L. Computers & Tech.* 2003 (51), 62.

[103] Julie E. Cohen, "The Surveillance–innovation Complex: The Irony of the Participatory Turn", *Social Science Electronic Publishing* (2014). 207, pp. 218–22.

[104] Karessa Cain, "New Efforts To Strengthen Corporate Governance: Why Use SRO Listing Standards?", *Colum. Bus. L. Rev.* 619 (2003), 650—651.

[105] Katharina Pistor, Chenggang Xu, "Incomplete Law – A Conceptual and Analytical Framework and its Application to the Evolution of Financial Market Regulation", *Journal of International Law and Politics*, 35 (2003).

[106] Katharina Pistor, Chenggang Xu, "Fiduciary Duty in Transitional Civil Law Jurisdictions: Lessons from the Incomplete Law Theory", *Social Science Electronic Publishing*, (2002).

[107] KatharinaPistor, Chenggang Xu, "Law Enforcement under Incomplete Law: Theory and Evidence from Financial Market Regulation", *SSRN Working Paper No.* 396141, 2004.

[108] Katz, Vanessa. "Regulating theSharing Economy", *Berkeley Tech. LJ* 30 (2015): 1067.

[109] Klabbers, Jan, "Reflections on Soft International Law in a Privatized World", *Finnish YB Int'l L.* 16 (2005): 313.

［110］Koopman, Christopher, Matthew Mitchell, and Adam Thierer, "The Sharing Economy and Consumer Protection Regulation: The Case for Policy Change", J. Bus. Entrepreneurship & L. 8 (2014), 529.

［111］Koppell, Jonathan G. S. "Pathologies of Accountability: ICANN and the Challenge of 'Multiple Accountabilities Disorder'", Public Administration Review 65. 1 (2005): 94–108.

［112］Kraakman, Reinier H, "Gatekeepers: theAnatomy of a Third-party Enforcement Strategy", Journal of Law, Economics, & Organization 2. 1 (1986): 53–104.

［113］La Porta, Rafael, Florencio Lopez-de-Silanes, and Andrei Shleifer, "What Works in Securities Laws?", The Journal of Finance 61. 1 (2006).

［114］La Rose, Robert, and Matthew S. Eastin, "Is Online Buying out of Control? Electronic Commerce and Consumer Self – regulation", Journal of Broadcasting & Electronic Media 46. 4 (2002): 549–564.

［115］Lad, J. L. , "Industry Self-regulation as Interfirm and Multisector Collaboration: The Case of the Direct Selling Industry", Research in Corporate Social Performance and Policy 12 (1991).

［116］Landau, Susan, "Control Use of Data to Protect Privacy", Science 347. 6221 (2015): 504–506.

［117］Latham, Earl, "Commonwealth of the Corporation", Nw. UL Rev. 55 (1960), p. 25.

［118］Latour, Bruno, "The Powers of Association, In Power, Action, and Belief", Routledge & Kegan Paul, 1986, p. 276.

［119］Lau, C. , "Risikodiskurse: Gesellschaftliche Auseinandersetzung um die definition von Risiken", Soziale Welt (1989).

［120］Lawrence Lessig, Code, and other Laws of Cyberspace, Basic Books, 1999, p. 53.

［121］Lenox, Michael J, "The Role of Private Decentralized Institutions in Sustaining Industry Self-regulation", Organization Science 17. 6 (2006): 677–690.

［122］Lindkvist, Lars, and Sue Llewellyn. , "Accountability, Responsibility and Organization", Scandinavian Journal of Management 19, 2 (2003), 251–273.

［123］Macey, Jonathan, and Hideki Kanda, "Stock Exchange as a Firm: The Emergence of Close Substitutes for the New York and Tokyo Stock Exchanges", Cornell L. Rev. 75 (1989): 1006.

[124] Mahendran, Aravindh, and Andrea Vedaldi, "UnderstandingDeep Image Representations by Inverting hem", *Proceedings of the IEEE Conference on Computer Vision and Pattern Recognition*, 2015.

[125] Mahoney P. G. , "The Exchange as Regulator", *Virginia Law Review*, 1997, 83（7）：1453-1500.

[126] Majone, Giandomenico, "From thePositive to the Regulatory State: Causes and Consequences of Changes in the Mode of Governance", *Journal of Public Policy* 17. 2（1997）：139-167.

[127] Marcel Kahan, "Some Problems with Stock Exchange-Based Securities Regulation", *Virginia Law Review* 83. 7（1997）：1509-1519.

[128] Mark Armstrong, "Competition in Two-sided Markets", *The Band Journal of Economics*, Vol. 37（2006）, 668-691.

[129] Martens, Bertin, "An Economic Policy Perspective on Online Platforms", *Bertin Martens*（2016）*An Economic Policy Perspective on Online Platforms*, *Institute for Prospective Technological Studies Digital Economy Working Paper* 5（2016）.

[130] Mashaw, Jerry L. , "Structuring aDense Complexity: Accountability and the Project of Administrative Law", *Issues Legal Scholarship* 5（2005）, 1.

[131] Mastracci, Joshua M. , "Case for Federal Ride-Sharing Regulations: How Protectionism and Inconsistent Lawmaking Stunt Uber-Led Technological Entrepreneurship", *Tul. J. Tech. & Intell. Prop.* 18（2015）：189.

[132] McAllister, Lesley K. , "Harnessing Private Regulation", *Mich. J. Envtl. & Admin. L.* 3（2013）：291.

[133] Merry, Sally Engle. "Legal pluralism", *Law & Society Review.* 22（1988）：869.

[134] Michael Luca, "Reviews, Reputation, and Revenue: The Case of Yelp. com", Working Paper 12-016, Harvard Business School, 2011.

[135] Mikians, Jakub, et al. , "Crowd-assisted Search for Price Discrimination in E-commerce: First Results", *Proceedings of the ninth ACM conference on Emerging networking experiments and technologies*, 2013.

[136] Milgrom, Paul, and John Roberts, "Relying on the Information of Interested Parties", *Rand Journal of Economics* 17（1986）.

[137] Miller, Nolan, Paul Resnick, and Richard Zeckhauser, "ElicitingInformative Feed-

back: The Peer-prediction Method", *Management Science* 51. 9 (2005): 1359-1373.

[138] Miller, Stephen R. , "FirstPrinciples for Regulating the Sharing Economy", *Harv. J. on Legis.* 53 (2016): 147. Cohen, Molly, and Corey Zehngebot, "What's Old Becomes New: Regulating the Sharing Economy", *Boston Bar J.* 58 (2014): 34.

[139] Mulgan, Richard, " 'Accountability' : An Ever-expanding Concept?", *Public administration* 78. 3 (2000): 555-573.

[140] Nicholas Blomley, "Disentangling Law: The Practice of Bracketing", *ANN. REv. L. & Soc. Sci.* , 2014, p. 133. Nicholas Blomley, " Performing Property: Making the World", 26 *CAN. J. L. JURIS.* 23: pp. 39-40 (2013).

[141] OECD, the Role of Internet Intermediaries in Advancing Public Policy Objectives, 2011, pp. 10-17.

[142] Ogus, Anthony. "Rethinking Self-Regulation", *Oxford J. Legal Stud.* 15 (1995): 97.

[143] Paronda, Arden Glenn A. , Jose Regin F. Regidor, and Ma Sheilah G. Napalang, "Comparative Analysis of Transportation Network Companies (TNCs) and Conventional Taxi Services in Metro Manila", *Proceedings of the 23rd Annual Conference of the Transportation Science Society of the Philippines*, *Quezon City*, *Philippines*, Vol. 8. 2016.

[144] Pavlou, Paul A. , David Gefen, "Building Effective Online Marketplaces with Institution-based Trust", Information systems research, 15. 1 (2004). Pedersen, William F. , "Contracting with the Regulated for Better Regulations", *Admin. L. Rev.* 53 (2001): 1067.

[145] Peter Gomber, Markus Gsell, "Catching up with Technology-The Impact of Regulatory Changes on ECNs/MTFs and the Trading Venue Landscape in Europe", *Competition & Reg. Network Indus.* 2006 (07): 535-558.

[146] Philip Eijlander, "Possibilities and Constraints in the Use of Self-Regulation and Co-regulation in Legislative Policy: Experiences in the Netherlands—Lessons to be Learned for the EU", *Electronic Journal of Comparative Law* 2005 (1).

[147] Pidgeon, Nick F. , et al. , "Using Surveys in Public Participation Processes for Risk Decision Making: The Case of the 2003 British GM Nation? Public Debate", *Risk Analysis: An International Journal* 25. 2 (2005): 467-479.

[148] Pirrong, Craig, "A Theory of Financial Exchange Organization", *The Journal of Law and Economics* 43. 2 (2000): 437-472.

[149] Pollock, Rufus, "Is Google theNext Microsoft: Competition, Welfare and Regulation in

Online Search", *Review of Network Economics* 9. 4 (2010).

[150] Posner, Richard A. , "A Theory of Negligence", *The Journal of Legal Studies* 1. 1 (1972): 29-96.

[151] Priest, Margot. "The Privatization of Regulation: Five Models of Self-Regulation", *Ottawa L. Rev.* 29 (1997): 233.

[152] Rahim, Mia Mahmudur, "Meta-regulationApproach of Law: A Potential Legal Strategy to Develop Socially Responsible Business Self-Regulation in Least Developed Common Law Countries", *Common Law World Review* 40. 2 (2011).

[153] Randy Farmer, "Web Reputation Systems and the Real World", *The Reputation Society: How Online Opinions Are Reshaping the Offline World*, 2011.

[154] Raymond Fisman and Michael Luca, "Fixing Discrimination in Online Marketplaces", 94 *Harvard Business Review*, 2016.

[155] Reddy, S. "Claims to Expert Knowledge and the Subversion of Democracy: the Triumph of Risk over Certainty", *Economy and Society*, 25 (2), 1996: 222-254.

[156] Renée de Nevers, "(Self) Regulating War? Voluntary Regulation and the Private Security Industry", *Security Studies*, 18 (3), 2009.

[157] Rieder, Bernhard, Guillaume Sire, "Conflicts of Interest and Incentives to Bias: A Microeconomic Critique of Google's Tangled Position on the Web", *New Media & Society*, 16. 2 (2014).

[158] Robert A. , Hillman, "Online Boilerplate: Would Mandatory Website Disclosure of E-Standard Terms Backfire?", *Social Science Electronic Publishing*, 104. 5 (2006).

[159] Robert A. Prentice, "Regulatory Competition in Securities Law: A Dream (That Should Be) Deferred", *Ohio St. L. J.* 66 (2005).

[160] Robert M. , Bernero, "The Government of Risk: Understanding Risk Regulation Regimes", *Oup Catalogue* 22. 5 (2003): 1007-1008.

[161] Rochet, JC, and J. Tirole, "Two-Sided Markets: A Progress Report", *Rand Journal of Economics* 37. 3 (2006): 645-667.

[162] Romano, Roberta, "The Need for Competition in International Securities Regulation", *Theoretical Inquiries in Law*, 2 (2001).

[163] Rosen, Robert C. , "Myth of Self-Regulation or the Dangers of Securities Regulation without Administration: The Indian Experience", *J. Comp. Corp. L. & Sec. Reg.* 2 (1979): 261.

[164] Rosen, Sherwin, "The Economics of Superstars", *American Economic Review* 71. 5 (1981): 845-858.

[165] Rosen, Sherwin, "Specialization and Human Capital", *Journal of Labor Economics* 1. 1 (1983): pp. 43-49.

[166] Ross, Stephen, "Disclosure Regulation in Financial Markets: Implication of Modern Finance Theory and Signaling Theory", *Issues in Financial Regulation*, 5. 1979 (1979).

[167] Rothstein, H. & Downer, J., "*Risk in Policy Making: Managing the Risks of Risk Governance*", London: Report for the Department of the Environment, Food and Rural Affairs, (2008).

[168] Saadoun, Sarah, "Private and Voluntary: Are Social Certification Standards a Form of Backdoor Self-Regulation", *Colum. Hum. Rts. L. Rev.* 45 (2013): 281.

[169] Salvoldelli, A., G. Misuraca, and C. Codagone, "Measuring the PublicValue of E-Government 2. 0 Model", *Electronic Journal of e-Governement* 11. 1 (2013).

[170] Scassa, Teresa, "Sharing Data in the Platform Economy: A Public Interest Argument for Access to Platform Data", *UBCL Rev.* 50 (2017), 1017.

[171] Scauer, Frederick, "Transparency in Three Dimensions", *U. Ill. L. Rev*, (2011), 1339.

[172] Schedler, Andreas, "ConceptualizingAccountability", *The Self-Restraining State: Power and Accountability in New Democracies*, 13 (1999): 17.

[173] Shleifer, Andrei, "State Versus Private Ownership", *Journal of Economic Perspectives*, 12. 4 (1998).

[174] Solum, Lawrence B., and Minn Chung, "The Layers Principle: Internet Achitecture and the Law", *Notre Dame L. Rev.* 79 (2003): 815.

[175] Stephen J. Choi, "A Framework for the Regulation of Securities Market Intermediaries", *Social Science Electronic Publishing* 1 (2004).

[176] Sunstein, Cass R., "Cost-Benefit Default Principles", *Michigan Law Review* 99. 7 (2001): 1651-1723.

[177] Teresa Scassa, "Information Law in the Platform Economy: Ownership, Control and Reuse of Platform Data", in Finn Makela, Derek McKee & Teresa Scassa, eds, *Law and the 'Sharing Economy' Regulating Online Market Platforms*, Ottawa: University of Ottawa Press, [forthcoming in 2018].

[178] Teubner, Gunther, "The Two Faces of Janus: Rethinking Legal Pluralism", *Cardozo*

L. Rev. 13（1991）：1443.

[179] Thomas, "The Network Economy as a Challenge to Create New Public Law", *Public Governance in the Age of Globalization* (2003), 247-288.

[180] Tomain, Joseph P., and S. A. Shapiro. "Analyzing Government Regulation" *Administrative Law Review* 49.2 (1997): 377-414.

[181] Trevor Dunn, "How to Fix Toronto's Short-Term Rental Problems in 2017", CBC News (3 January 2017), online: <www.cbc.ca>.

[182] Tversky, Amos, and Daniel Kahneman, "Judgment Under Uncertainty: Heuristics and Biases", *Science*, 185. 4157 (1974).

[183] Ursu, Raluca M, "The Power of Rankings: Quantifying the Effect of Rankings on Online Consumer Search and Purchase Decisions", *Marketing Science* 37.4 (2018): 530-552.

[184] Vesting, Thomas, "The Network Economy as a Challenge to Create New Public Law", Public Governance in the Age of Globalization, (2003), 247-288.

[185] Weinberg, Jill D., Jeremy Freese, and David McElhattan, "Comparing Data Characteristics and Results of an Online Factorial Survey between a Population-Based and a Crowdsource-Recruited Sample", Sociological Science, 1 (2014).

[186] William M, Landes, and Lichtman D., "Indirect Liability for Copyright Infringement: An Economic Perspective." *Social Science Electronic Publishing* 2 (2003).

[187] Wright J., "One-sided Logic in Two-sided Markets". Review of Network Economics, 3 (1), 2004: 44-64. Armstrong M., "Competition in Two-sided Markets". *Rand Journal of Economics*, 37 (3), 2006.

[188] William M. Landes, Richard A. Posner, "Independent Judiciary in an Interested-Group Perspective", 18*J. L. & Econ*, 875 (1975).

关键词索引

后　记

念念不忘，必有回响。

这是我的第一本学术著作。当修改完最后一遍，合上扉页，我脑海里出现的是我人生路上最重要的三位老师，这本书当然是献给他们。

在重庆求学时，那是一个难得有夕阳的傍晚，我在法学院的楼下踟蹰不前，心里百转千回。在我又一次走上楼梯时，程燎原老师叫住了我，"小姑娘，你是来找我吗？"我只在模糊的网站照片上见过程老师，鬼使神差，我很用力地点了点头，跟着老师进了办公室。一进门我张口就说道，"程老师，我想做您的学生，想跟着您做学术"。燎原老师笑了，那个笑容就像当天的晚霞，绚烂无比。

从此以后，我这个大二的学生就开始了小灶生涯，我常常去老师那里，翻故纸堆里的故事。老师让我研究五五宪草与民权，我第一次知道了张君劢，也开始喜欢观念史。说实在的，具体的研究我已记得不太清晰了，但是那些个用功的午后，燎原老师办公室里堆得满满当当的珍贵材料，永远镌刻在我心里。离开重庆的那一天，燎原老师一家请我吃饭，是麦香园的火锅。老师认真在我的留言本上写下："别忘了重庆的那一锅。"自此，重庆成了我的第二故乡，每个喜爱重庆的朋友都成了我的知己。

从重庆到上海，从长江头到长江尾，我回到了离家乡近一些的地方。我也幸运地成了季卫东老师的学生，这个学生做了足有七年之久。我常跟着师兄们去老师家里蹭饭，那会儿哈贝马斯、德沃金、维特根斯坦与卢曼是主旋律。看着对答如流的师兄们，我陡然有了越来越大的压力。季老师很快发现了我的怯懦，笑着说，小姑娘都不如原来活泼了。于是，在老师的指引下，我对"风险社会"产生了浓厚的兴趣，开玩笑地说，这比纯粹的法哲学多少要简单一些。

跟着季老师学习的七年时光，有太多难忘的瞬间了。我开始做平台治理的研究，那会儿在法学界鲜有人关注这个问题，老师给了我莫大的支持和鼓励。他告诉我，有意思的路总是人迹罕至。攻读博士的时候，我遇到了我的先生，在校园里迎来了新生命的诞生。犹记得不怎么努力的我在怀孕后一改常态，常常在图书馆里耕耘到很晚。大家都笑称我的娃娃特别坚强。那可不是嘛，在学校里诞生的孩子总要有一些书卷气，读博时孕育的娃娃也自然会习得一些对生活的坚持。老师在学业上给了我超级多帮助，他总是宽慰我不要急，然后四两拨千斤地给我提供一些经典文献和关键思路。师母每次遇到我，都笑语盈盈地问我生活上有什么困难，和我共同面对女性的困境。我是多么幸运能在老师的帮助下把平台研究这个小小的幼苗捧在怀里，让它有机会慢慢成长。

博士毕业后，没承想我又遇到了一位超级棒的导师，也许我平时积攒下来的运气都用在了得遇恩师上。马长山老师手把手地教我改论文、写本子。每回他都特别真诚地鼓励我们这些"小青椒们"，说我们是青年才俊。可不嘛，老师说着说着，我都要相信了。我一直没跟老师当面说过，在我职业发展最困顿、对自己的学术研究简直要失去信心时，是长山老师给了我莫大的肯定和勇气。他告诉我，必须得坚持下去，也一定能坚持下去。

马老师的学术能力毋庸置疑，更重要的是，我从他身上学到了"work-life-balance"的要义。老师幽默开朗得惊人，把生活中的苦咽下去，和我们聊天时云淡风轻，甚至变成了甜。我经由老师认识了超级多的好朋友好哥们，做学术这件事似乎变得更快乐了。学术不再是生活的唯一，而变成了享受生活的一种方式。我们常在一起讨论算法、平台、数据，外出调研，彼此争鸣。生成式人工智能一出现，大家就开始了讨论与交锋。有为有守有趣，搞事业重感情，学术共同体对我来说就好像是快乐老家一般。

　　三位老师，三段师生情谊，开启了我的学术画卷。要感谢的人有太多太多，这本书只是一个开始。平台这种新的组织形式一直在发展，学术思考的步伐也不会有丝毫停滞。下一个议题已经在路上，我已整装待发。

                                                              肖梦黎

                                                   2023 年 7 月 23 日晚